山西大学建校 110 周年学术文库

"中国制造"镜像：基于风险社会视角的考察

ZHONGGUO ZHIZAO JINGXIANG JIYU FENGXIAN SHEHUI SHIJIAO DE KAOCHA

李彩霞　著

中国社会科学出版社

图书在版编目(CIP)数据

"中国制造"镜像:基于风险社会视角的考察/李彩霞著.—北京:中国社会科学出版社,2012.10
ISBN 978-7-5161-0795-9

Ⅰ.①中… Ⅱ.①李… Ⅲ.①制造工业—研究—中国
Ⅳ.①F426.4

中国版本图书馆 CIP 数据核字(2012)第 079272 号

出 版 人	赵剑英
责任编辑	刘 艳
责任校对	孙洪波
责任印制	戴 宽

出 版	中国社会科学出版社
社 址	北京鼓楼西大街甲 158 号 (邮编100720)
网 址	http://www.csspw.cn
	中文域名:中国社科网　　010-64070619
发 行 部	010-84083685
门 市 部	010-84029450
经 销	新华书店及其他书店

印刷装订	三河市君旺印装厂
版 次	2012 年 10 月第 1 版
印 次	2012 年 10 月第 1 次印刷

开 本	710×1000　1/16
印 张	15.25
插 页	2
字 数	279 千字
定 价	46.00 元

凡购买中国社会科学出版社图书,如有质量问题请与本社联系调换
电话:010-64009791

《山西大学建校110周年学术文库》

序　言

2012年5月8日，山西大学将迎来110年校庆。为了隆重纪念母校110年华诞，系统展现近年来山西大学创造的优秀学术成果，我们决定出版这套《山西大学建校110周年学术文库》。

山西大学诞生于"三千年未有之变局"的晚清时代，在"西学东渐，革故鼎新"中应运而生，开创了近代山西乃至中国高等教育的先河。百年沧桑，历史巨变，山西大学始终与时代同呼吸，与祖国共命运，进行了可歌可泣的学术实践，创造了令人瞩目的办学业绩。百年校庆以来，学校顺应高等教育发展潮流，以科学的发展理念引领改革创新，实现了新的跨越和腾飞，逐步成长为一所学科门类齐全、科研实力雄厚的具有地方示范作用的研究型大学，谱写了兴学育人的崭新篇章，赢得社会各界的广泛赞誉。

大学因学术而兴，因文化而繁荣。山西大学素有"中西会通"的文化传统，始终流淌着"求真至善"的学术血脉。不论是草创之初的中西两斋，还是新时期的多学科并行交融，无不展现着山大人特有的文化风格和学术气派。今天，我们出版这套丛书，正是传承山大百年文脉，弘扬不朽学术精神的身体力行之举。

《山西大学建校110周年学术文库》的编撰由科技处、社科处组织，将我校近10年来的优秀科研成果辑以成书，予以出版。我们相信，

《山西大学建校 110 周年学术文库》对于继承与发扬山西大学学术精神，对于深化相关学科领域的研究，对于促进山西高校的学术繁荣，必将起到积极的推动作用。

　　谨以此丛书献给历经岁月沧桑，培育桃李芬芳的山大母校，祝愿母校在新的征程中继往开来，永续鸿猷。

郭贵春

二〇一一年十一月十日

目　录

第 一 章

导　论

第一节　风险与风险社会的含义

一　风险含义的变迁

什么是"风险"？"风险"一词在英文里是"Risk"，本意是指冒险和危险，即风险是具有可能性的一定的危险，或者说有可能发生的危险和灾难。但对于这一词的来源却充满争议。学者们有的将它追溯到阿拉伯语，有的将它与希腊语和意大利语联系起来。不过，现在大多数学者接受了法国的语源学词典的解释。据艾瓦尔德考证，风险这个词来自意大利语"risque"，出现于早期的海上贸易和保险业中，指深海上运行的货船所具有的危险性。① 在老的用法中，风险可以理解为客观的危险，如像风暴这样的灾害或自然现象造成的危险。到 17 世纪时，这一词语才与现代英语中的含义相似，由最初的"遇到危险"转化为"毁灭或丧失的危险和可能性"。18 世纪后，风险这个概念与人类的决策和行动的后果联系更加紧密，并被视为对待影响个人和群体的事件的特定方式。

1895 年，约翰·汉尼斯在权威杂志《经济学季刊》上发表《作为

---

① 杨雪冬等：《风险社会与秩序重建》，社会科学文献出版社 2006 年版，第 12 页。

经济因素的风险》一文，他将风险概念引入经济学研究，认为风险是损失的概率，风险在分配理论争论中被当作获取利润的本质原因。20世纪50年代之后，风险研究出现了大量的文献，它们围绕着西方现代社会面临的各种风险及其规制方式展开，涉及自然科学、社会科学中的诸多学科。研究主题从核能、金融保险、环境、健康，一直延伸到生物技术、人工智能、恐怖主义等更为宽泛的新领域。这一时期，关于风险的定义大致可以归为两类：一类是技术取向的，将风险看成一种概率，采用期望频数进行统计；另一类是"经济—社会—文化"取向的，将风险看成一种社会后果。这两类定义的共同点是将风险看作是客观的不确定，是客观存在的实体，是可以预测、且均可以金钱观点进行观察与计价。风险真实性的认定，则以数学值的高低为认定基础。但是，客观本身就是有争议的概念，无法避免主观判断成分。而价值观与偏好根本无法从风险评估中免除。此外，危险与灾害的发生及其后果与人为因素的互动是极为复杂的，同时它也不可能剔除环境与组织因素完全用任何概率方式予以解释。因此，这种客观实体派的风险理论不断受到人文学者的批评。

20世纪80年代，对风险的研究出现了一个重要的转向：风险研究的社会学理论转向。这种转向跟西方社会科学哲学的转向密切相关。此时，西方社会科学哲学研究发生了从实证主义向后实证主义的转变，把社会科学置于认识论的中心，转向了社会科学的实践和历史[①]。与此相应，社会学者将风险与社会、文化等因素联系起来，并认为，风险不是独立于社会、文化历史因素之外的客观实在，而同样是社会文化、历史过程的结果。

二　风险社会概念及其本质

1986年，德国著名的社会学家乌尔里希·贝克出版了德文版的《风险社会》一书，赋予"风险"一词新的含义，并在此基础上，贝克

---

① 张虎彪："风险的社会建构——风险社会理论的认识论研究"，《兰州学刊》2008年第3期，第88—90页。

首次使用了"风险社会"的概念来描述当今充满风险的后工业社会，并提出了风险社会理论。

他指出："风险是个指明自然终结和传统终结的概念。或者换句话说：在自然和传统失去它们的无限效力并依赖于人的决定的地方，才谈得上风险。风险概念表明人们创造了一种文明，以便使自己的决定将会造成的不可预见的后果具备可预见性，从而控制不可控制的事情，通过有意采取的预防性行动以及相应的制度化的措施战胜种种（发展带来的）副作用。"① 贝克对风险概念作了八点总结②：

①风险既不等于毁灭也不等于安全或信任，而是对现实的一种虚拟；

②风险指充满危险的未来，与事实相对，成为影响当前行为的一个参数；

③风险既是对事实也是对价值的陈述，它是二者在数字化道德中的结合；

④风险可以看作是人为不确定因素中的控制与缺乏控制；

⑤风险是在认识（再认识）中领会到的知识与无知；

⑥风险具有全球性，因而它得以在全球与本土同时重组；

⑦风险是指知识、潜在冲击和症状之间的差异；

⑧一个人为的混合世界，失去自然与文化之间的两重性。

由此可见，贝克所说的风险，指的是完全逃离人类感知能力的放射性、空气、水、食物中的毒素和污染物，以及相伴随的短期的和长期的对植物、动物和人的影响。它们常常引致系统的、不可逆的伤害，而且这些伤害一般是不可见的。

贝克将"风险"从一种局部领域的现象，上升为一个用来刻画整个当代社会根本特征的核心术语，在社会学中获得了同"后现代"、

---

① Ulrich Beck, Risk Society: Toward a New Modernity, London: Sage Publications, 1992; World Risk Society, Cambridge: Polity Press, 1999.

② ［德］乌尔里希·贝克：《世界风险社会》，吴英姿、孙淑敏译，南京大学出版社2004年版，第188—189页。

"全球化"、"共同体"、"平等"之类概念一样的关键观念地位。① 同年
4月26日适值切尔诺贝利核电站放射性物质泄漏,酿成了世界性的大
灾难,为贝克的风险社会理论提供了有力的佐证。

随后,他在《风险时代的生态政治学》(1988)、《世界风险社会》
(1999)、《风险社会理论修正》(2000)、《第二次现代性的社会与政治:
世界主义的欧洲》(2004)等一系列著作和文章中系统地提出了风险社
会理论。

在贝克看来,全球正处于这样一个时代:从古典工业社会向风险
社会的转型过程,或者说,从传统(工业)现代性向反思现代性的
转型的时代。在这样一个时代中,社会进步的阴暗面越来越支配社会
和政治,人类所面临的风险主要是由社会所制造的风险,如工业的自
我危害及工业对自然的毁灭性的破坏。这种风险是现代化社会自身发
展的结果,是"自反性现代化"社会的形态,是"制度化"风险,
其主要制造者是政府、工业和科学。贝克在《风险社会》一书中反
复强调反思性的现代化(Reflexive Modemization)、个体化(Individu-
alization)与全球化(Globalization)这三个概念,认为它们是风险与
社会现代化过程关联的方式。反思性现代化,指后现代人们对引发恐
惧焦虑的社会条件的检讨与反省。风险社会就是对社会本身的反思与
检讨。贝克认为过去社会中的威胁或危险是有地区性的,因而容易预
防或回避。但如今风险呈现全球化趋势,风险的来源复杂,风险的后
果很难计算清楚,甚至无法消除或回避。全球化的焦虑不安成为风险
社会的特征之一。换句话说,风险不仅是现代化过程的产物,也是处
理威胁与危害的方式。因此,当代风险社会的风险具有三个特征:首
先,风险造成的灾难是全球的、无法挽救的、不受限制的损害,风险
计算中的经济补偿无法实现;其次,风险的严重程度超出了预警检测
和事后处理的能力;再次,其发生的时空界限无法确定。一系列全球
性事件引起了人们对风险社会理论的关注:先是疯牛病,接着是非
典、禽流感。因而"9·11"事件之后,"风险社会"理论成为西方最

---

① 成伯清:"'风险社会'视角下的社会问题",《南京大学学报》(哲学·人文科学·
社会科学)2007年第2期,第129—135页。

热门的理论之一，"社会风险"问题也引发了各国社会科学的综合性探讨，成为一个重要的学术现象。2008 年发生的三聚氰胺连锁反应事件及 2011 年日本大地震造成的福岛第一核电站 1—4 号机组发生核泄漏事故等也都证明了风险社会理论的解释力和洞察力。

"风险社会"理论的代表人物除了乌尔里希·贝克外，还包括英国社会理论家安东尼·吉登斯、荷兰学者沃特·阿赫特贝格等。吉登斯主要从现代性制度的角度考察风险社会，他区分了两种类型的风险：外部风险和被制造出来的风险。吉登斯认为现代性的四个制度支柱"世界民族国家体系、世界资本主义经济、国际劳动分工体系和军事极权主义"都可能带来严重的风险。沃特·阿赫特贝格探讨了风险社会与民主的问题，指出自由民主政治不一定适合风险社会，协商民主政治才是风险社会的适宜模式。① 弗兰克·费希尔则从风险意识与责任入手，批判了"有组织的不负责任"概念。莱恩·威尔金森从大众心理学的角度来研究风险与忧虑问题。马克·丹尼尔则从全球战略角度构想了规避风险的新机制。②

由此可见，风险社会理论专注于当代社会的转型和变迁，以"风险"来揭示当前现代社会的特征，将"风险"置于社会结构形态中对当前的社会进行反思，宣告"风险社会"时代的来临，提出了一种新的社会运作机制、一种新的社会定序原理。风险社会理论强调制度的重要位置：制度的功能既是专家系统又是民主论坛，既导致了许多自然的和认同的危害的产生，同时也在治理这些危害。他们把风险置于一个由制度构建起来的风险社会中。这样，风险社会理论将风险理解为一个由科学知识产生的、作为制度、作为理性和技术实践的社会建构。这被我国学者称之为"主观建构派"③。因而，风险社会理论又可以看作是一种风险建构理论（The Theory of Risk Construction）。

---

① ［荷］沃特·阿赫特贝格："民主、正义与风险社会：生态民主政治的形态与意义"，周战超编译，《马克思主义与现实》2003 年第 3 期，第 46—52 页。

② 转引自马凌《媒介化社会与风险社会》，中国新闻传播学评论 http：//www.cjr.com.cn。

③ 宋明哲编著：《现代风险管理》，中国纺织出版社 2003 年版，第 21 页。

三　风险的建构性

除以贝克为代表的风险社会理论外，风险建构理论之中影响深远的，当推英国玛丽·道格拉斯主张的风险文化理论（The Cultural Theory of Risk）及与法国福柯的知识权力理论一脉相承的风险治理理论（The Theory of Risk and Governmentality）。

1. 风险文化理论（The Cultural Theory of Risk）

风险文化理论的代表人物除玛丽·道格拉斯外，还包括海伦娜·约菲、斯科特·拉什等学者。其研究议题主要有二：一是为什么某些威胁或危险被社会视为风险而其他则不是？二是当风险被视为逾越文化规范的符号时，它是如何运作的？

道格拉斯认为，"风险"概念本身就是假设性和比喻性的，是人们用以对风险做出判断的心理模式，它并不纯粹只是认知的，而是涉及共享的惯例、期望和文化范畴。在她看来，"风险不是一个实体，它是一种思考的方式，一种有很强的人为色彩的创造物"。① 基于此，这一理论认为：风险是从社会角度建构的理解和对客观存在的"真实"危险的反应，某些危险是由于违反社会的某些文化规范而被视为是风险，它实质上是通过文化的过程予以调节的风险认知，是一种文化符号。当一个群体用群生概念设定自己的行为模式与价值衡量尺度后，违反群体的行为模式与价值衡量尺度的，即被群体解读为风险。因此，道格拉斯不认为对风险的认识存在理性与不理性的问题，她认为那是社会文化与伦理道德问题。同一危险在别的社会里不一定就被视为风险。在这里，对风险的感知被突出出来，由此可得出进一步的推论，那就是风险感知和"现实的风险"之间并不存在简单的对应关系。

道格拉斯将风险划分为三类：社会政治风险、经济风险和自然风险（技术带来的风险）。还进一步指出，社会结构的变革和变迁归结为三

---

① Douglas, M, *Risk and Blame: Essays in Cultural Theory* [M] London: Routledge, 1992: 46.

种风险文化所造成的结果：等级主义文化（视社会政治风险为最大化）；市场个人主义文化（视经济风险为最大化）；社会群落边缘文化（视自然风险为最大化）。第三类边缘文化中的社会群落则对主流和中心构成了威胁。在他们看来风险是一种在当代西方维护文化边界的手段，并且在解释出错的事情或可预料的不幸时充当"辩论资源"。因此，风险是相对的文化概念，不同的文化团体之间对于什么是风险及风险是否被接受是有差异的。

斯科特·拉什从玛丽·道格拉斯和威尔德韦斯所著的《风险与文化》一书入手，将分析点建立在贝克的"风险社会"与道格拉斯的"风险文化"之间[①]。他认为，风险作为一种心理认知的结果，在不同文化背景中有不同的解释话语，不同群体对于风险的应对都有自己的理想图景，因此风险在当代的凸显更是一种文化现象，而不是一种社会秩序。他区别了社会风险与风险文化的不同，认为：风险社会是规范有序的，并且呈现出一种垂直结构，有一定的等级秩序，以自私自利的个人主义为基础。而风险文化是混乱无序的，呈现出一种横向和水平分布的无结构状态，并且是以关注社会公共事件为基础的。风险文化依存于非制度性的和反制度性的社会状态之中，其传播不是依靠程序性的规范和规则，而是依靠其实质上的价值。[②] 他认为，反思性判断是风险文化的核心。这种判断是基于感觉的评价——不是通过理解，而是通过想象或更直接的通过感觉发生的。而贝克的风险和反思性概念里的认知和非文化倾向是决定性判断，即客观的判断，具有客观有效性。因此，与贝克以制度来解决工业化技术所导致的风险的路径不同，拉什强调在风险文化时代对社会成员的治理方式不是依靠法规条例，而是依靠一些带有象征意义的理念和信念，要动员起过去被认为是个人的、私密的和主观的资源，社会相互作用和组织的运作将不再是基于对其他人未预料后果的反应，而主要是承担自身造成的

---

① ［英］斯科特·拉什：《风险文化》，见芭芭拉·亚当、乌尔里希·贝克、约斯特·房龙编著：《风险社会及其超越：社会理论的关键议题：社会理论的关键议题》，赵延东、马缨等译，北京出版社 2005 年版，第 68—91 页。

② ［英］斯科特·拉什："风险社会与风险文化"，王武龙编译，《马克思主义与现实》2002 年第 4 期，第 52—63 页。

风险的责任。

2. 风险"治理性"（governmentality）理论

风险"治理性"理论的主要代表是艾瓦尔德等人。其主要议题是：与人们所谓的"风险"相关的专业训练、规章制度和机构，在建构主观与社会生活时是如何运作的？

这一理论特别强调风险与权力的关系，权力可以使任何事物现象均被视为风险，也可使人们说根本没有风险这回事。因而，这种理论的风险建构度最强。艾瓦尔德认为，"任何事情本身都不是风险，世界上也无风险。但是在另一方面，任何事情都能成为风险，这有赖于人们如何分析危险，考虑事件"①。可见，这一理论认为，风险不是事实的东西，是一种人类理解和规范现实的思想。用于发现风险的技术和政治理性与用于规制、管理风险的程序关系密切。他们借助福柯的知识权力理论指出：16世纪以来，一个巨大的专家知识网络已经形成，与之相伴的是围绕这些知识的建构、再生产、传播和实践而出现的各种机器和制度。这是现代自由主义政府体制出现的结果，它强调维持秩序和规则依靠的是自愿的"自我训诫"而非暴力或强制。因此，风险被理解为政府使用其训诫权力的一种战略，用来控制和管理人口，以最好地实现民主人道主义。随着社会的"规则化"，那些严重脱离规则的人就被视为"带有风险"。

在勒普顿看来，以上三种风险建构理论在"现实主义—建构主义"这一光谱上排列的顺序依次是"风险社会"理论、风险文化理论和治理性理论。风险社会理论的建构度最低，治理性理论的建构度最高。它们依据其建构的程度，提出了解决风险的不同路径。贝克等为代表的风险社会学派以社会制度为轴心，主张打破以国家为主体的民主代议制，提倡实行"世界主义"的民主协商制度；而风险治理性理论更强调政府话语或战略在"风险"中的地位和作用；风险文化理论则反对以技术来解决社会风险，希冀以主观性判断的价值标准为基础，"通过具有象征意义的运作方式，特别是通过具有象征性的理念和信念来处理好涉

① F. Ewald .1991, "Insurance and Risk". In Burchell, G., Gordon, C. and Miller, P. eds. The Foucault Effect: Studies in Governmentality, Hemdl Hemstead: Harvester Wheatsheaf.

及风险社会文化的各种问题"①。

综上所述，风险建构理论的主要宗旨在于，"风险不仅仅在技术的应用过程中被生产出来，而且在赋予意义的过程中被生产出来"②，其主要议题有五个：第一，为什么某些威胁或危险被社会视为风险而其他则不是？第二，风险被视为反行为规范的一种符号或文化规范，它是如何运作的？第三，与"风险"相关的专业训练、规章制度与机构，在建构主观与社会生活过程中是如何运作的？第四，风险与社会现代化过程有所关联，它们的关联方式是什么？第五，在不同的社会文化环境下，风险如何解读？这也正是本文解读"中国制造"的出发点。

第二节 中国社会风险现状

对一个国家而言，风险是客观存在的，它弥漫于世界经济的各个角落与时期，人们无法回避它；国家风险是变异的，不存在一视同仁的秉性，也没有一成不变的内涵，对国家风险的分析是不断持续的过程；国家风险是可测度、可控制的③。在不同时代和不同地区，社会风险的表现形态及其对人类社会的影响有所区别。以乌尔里希·贝克为代表的风险社会理论是以发达国家的社会发展现实为基础的，虽然中国的经济社会发展尚未进入贝克所说的风险社会，但是，其理论所内含的风险意识、对现代性的反思以及对风险社会问题解决方案的积极探索，对思考当前中国的社会风险现实具有一定的启发性。它可以使我们充分认清中国所处的社会发展阶段及现存的社会风险，更有利于我们认识风险、理解风险、规避风险和超越风险。

---

① ［英］斯科特·拉什："风险社会与风险文化"，王武龙编译，《马克思主义与现实》2002 年第 4 期，第 63 页。

② ［英］芭芭拉·亚当、约斯特·房龙：《重新定位风险：对社会理论的挑战》，见芭芭拉·亚当、乌尔里希·贝克、约斯特·房龙编著《风险社会及其超越：社会理论的关键议题》，赵延东、马缨等译，北京出版社 2005 年版，第 2 页。

③ 王巍：《国家风险——开放时代的不测风云》，辽宁人民出版社 1988 年版，第 34 页。

一 社会转型所产生的社会风险

关于"社会转型"的含义,在我国社会学学者的论述中,主要有三方面的理解:一是指体制转型,即从计划经济体制向市场经济体制的转变。二是指社会结构变动,持这一观点的学者认为:"社会转型的主体是社会结构,它是指一种整体的和全面的结构状态过渡,而不仅仅是某些单项发展指标的实现。社会转型的具体内容是结构转换、机制转轨、利益调整和观念转变。在社会转型时期,人们的行为方式、生活方式、价值体系都会发生明显的变化。"[①] 三是指社会形态变迁,即指"中国社会从传统社会向现代社会、从农业社会向工业社会、从封闭性社会向开放性社会的社会变迁和发展"[②]。

本文把现代化理解为转型,将中国的社会转型看作是现代化过程和体制转型的过程(见图1—1)。改革开放以来,中国的经济发展伴随着

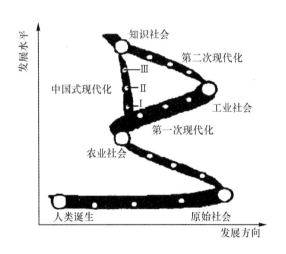

图1—1 中国现代化进程示意图[③]

① 李培林:"另一只看不见的手:社会结构转型",《中国社会科学》1992年第5期。
② 何鹏举,冒云辉:《社会学简明教程》,浙江大学出版社2007年版,第161页。
③ 引自林丹:"风险社会理论对中国社会发展的启示",《大连理工大学学报》2011年第4期。

巨大的经济转型和社会变迁。在这个快速的社会变迁时期，中国社会不仅要完成从传统农业社会向现代工业社会的结构转型，还要解决伴随现代化进程中出现的种种问题。正如贝克的风险社会理论所说，风险是现代化本身的结果，是现代性的必然产物。随着现代化的进程，风险已成为我们社会生活的组成部分，它无时不有，无处不在。因此，在当前的中国前工业社会的传统风险，如自然灾害、传染病等依然对人们的生产、生活和社会安全构成威胁，而基于现代化进程的社会风险也已成为摆在中国面前的一个新问题。

首先是经济风险。随着经济全球化进程的加快，国与国、地区与地区之间的经济联系日益紧密，这虽然有利于经济快速发展，但是加大了经济风险产生的可能。突发性经济危机一旦爆发，所有国家都会被卷入其中，无一幸免。其次是社会失序的风险。孙立平认为，20世纪90年代中期以来，中国社会正在发生断裂，社会结构发生急剧变化，失业现象大量增加，两极分化严重，生成了垄断集团精英、民间精英等新的不同的社会力量。这意味着旧的社会秩序的解体，而旧秩序的解体又进一步带来了更为基础的机制的瓦解，即对信任结构的破坏。这种信任结构的破坏既包括个人层面信任的缺失，还包括系统层面上信任的缺失，后者表现为对政府和传媒的不信任。信任结构遭受破坏的社会必然导致一个失序的社会的出现。[1] 第三是现代化进程中所引起的政治风险。从学理层面上看，中国转型过程的顺利进行依赖于两个基本条件：一是要避免政府权威在变革过程中过度流失，以保证一定的社会秩序和政府运用动员社会资源的能力，为推进现代化提供必要的政治社会条件；二是要保证这种权威真正能够具有"现代化导向"，必须防止转型中的政府权威因其不具有外部社会制约或因社会失序而出现的向传统的"回归"。这在中国转型实践中构成了一个两难的症结。[2]

学者孙立平认为，转型期社会的典型特征就是"断裂"——中国

① 孙立平：《转型与断裂：改革以来中国社会结构的变迁》，清华大学出版社2004年版，第119—120页。

② 邓正来：《中国市民社会研究》，北京大学出版社2008年版，第2—3页。

社会的两极化趋势。这个断裂的社会是一个高风险的社会。其具体表现是:"社会框架脆弱,没有能力抵御社会震荡、处理和化解各种突发性的事件;社会认知短浅,扭曲了对这些问题的把握,特别是对若干重大的、关键性问题难以形成共识;作为社会运行主导者的政府在问题和危机酝酿之时往往麻木不仁,当问题显著化或危机来临之时,在传统思维方式惯性作用的支配下,其又会更多地强调问题和危机背后的意识形态因素,不适当地强化了问题和危机中的敌对因素,从而导致政府在心理上的'过分紧张'和行为上的'防卫过当'措施。此种过分紧张和防卫过当反过来又会进一步加剧危机"。在这样的一个社会中,不同的部分几乎是处于完全不同时代的发展水平,且几个时代的成分并存,互相之间缺乏有机的联系。多个时代的社会成分共存在一个社会之中,导致的一个结果就是,不同时代的社会诉求共存于一时。①

此外,中国社会无法在短期内形成一种与现代化进程相统一的、主导性的文化精神,这种状况也直接影响到中国社会其他各个领域的发展进程。

二 全球化引发的风险

20世纪80年代和90年代以后,人类开始逐步走向全球化时代。所谓"全球化",在赫尔德等人看来,是"一个(或者一组)体现了社会关系和交易的空间组织变革的过程——可以根据它们的广度、强度、速度以及影响来加以衡量——产生了跨大陆或者区域间的流动以及活动、交往以及权力实施的网络。"② 社会生活的几乎所有领域都无法摆脱全球化进程的影响。这成为世界历史发展的必然趋势,是谁也无法回避的客观现实。只要中国坚持对外开放,就

---

① 孙立平:《转型与断裂:改革以来中国社会结构的变迁》,清华大学出版社2004年版,第72、115页。

② [英]戴维·赫尔德等:《全球大变革——全球化时代的政治、经济、文化》,杨雪冬等译,社会科学文献出版社2001年版,第22页。

必然要被纳入全球化的轨道之中，吉登斯指出，"全球化使在场和缺场纠缠在一起，让远距离的社会事件和社会关系与地方性场景交织在一起"。① 发生在遥远地区的种种事件比过去任何时候都更直接、更迅速地对我们发生影响。同样，我们作为个人所作出的种种决定，其后果有可能是全球性的。

从全球化与现代性的关系来看，至少存在三种观点：一是认为全球化不过是现代性的延续或空间上的扩大，以吉登斯的"现代性的全球化"论为代表；二是认为全球化意味着现代性的终结，以阿尔布劳的"全球时代"论为代表；三是认为全球化和现代性之间并不存在简单的关系，而是在全球存在多种现代性，以费瑟斯通等人的"全球的多元现代性"论为代表。如果我们能够顾及全球化和现代性本身的复杂性，或者摆脱现代性话语中隐含的欧洲中心主义，采取一种更加具有历史意义的视角，我们可以说，全球化既是现代性的延续，又是现代性的终结；既是现代性的后果，也是现代性的原因和条件。②

由是，全球化不仅是中国社会转型的背景，中国社会转型也是全球化的组成部分。在全球化浪潮的推动下，现代性蔓延全球，一方面，它促使中国社会迈向了后现代社会；另一方面，全球化与风险社会几乎是同步的。这种同步首先是跨越民族国家地域的社会、政治、经济活动带来了风险的扩散；其次是全球化放大了风险的后果；再次是现代通信技术推动了全球风险意识的形成；最后是全球化风险全球化治理。正如吉登斯所说："在某些领域和生活方式内，现代性降低了总的风险性；但它同时也导入了一些先前年代所知之甚少或者全然无知的新的风险参量。这些包括后果严重的风险，它们来源于现代性社会体系的全球化特征。"③ 诸如核武器所导致的大

---

① ［英］吉登斯：《现代性与自我认同：现代晚期的自我与社会》，赵旭东、方文译，生活·读书·新知三联书店1998年版，第23页。

② 成伯清：《走出现代性：当代西方社会学理论的重新定向》，社会科学文献出版社2006年版，第170—177页。

③ ［英］吉登斯：《现代性与自我认同：现代晚期的自我与社会》，赵旭东、方文译，三联书店1998年版，第4页。

规模毁灭性战争的风险、生态灾难的风险、国际金融的风险，等等，这些后现代的科学技术风险和制度性风险超越了国家疆界，在世界范围内造成了威胁。因此，尽管中国还处于现代化的进程中，没有完全实现现代化，但已经出现了"风险社会"的基本表征，正进入风险社会时代。① 童星等学者指出，"中国正走在现代化的快车道上，几乎所有'风险社会'理论中所讨论到的、源于现代性的社会风险，在当今的中国社会不是症状明显，就是初露端倪"。②

同时，国内外还有一些人或政治力量企图利用全球化对中国的挑战，削弱中国的力量，使中国丧失自主性，依附于某种外部势力。"平等"问题与"安全"问题同时出现于中国，这种混合状态使得中国风险的产生更加具有复杂性。

三 中国社会风险的特征

2004 年，北京大学志愿服务与福利研究中心主任丁元竹发表题为《2010 年：中国的三种可能前景——对 98 名政府和非政府专家的调查与咨询》的报告，列举了 18 种危机问题，认为当代中国社会因巨大的社会变迁正在进入"风险社会"甚至是"高风险社会"，我国在社会、政治、经济、技术、生态等领域存在着诸多风险因素。③ 在全球化进程中，中国社会进入了风险多发期和"阵痛期"，风险日益凸显出来，并呈加速扩散的趋势。

乌尔里希·贝克和安东尼·吉登斯所说的"自然终结"和"传统终结"，这两种现象可以说也表现得十分突出，中国社会的风险

---

① 夏玉珍、吴娅丹："中国正进入风险社会时代"，《甘肃社会科学》2007 年第 1 期，第 20—24 页。

② 童星、张海波等：《中国转型期的社会风险及识别——理论探讨与经验研究》，南京大学出版社 2006 年版，第 58 页。

③ 参见丁元竹"2010 年：中国的三种可能前景——对 98 名政府和非政府专家的调查与咨询"，《战略与管理》2004 年第 4 期，第 53—67 页。丁元竹在该文中指出这 18 种危机分别是：失业问题、三农问题、金融风险、贫富差距、生态环境、台湾问题、社会秩序、公共安全、中美关系、全球化和外贸、周边安全、人事更迭、治理问题、民族问题、艾滋病和公共卫生问题、国有资产流失与金融危机问题，等等。

既不是纯粹传统的，也不是典型现代的，而是一种混合状态，呈现出异常复杂的特征。有学者指出："中国所面对的风险环境带有明显的复合特征，这体现在三个方面：一是尽管随着现代化的快速推进，现代意义的风险大量出现，但是由于农业生产方式在许多地方依然占主导地位，所以传统风险依然存在；二是尽管技术风险、制度风险成为风险结构中的主要类型，但是由于中国在进行着现代化的同时，也进行着制度改革和制度转轨，所以制度风险中既有过程风险也有结构性风险；三是作为一个快速加入全球化进程的大国，中国国内的多样性以及与国际社会的全面接触直接导致了风险来源的复杂化——风险既可以产生于国内，也可以引发自国外，更可以是二者的互动结果。"①

这样，中国社会具有了典型的"时空压缩"特性：传统、现代和后现代这三个不同的东西已经压缩到同一时空之中。中国目前的社会形态既不是纯粹传统的，也不是纯粹现代的，而是一种混合形态的社会。在这种社会里，历时性的社会形态和社会生活共时地存在。"前现代、现代和后现代这些历史发展不同阶段的表征，同时存在于当代中国社会，它们挤压在一起，相互制约，相互激荡，使当代中国的社会结构呈现出极其复杂的局面，原来历时展现的矛盾集聚在一起，共时地表现出来。"② 即所谓风险共生的现象。而在西方，由传统农业社会向现代工业社会的变迁、社会的改革和政策的调整及全球性社会问题这三类社会问题是分散在两三百年的时间内序贯出现的，因此西方国家在单位时间里所承受的压力较小，问题相对而言就较容易解决。因而，还应该看到我国在几十年之内要走完西方两三百年才能完成的现代化里程，不仅压力更大，还有可能出现三种风险病症相互交错，治理一种风险往往会加剧另一种风险的状况。这就大大增加了治理的难度。

---

① 杨雪冬："风险社会理论反思：以中国为参考背景"，《绿叶》2009 年第 8 期，第 96—101 页。
② 李淑梅："中国社会转型的特殊方式与人的发展"，《社会科学战线》2005 年第 3 期，第 38—39 页。

有学者指出："处于转型期的现代中国社会风险呈现出高度复杂性、广泛影响性和全球危害性等新特征。高度复杂性主要表现在现代社会风险超出了传统的专家系统可以提供解释和控制的范围；广泛影响性主要表现在现代社会风险已经涉及到世界范围内的每一个公众；全球危害性主要表现在现代风险的副作用已经超出了传统工业社会或民族国家的范围。"①

四 "中国制造"与社会风险

自 2007 年 3 月 "宠物食品中毒事件" 爆发以来，中国产品接二连三地卷入国内外舆论旋涡：二甘醇牙膏、缺陷轮胎、甲醛奶糖、药物残留水产品、铅超标玩具……一时间，"中国制造"陷入国际舆论的口诛笔伐中。2007 年 7 月 19 日，美国《华盛顿新闻报》专栏作家詹姆斯·平克顿耸人听闻地写道："中国制造什么——死亡？"8 月 4 日，英国《金融时报》甚至还在题为《中国又欠美国消费者一笔债》中援引有关政客攻击中国的话称，他们先夺走了我们的工作，然后又杀死我们的猫并毒害我们的孩子。10 月 31 日，香港《大公报》在"纵横谈"栏目载文称，在美国媒体报道中国制造的玩具出现安全问题后，奥巴马曾经表示，如果他是总统，他会全面禁止中国玩具对美国的出口。12 月 19 日奥巴马又声称，如果他当选美国总统，将禁止进口中国玩具，他同时呼吁对进口的中国商品采取更严格的检查措施。尽管美国历届总统竞选都会在中美贸易的政策上大做文章，但直接针对具体的商品事件发表言论，并将其作为竞选资本却极为罕见。2008 年年初，中国出口日本的"毒饺子"事件余波未了，9 月国内又爆发了婴儿奶粉的三聚氰胺事件，国际社会对中国出口食品的安全质疑变得更加强烈，美国媒体更是将中国产品不安全论渲染到极点。

"中国制造"的质量问题犹如石头投入池塘，引起的涟漪向外

---

① 林丹："风险社会理论对中国社会发展的启示"，《大连理工大学学报》（社会科学版）2011 年第 4 期，第 98—102 页。

扩展，先波及直接受影响的受害者，接着是就对此负有责任的企业，最后由于媒体的披露，波及整个行业乃至整个国家的所有产品。媒体在这一过程中，不仅让受众知晓了危害健康与安全的某一种产品，还引起了对某一行业的不信任，进一步致使"中国制造"成为"危险产品"代名词，并成为一种警示标志。这与当年英国发生疯牛病的状况相比，有过之而无不及。1996 年 3 月 20 日，英国政府首次承认食用疯牛肉可能导致一种脑衰竭的绝症，宣布 10 例克雅氏病案例可能与疯牛病相关。消息传出，在英国和全球引起恐慌。第二天英国及整个欧洲的牛肉销量都大幅下跌。几乎与此同时，在世界范围内实施了对英国牛肉及牛肉制品的进口禁令。英国的甚至欧洲的牛肉产业几近崩溃。"事实上，媒体对该事件的密集覆盖已经使得疯牛病/克雅氏病从相对的'英国'本土事件转变成一个全球性现象。"① 数天之内，疯牛病和克雅氏病之间关联的风险又被另一个相关风险——英国（欧洲）的牛肉产业崩溃的风险取代了。"中国制造"的问题也是如此，由受污染产品的风险转化为整个"中国制造"被抵制的风险。依此来看，媒体的报道导致一个产业的衰落，乃至于对某个国家产品的抵制，在当今这样一个媒体化、全球化的时代是一个普遍状况。如果说作为环境变化的守望者与信息提供者，报道某些产品的质量问题是媒体的应尽职责，那么引发一个行业乃至一个国家的产业问题，就不得不让我们深思媒体与现实、媒体与风险的关系。

媒体引发风险，人们往往会认为这是媒体放大和夸大的结果，并将产品安全问题归结为产品安全报道的问题。何以如此？难道真的仅仅是媒体的"炒作"吗？风险的建构理论（The Theory of Risk Construction）为我们看待这一问题提供了一个全新的视角，为我们重新理解、应对"中国制造"的危机提供了一个新的思路。

风险的建构理论认为，风险不是独立于社会、文化历史因素之

---

① ［英］约斯特·房龙：《人工智能复制时代的虚拟风险》，见芭芭拉·亚当、乌尔里希·贝克、约斯特·房龙编著《风险社会及其超越：社会理论的关键议题》，赵延东、马缨等译，北京出版社 2005 年版，第 264 页。

外的客观实在。无论是专家,还是一般民众对风险的了解,都是社会文化、历史过程的结果。换句话说,风险是由社会、文化历史进程建构而成。乌尔里希·贝克认为,风险"最初是有关它们的(科学的或反科学的)知识这样的形式存在"。① 我们对现代社会的风险单凭感觉器官是无法判断的,诸如空气、水源和食品中的毒素和污染物质及其对生命的短期和长期影响等风险,对它们的感知需要一个过程,一个伴随着反思、论证、解释、界定和认可的过程。"它们只在有关它们的知识中才存在或显形"②,"风险"与知识相关,甚至是被意识(知识)所决定的。人们对于风险的性质、范围和征兆感知的程度取决于对知识了解的程度。因此,风险是一个由科学知识产生的、作为制度、作为特定理性和技术实践的社会建构。它与人的认知和社会系统中的主观性因素,诸如社会认同、文化观念、社会舆论、信仰、意识形态等方面紧密相关。

大众传媒作为上述诸因素的主要载体,决定了其本身既是风险感知,又是风险生产与建构的主体之一。风险"在知识里可以被改变、夸大、转化或者削减","它们是可以随意被社会界定和建构的。从而,掌握着界定风险的权力的媒体、科学和法律专业,拥有关键的社会政治地位。"③ 当我们从这一角度来看待"中国制造"所面临问题时,发现:

首先,"中国制造"所面临的风险是科学知识对"风险"的定义及其变化。随着科学的不断发展,它所认定的"风险"的对象与范围不断更新、扩展。"中国制造"中出现的二甘醇牙膏、甲醛奶糖、药物残留水产品、铅超标玩具、毒奶粉等产品不是简单的制假、造假产品,而是因为在生产过程中添加或含有了某些成分,这些成分逐步被人类认识到有害于人体健康。

其次,是媒体对风险的呈现所带来的问题。贝克认为,风险的形

---

① [德]乌尔里希·贝克:《风险社会》,何博闻译,译林出版社2004年版,第20页。
② 成伯清:"'风险社会'视角下的社会问题",《南京大学学报》(哲社版)2007年第2期,第129—135页。
③ [德]乌尔里希·贝克:《风险社会》,何博闻译,译林出版社2004年版,第20页。

成、风险的范围都"取决于大众媒体，取决于政治决策，取决于官僚机构，而未必取决于事故和灾难所发生的地点"。① 风险的感知与建构是一个统一的过程，当媒体预警风险、报告风险时，它也就建构了风险。正如贝克所说"与收入减少的新闻不同，有关食物和消费品中含有毒物质等的新闻具有一种双重冲击"。② 当媒体公布了"中国制造"的产品含有某些有害成分时，一类风险（有害成分对人体的损害）被另一类风险（因消费者信心的瓦解而导致的某一产业崩溃或中国产品信誉的消失）所取代。因此，约斯特·房龙在《人工智能复制时代的虚拟风险》一文中说："只有当我们把风险想象为一种建构时，我们才可能理解其无限延迟的'本质'。"③ 由此我们可以推断，"中国制造"的风险也可能是媒体所建构的风险。

那么，媒体作为一个具有建构、界定风险的权力者，究竟如何建构了"中国制造"的风险？媒体在建构这一风险时遵循了何种框架？如何在"隐性风险"尚未形成现实之前就将其化解或是如何应对已形成的风险就是我们所要解答的问题。

第三节　媒体与风险社会

一　新闻是对真实社会的建构

有关新闻媒体与社会现实的关系，学者们的著述颇多。起源当论 1922 年李普曼在《公众舆论》里"拟态环境"的论述。在李普曼看来，人与社会现实之间被楔入了一个虚拟环境，这个环境是由媒介建构出来的。由于现代社会太大、太复杂，个人直接的经验性

---

① ［德］乌尔里希·贝克："'9·11'事件后的全球风险社会"，王武龙译，《马克思主义与现实》2004 年第 2 期，第 72 页。

② ［德］乌尔里希·贝克：《风险社会》，何博闻译，译林出版社 2004 年版，第 50 页。

③ ［英］约斯特·房龙：《人工智能复制时代的虚拟风险》，见芭芭拉·亚当、乌尔里希·贝克、约斯特·房龙编《风险社会及其超越：社会理论的关键议题》，赵延东、马缨等译，北京出版社 2005 年版，第 267 页。

感知有限,因此我们头脑中关于社会现实的图景主要是通过大众媒介间接形成的。这一论述过程暗含了三种现实:第一,客观的社会现实,它是存在于个体之外的、作为事实的客观世界。它被人们以常识的方式进行理解,不需要对这种存在作任何进一步的验证,也验证不来。第二,符号的社会现实,指以符号来描述的真实。例如以文学、艺术或借由媒介来表达、呈现的真实。它们可以通过各种各样的符号体系相互区别。第三,主观的社会现实,是指个人对真实的了解与信仰,是个体在客观现实和符号现实所提供原料的基础上的主观反映。换言之,就是客观世界和它的符号表达被混合进个体的意识中。① 因而,我们头脑里的景象并非外在的客观现实,而是客观现实与符号现实叠加后在人的头脑中的反映。并且,这个景象主要是借助媒介所建构的符号真实形成的。人们就是将媒介作为人体的延伸,通过媒介所塑造的拟态环境来认识现实的社会环境,并以此为依据对其做出调整。这样,大众媒介所形成的拟态环境不只是静态的符号文本,它始终处于动态的建构中。

那么,新闻媒体又是如何建构现实的呢?

新闻学者将戈夫曼的框架理论引入媒介研究中,以展现新闻媒体如何使用框架呈现社会真实。戈夫曼认为,对每一个人来说,"我们对于现实生活经验的归纳、结构与阐释都依赖一定的框架;框架使得我们能够确定、理解、归纳、指称事件和信息",② 也就是说,人们在日常交往之中,总是存在着一个解释外在真实世界的认知的基本模式,用以了解、指认以及界定行事经验。1980 年,吉特林在《整个世界正在看:大众媒体对准新闻的制造和非制造》一书中,把框架这一概念与新闻话语的生产直接联系在一起。他认为,人类认知世界的方式同样存在于新闻生产之中。在新闻话语的生成过程中,也形成这种基模,即新闻框架,新闻常规、社会制度、新闻从业者个人的意识

---

① Adoni, Hanna&Mane, Sherrill. Media and the social construction of reality—Toward an integration of theory and research [J]. *Communication Research*, 1984 (11): 325 – 326.

② Goffman, *Erving Frame Analysis* [M]. Philadelphia: University of Pennsylvania Press, 1974: 10 – 11.

形态，等等，这些要件构成了新闻框架，成为"一种持续不变（over time）的认知、解释和陈述框式，也是选择、强调和遗漏的稳定不变的范式。通过这样的框架，符号的处理者按常规组织话语。"①

社会学家塔奇曼也认为，新闻并非自然的产物，它是一种社会真实建构的过程，并且是媒介组织与社会文化妥协的产物，具有转换或传达社会事件的公共功能。在《做新闻》一书中她对此做了精辟的论述。她认为，"新闻像知识一样，为定义和建构社会现实提供了一种框架。"②

塔奇曼从舒茨对生活世界的研究入手，认为社会世界的行动者不是对社会世界中的现象采取质疑的态度，而是把现象作为已知事实予以接受。这是所有个体在处理社会现实时都会经历的认知方式，无论其所处的文化语境、社会结构和个性特征如何。换言之，人们把现实当作他们的知识储备，并运用这种知识储备和现实作为背景，从容面对其环境中的他人。按照吉登斯的说法，就是"直接的感性环境的意识……不能根本地从用于创造与维持日常生活接触的共有知识背景中分离出来"③。吉登斯把这种理所当然的自然存在，叫做"共有知识"。这种知识一方面为社会行动者作为背景知识提供资源，另一方面还被互动中的社会成员当作他们生活连续性的组成部分重新进行生产与再生产。生产的结果再"嵌入"到自身所记录、构成的现实之中，周而复始，不断地建构与再建构社会现实。这样，我们生而被赋予的世界，这个由我们先辈传下来的世界，同时也是一个由我们通过组织日常生活的相互关系所塑造的世界。从这个意义上说，所谓"知识"和"认知"并不完全与事实和真相有关，而是与社会实践有关。具体来说，在社会实践中得到推崇并且加以利用的那些知识才是我们所谓的"知识"；同样，所谓"认知"就是指我们识别和利用知识的方式。

---

① Gitlin, T. *The Whole World Is Watching: Mass Media in the Making and（Un）making of the New Left*［M］. Berkeley: University of California Press, 1980: 6 - 7.

② ［美］盖伊·塔奇曼：《做新闻》，麻争旗、刘笑盈、徐扬译，华夏出版社 2008 年版，第 172 页。

③ ［英］安东尼·吉登斯：《社会学方法的新规则》，田佑中、刘江涛译，社会科学文献出版社 2003 年版，第 205 页。

　　由舒茨的学说衍生而来的理论,适用于作为社会现象的新闻工作和新闻领域。新闻及其生产也遵循人们日常的"共有知识"和理解来进行。"选择性提取、信息再现以及赋予新闻事件以自反性意义,这些就是日常生活的自然特征。"① 首先,记者在确定哪些是新闻、哪些不是新闻的过程中理解并赋予事件以意义。事件是否具有时效性、接近性、显著性、影响性、人情趣味等新闻价值的判断,来源于新闻工作者的实践,可能是协商的结果;其次,媒介虽然根据消息来源来报道事实,但却根据媒体本身存在的价值观,将新闻源分类,或是顺从行为或是偏差行为,或是专业的或是权威的,不同的新闻源提供不同的事实;第三,在编辑内容时,借助典型化,将新闻划分为硬新闻或软新闻、突发性新闻或是连续性新闻,每一类别都有不同的固定模式和做法;第四,在表达与叙事时,也形成了一些报道的惯例,如倒金字结构、齐头式结构,等等。德弗勒在谈到媒介表述的阐释功能时,指出:"在我们理解社会现实的过程中,媒介表述起码在四个方面起作用。我们把这四个方面称之为意义的确立、延伸、替换和稳定。"② 总之,"新闻不再被认为是或正确或偏见的现实图景,而是被看作为日常建构凡俗世界的一种框架"。③ 种种机构程序、职业规范为新闻工作者生产新闻提供了一个框架,这个框架也就成为新闻建构社会现实的框架,成为我们观察世界的一个窗口。塔奇曼用窗口这个比喻形象地表现了新闻对社会现实建构的特点,即窗口的大小、形状、朝向,窗的光线之明暗、窗的位置,决定了我们可以看到什么以及怎么看。新闻就是这样通过传播人们想知道的、需要知道的和应该知道的信息的同时,不仅传播着知识,而且规范着知识;在提供了对事件意义进行讨论语境的同时,规范了对事件解释的规则。同那些共有知识的生产与再生产一致,它既组织着社会现实,又是生活现实的参与者和组成部分。

　　正是这样,新闻作为一种框架,不仅组织新闻生产,而且还起着组

---

　　① [美] 盖伊·塔奇曼:《做新闻》,麻争旗、刘笑盈、徐扬译,华夏出版社2008年版,第179页。

　　② [美] 梅尔文·德弗勒、埃弗雷特·丹尼斯:《大众传播通论》,颜建年等译,华夏出版社1989年版,第378页。

　　③ [美] 梵·迪克:《作为话语的新闻》,曾庆香译,华夏出版社2003年版,第8页。

织生活现实，并赋予其秩序的作用。换句话说，新闻为人们提供了认识世界、解释世界的框架，新闻生产过程即是建构现实的过程，且这两个过程不断互动，形成一个连续的统一体。

当前，随着传播技术的发展，各种传播媒介不断扩散，以数字化技术为依托的媒介融合趋势愈演愈烈，媒介无所不在，它营造出一个虚拟的无限扩张的媒介世界，一个过度媒体化（hypermediation）的世界。如果说我们在全球媒介大融合之前的第一媒介时代还能够警觉到拟态环境的"楔入"感，而现在它已经与我们的生活方式、思维方式、个体意识融为一体，这一环境究竟是拟态的抑或是真实的已无从辨识。从这个意识上说，我们根本无法脱离媒体来理解什么是现实。李普曼对"真实环境"与"虚拟环境"的本体论与认识论的区分不再是我们关注的重点。

二 媒体是风险的建构者之一

乌尔里希·贝克认为，风险"最初是有关它们的（科学的或反科学的）知识这样的形式存在"。① 知识一般分为感知的知识和理解的知识，前者指大众观念以及常识和日常知识，后者指系统化的专门知识。现代风险更多地是以专门知识的形式而存在。因此，要理解风险社会里各种各样的威胁——物质性、非物质性的，可见的以及不可见的威胁——都依赖于相关知识的解释。知识社会学认为，知识不是简单地对现实的复制，而是持续不断构成的结果。因为在对知识的理解中，人总是有意无意地带有一定的倾向性，并受到利益、价值、集团、党派、阶级等等因素的制约，用一种"评价"的眼光来看待知识。由此，知识从一个阶段过渡到另一个阶段的发展过程中总有一些新的结构形成，总是包含有一定程度的发明。对风险知识的解释也是如此，对风险相关知识的接收与再理解的过程必然导致知识再生产。正如哈拉维所指出的，知识与我们所栖居的位置有必然的联系；我们都加入了情境化知识。②

---

① ［德］乌尔里希·贝克：《风险社会》，何博闻译，译林出版社 2004 年版，第 20 页。

② Haraway, D. Situated Knowledges: The Sciences Question in Feminism and the Privilege of Partial Perspective ［J］. *Feminist Studies*, 1988（14）: 575 – 599.

风险也就在知识的转化、夸大、改变或削减之中被无限地建构、
延展。

以此为基点,研究社会风险的学者提出了"风险社会放大效
应。"① 指出,灾难事件与心理、社会、制度和文化状态相互作用,
其方式会加强或衰减对风险的感知并塑形风险行为。反过来,行为
上的反应造成新的社会或经济后果。这些后果远远超过了对人类健
康或环境的直接伤害,导致更重要的间接影响。

风险往往由一件物理事件(如意外事故)引起,或起因于有关
环境或技术的发布,等等。它经由人们的感知、描述,这一风险就
被放大了——部分是客观的对人们或其生活环境的一种直接伤害的
威胁,部分是对社会概念与结构的威胁。这一放大过程的关键变量
是文化和社会的因素。而收集风险信息的个人或群体与他人交流并
引起行为方面反应的就叫做"放大站"。这也就是说,对风险进行
陈述即是在建构风险,在生产和管理风险。如图1—2所示:

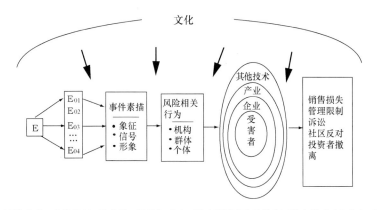

风险事业 事件特征 信息流 阐释与反应 影响扩散(波及效应)影响类型(企业水平)

图1—2 风险社会放大及其对公司的潜在影响的高度示意化示意图②

① [美]罗杰·E卡斯珀森:《风险的社会放大效应:在发展综合框架方面取得的
进展》,见谢尔顿·克里姆斯基、多米尼克·戈尔丁编著《风险的社会理论学说》,徐元
玲、孟毓焕、徐玲等译,北京出版社2005年版,第168—199页。

② 同上书,第174页。

自然，作为人们了解世界的窗口，新闻媒体就是这样的放大站；在媒介化的环境里，新闻媒体这一放大站在风险的建构中更起到举足轻重的作用，以至于约斯特·房龙说："我们的世界以虚拟风险为特征。"①他在分析疯牛病的案例时说：

> 在疯牛病危机中，电子媒介将科学、政治和大众消费文化联结了起来，在此过程中，他们促成了隐形风险（例如朊病毒的变异）的显性化。他们通过数字化意象使得这些隐形风险成为现实。作为这些意象的消费者，我们既没有办法也没有必要去验证这些表现是否适当……
>
> 疯牛病风险中"逐渐形成的现实"与风险的媒介直接相关。②

在这里，媒体关于疯牛病和克雅氏病之间可能关联的知识的突然获得，使危险转变成了风险。媒体使风险"真实化"了，这种真实化是直接的、物质的。变得真实化了的风险非同小可，恐慌从英国蔓延到欧盟，再到美国，乃至全世界，由牛肉产业至饲料产业，由乳制品产业至制糖产业、化妆品产业。其引发的后果如滚雪球般越来越大，牛农损失惨重，牛肉产业严重萎缩并波及相关产业，政府官员被迫辞职……风险由生物领域扩展到经济领域直至政治领域。新闻媒体从疯牛病和克雅氏病之间可能关系的记录为始，在揭示此物与彼物的关联过程中不断地建构出新的风险，我们看到，"疯狂"不再仅存在于牛脑里，而是充斥于社会的每一个神经系统。由此，我们知道，媒体不是简单地"传递"着特定的风险定义关系，而是再建构、再生产着它们。鉴于此，我们说风险的媒介化不仅将风险实体化，并且使其放大了。

随着"风险社会放大效应"研究框架的提出，媒体在风险放大过

---

① ［英］约斯特·房龙：《人工智能复制时代的虚拟风险》，见芭芭拉·亚当、乌尔里希·贝克、约斯特·房龙编著《风险社会及其超越：社会理论的关键议题》，赵延东、马缨等译，北京出版社2005年版，第272页。

② 同上书，第267页。

程中的作用得到了更为充分而广泛的研究。2001 年，M. Breakwell 等人发表《风险社会放大对沟通的影响》的系列报告，着重探究了媒体在风险放大过程中的作用。这一研究认为，媒体报道的方式和决策过程中的很多因素起到了重要的作用，诸如媒体的商业压力促进了对恐慌题材的报道，他们企图提供"曝料"，从而忽视了报道"真实的科学"；调查的缺失导致对易得的和预先简化的新闻的追求；不同的媒体目标会有不同的报道优先秩序；压力群体控制着媒体；利用争议和不确定性，吸引观众的注意，等等。①

还要指出的是，风险的"放大站"有两重含义：媒体不仅能够放大风险，还能使风险衰减。斯图亚特·阿兰在《"核万能主义"的风险与常识》② 一文里分析了核风险在媒体中是如何被建构为"核正常状态"的。他认为，媒体通过"核威慑"概念代替了事实，将"国家安全依靠核威慑"作为一种常识灌输给大众，使核武器及其在"国家安全"中的角色常态化，并把这一需求当作日常的事物来"接受"；而为何"国家安全依靠核威慑"及其真正的风险——原子弹爆炸带来的风险是无可逃避的——的常识却是缺位的。这之所以成为可能，是媒体在建构意义时提供了一个封闭的文本圈——"公认的"和"权威的"机构发言人——政府和军方的官员、武器专家、安全顾问，等等，他们对核话语的使用反映了一种有意识和系统化的努力，使得继续设计、发展、制造和"部署"新形式的核武器技术的需求变得正常化。通过这种文本封闭圈，核风险被平息下来。而媒体自身也很少关注为何使用了官方认可的词汇，而"核威慑"的概念其实已经预示了多数媒体处理"核武器问题"的方式。

阿兰的这一经验性研究与塔奇曼的新闻生产的"框架"理论如出一辙。塔奇曼认为，新闻记者们以声望、权威、权力、专业等标准来划

---

① Breakwell, Glynis. M. & Barnett, Dr Julie. The impact of social amplification of risk on risk communication ［R］. Health & safety executive report. 2001.

② ［英］斯图亚特·阿兰：《"核万能主义"的风险和常识》，见芭芭拉·亚当、乌尔里希·贝克、约斯特·房龙编著《风险社会及其超越：社会理论的关键议题》，赵延东、马缨等译，北京出版社 2005 年版，第 131—142 页。

分信息源的等级，并以此来判定其可信程度。正如她所发现的，"在我所观察的所有记者和编辑中，我从来没有听到他们质疑某个已经当选或者任命的官员"，"新闻从业者更倾向于选择体制内的信息源"①，而不是普通人提供的信息。要讨论上述的核武器的安全性，显然军方或是政府的官员更具有权威性。可见，媒体对风险的定义往往服务于维持现存统治关系的特定利益，媒体对统治性观点和现存统治关系的封闭圈的支持，使得媒体对风险的建构往往受到意识形态的影响；而提供何种知识、不提供何种知识的选择能力，使媒体在建构风险中拥有了独特的权力。因而，我们说，用来理解风险的媒体在提供风险的信息的同时，卷入了对风险的生产、操纵、协商和置换。

由于受众对于风险的认知很大程度上依赖媒体建构，在某种意义上，被媒介所表征的"风险"就是被公众所感知的"风险"，是人为建构的。因此，贝克指出："全球风险社会各种灾难在政治层面上的爆发将取决于这样一个事实，即全球风险社会的核心涵义取决于大众媒体，取决于政治决策，取决于官僚机构，而未必取决于事故和灾难所发生的地点。"②

三 媒体是风险沟通主体之一

风险沟通是指："在个人、团体、机构间交换信息和意见的互动过程。它不只与风险相关，还包括风险性质的多重信息和其他信息，这些信息表达了对风险信息或针对风险管理所进行的合法的机构性安排的关注、意见和反应。"③ 它于 20 世纪 80 年代中后期兴起于美国，以风险评估、心理学、传播学三大学科为支柱，希望通过各

---

① ［美］盖伊·塔奇曼：《做新闻》，麻争旗、刘笑盈、徐扬译，华夏出版社 2008 年版，第 101—102 页。

② ［德］乌尔里希·贝克："'9·11'事件后的全球风险社会"，王武龙译，《马克思主义与现实》2004 年第 2 期，第 70—83 页。

③ 相关定义请参见 National Research Council (1989): Improving Risk Communication (Free Executive Summary) ［EB/OL］. 美国国家研究院网站，http://www.nap.edu/catalog/1189html。

种沟通方式增进各主体间的相互了解,促进一种新的伙伴和对话关系的形成。风险沟通使风险成为公共议题,来自政府、企业、专家、媒体、公众的多元意见将补充原来科学上的盲点,增强风险评估与风险管理的合理性。因此,当社会风险发生时,媒体就成为风险沟通的主要渠道之一。

1. 媒体在风险传播中的功能。大众传媒在风险事件中,是一个非常重要而且任何其他东西难以替代的角色。尽管在事件的报道中,大众传媒可能会受到利益和权力的影响,但假若没有媒体的介入,事件只会更糟,广大公众对于风险的感知或者社会所面临的风险,有可能被人为弱化甚至掩盖。[①] 在风险社会语境下,对媒介功能和责任的探讨每位学者都有自己的观点和具体的陈述,但从整体上看,有几个内容是达成了广泛的共识的:首先是从传媒监测环境的功能出发,最终落实到传播和新闻的风险预警功能的认识。大部分学者认为媒体在风险社会中所起到的作用是:风险预警、风险告知及风险教育;[②] 媒体的风险沟通提高了风险社会的"社会能见度",促进了风险决策的民主。[③] 有些学者则认为,传媒在风险社会中只能充当"报警"而不是"预警"的角色。[④]还有些学者则对媒体在风险传播中的负功能更为担忧,他们认为,传媒在促进受众的"风险认知"与社会的"风险沟通"的同时,也可能成为已有"风险"的动力和新"风险"的源头[⑤],引起受众的媒介焦虑

---

① 黄旦、郭丽华:"媒体先锋风险社会视野中的中国食品安全报道——以2006年'多宝鱼'事件为例",《新闻大学》2008年第4期,第6—12页。

② 参见姜红:"风险社会的公共安全与媒体责任",《新闻战线》2007年第3期,第16—18页;庹继光:"风险社会中的传媒监测功能及边界剖析",《西南民族大学学报》(人文社科版)2008年第7期,第159—162页;陈岳芬:"风险社会的文化特征与媒体功能之实现",《太平洋学报》2007年第9期,第73—80页;陈淑伟:"大众传媒在突发事件应急管理中的角色与功能",《青年记者》2007年第1期,第75—76页。

③ 郭小平:"'怒江事件'中的风险传播与决策民主",《国际新闻界》2007年第2期,第26—29页。

④ 胡忠青:《传媒风险传播的理论困境分析》,《新闻界》2008年第3期,第14—16页。

⑤ 参见郭小平,秦志希:"风险传播的悖论——论'风险社会'视域下的新闻报道",《江淮论坛》2006年第2期,第129—133页;马锋,周东华:"现代风险报道中的传播悖论",《国际新闻界》2007年第10期,第29—33页。

心理①。普通人感受到的不是实际的风险，而是被传媒呈现后的风险，一旦传媒在风险呈现过程中引起偏差，高度发达的现代信息技术很快就会将其全球传播，由风险和灾难所导致的恐惧感和不信任感将通过现代信息手段迅速传播到全社会，引发社会的动荡不安。②

2. 媒体在风险沟通中产生的悖论。媒体对风险的报道常常采用人文主义和技术决定论两个非常明显的取向，易导致对复杂风险的解释简单化，单一的因果思维是造成新风险的根源。从受众角度来看，学者们从媒介化风险、媒介恐慌到媒介素养进行了各个方位的研究。媒介恐慌论是指媒介在对社会恐慌事件进行大规模报道的过程中会导致产生新的更多的恐慌现象或恐慌心理的媒介理论或受众理论。有学者站在这一角度，并结合风险社会的理论，探讨了媒体报道的边界。③ 有学者认为，"媒体的透明度、报道的信息量、风险表述的方式、对风险信息的解释、用于描述和形容危险的符号、比喻和话语等等"是影响受众风险感知的重要因素。④ 而媒介提供信息的不充分、风险社会的不确定性和在建构风险过程中的夸大都会造成恐慌。⑤ 公众对风险报道的批判性解读及利用传播媒介参与风险沟通与风险决策能力的增强是防止风险传播困境的主要手段，媒介素养、科学素养与公民素养一起构成了公众参与风险传播、风险决策的能力。⑥

3. 网络社会、媒介化社会背景下风险沟通的新变化。有学者认为

---

① 参见谢婧："以风险社会的视角看媒介恐慌的三个层次"，《东南传播》2008 年第 4 期，第 42—44 页；郭小平，秦志希："风险传播的悖论——论'风险社会'视域下的新闻报道"，《江淮论坛》2006 年第 2 期，第 129—133 页；胡忠青："风险传播与媒介焦虑"，《江汉大学学报》（人文科学版）2007 年第 3 期，第 96—99 页。

② 庹继光："拟态环境下的'媒介化风险'及其预防"，《新闻知识》2008 年第 2 期，第 38—40 页。

③ 邵培仁："媒介恐慌论与媒介恐怖论的兴起、演变及理性抉择"，《现代传播》2007 年第 4 期，第 27—29 页。

④ 郭小平："论传媒对受众'风险认知'的建构"，《湖南大众传媒职业技术学院学报》2007 年第 2 期，第 32—35 页。

⑤ 谢婧："以风险社会的视角看媒介恐慌的三个层次"，《东南传播》2008 年第 4 期，第 42—44 页。

⑥ 郭小平："风险传播视域的媒介素养教育"，《国际新闻界》2008 年第 8 期，第 50—54 页。

网络社会的风险是由"网络"这种新技术引发的。① 他们提出,风险社会是网络时代不可避免的历史后果。首先,网络时代对技术的过度依赖既制造了各种潜在的全球性风险,又极易使可能的风险转化为现实。其次,网络时代的直接后果是联系的扩大化、密切化、复杂化,从单一转变为多样,从局部转变为跨行业、跨部门,从本土转变为全球,交往所依赖的中介物理环节日益增多和复杂。这个过程中,任何一个环节出现问题,都有可能带来不可估量的后果。第三,网络在全球范围内扩大了资本主义的固有矛盾,使传统的自由市场风险在全球范围内展现并深度扩大。第四,网络时代的数字鸿沟扩大了社会的不平等现象,由此酝酿了新的风险和危机。②

4. 风险传播模式的转变。郭小平指出,风险传播大致经历了科技主义取向、协商(民主)取向、批判取向三种范式。传统的风险传播属于"科技主义取向",主要包括两种表现:一是风险传播被视为一种机构、个人、团体的公关策略,研究焦点在于如何在媒体上使用适宜的传播修辞来说服大众、维护自身形象、有效达成宣传目的。此范式以传播者的利益为出发点,是一种建立在政治、权力基础上的公关手法;二是风险传播的重点在于"专家对非专家的传播",即信息富有者对信息贫乏者自上而下的教育。其中,传播者(如政府机构、学术单位、企业公司)被视为拥有信息的行动主体,公众被视为被动无知的行动客体。在这一范式中媒体虽然能够发挥告知、倾听、言说和影响功能,却常常隐匿社会的风险,导致片面的、非民主的宣传与告知。其本质上是一种单向的公共教育传播,是专家与精英对受众的压迫,违背了风险社会的伦理责任。③

---

① 刘挺:"网络社会的风险控制",《宁夏大学学报》(人文社会科学版)2008年第3期,第119—122页。

② 庄友刚:"网络时代与风险社会",《淮阴师范学院学报》2004年第4期,第435—440页。

③ 郭小平:《西方"风险传播"研究取向的演变》,见张志安、赖昀、马德永主编《跨媒体时代:传播变革与社会转型 2006年中国新闻传播学科研究生学术年会、复旦大学博士生学术论坛之新闻传播学篇第六届复旦大学新闻学院研究生学术年会优秀论文集》,贵州教育出版社2006年版,第3—11页。

由"科技范式"向"民主范式"的转变是风险社会这一社会形态自身内在的要求。媒体在报道中站在"舆论监督"的立场，致力于追查责任，忽视了自身对风险认知能力的有限性。媒体只有承认自己的无知，才能在报道中留有分寸。揭露是需要的，但不是唯一的目的，应该是通过多维度的报道显示真相，通过真相让民众对风险做出自己的辨别和裁决。[①] 这种"实践的结果只有一种类型的民主，那就是沿着协商民主的方向拓展和加强自由民主，只有它才能使风险社会从容应对生态灾难并实现可持续性发展的目标"的要求[②]，"如果风险社会要成功地迎接其自身带来的道义及其他挑战的话，就急需沿着生态民主政治的方向发展。……建立在公民广泛参与基础之上的协商民主政治"。[③] 而这一范式的转变在风险传播层面体现为将"公共新闻学"作为风险传播的重构策略[④]，风险传播的公共新闻取向表现为强调社会介入和关心社会正义。

"批判范式"是 Grabill 和 Simmons 等学者提出的，他们认为"风险是由许多利益和因素社会地建构出来的"[⑤]，它在风险建构理论的基础上，将风险沟通置于政治、社会、文化的情境，将媒体传播融入整个的"反身性"现代化进程中。马凌也认为，现代媒介技术的高度发达，使得原来的此时此地、彼时彼地变成了即时即地，人们被卷入全社会性的乃至全球性的"在场"，使局部的、个体化的风险公开化、扩大化，并进一步政治化和社会化，极大地改变了原有的政治运

① 黄旦、郭丽华："媒体先锋风险社会视野中的中国食品安全报道——以 2006 年'多宝鱼'事件为例"，《新闻大学》2008 年第 4 期，第 6—12 页。

② 薛晓源、周战超主编：《全球化与风险社会》，社会科学文献出版社 2005 年版，第 317 页。

③ 陈家刚："风险社会与协商民主"，《马克思主义与现实》2006 年第 3 期，第 95—105 页。

④ 郭小平："风险传播的'公共新闻学'取向"，《兰州学刊》2008 年第 6 期，第 178—180 页。

⑤ 郭小平：《西方"风险传播"研究取向的演变》，载张志安、赖昀、马德永主编：《跨媒体时代：传播变革与社会转型 2006 年中国新闻传播学科研究生学术年会、复旦大学博士生学术论坛之新闻传播学篇暨第六届复旦大学新闻学院研究生学术年会优秀论文集》，贵州教育出版社 2006 年版，第 3—11 页。

作形态和社会组织形态。风险催生了媒介政治,而媒介政治又可能使风险更具有爆发力、更具有破坏性。同时又指出,尽管媒体在风险社会中居于核心地位,但是却并不能独自完成从风险预警到风险化解的一系列任务。①

---

① 马凌:"新闻传媒在风险社会中的功能地位",《新闻与传播研究》2007 年第 4 期,第 42—46 页。

第二章

国外媒体的"中国制造"风险图景

第一节 研究方法概述

一 样本的选择

"中国制造"是西方媒体建构出来的，鉴于笔者自身研究能力的问题，观察所有的西方媒体不大可能。而美国媒体在媒体日益集中化的趋势下，处于媒体的强势地位，在此前提下，本研究将研究范围限定在美国主流媒体上，以期能以小见大，反映国外媒体对"中国制造"的总体认知。因此，在样本的选择上遵守以下原则：

1. 以报刊的纸质版为对象。在当下互联网快速发展、多种媒体形式相互交融的大背景下，一份报纸不仅有纸质版，还会运用报纸网站以弥补其时效性及互动性的不足，但是考虑到"中国制造"建构是一个长期且渐进的过程，及网络的权威性①等问题，本文将以美国的纸质媒体为选取样本的基础。本论文研究的新闻报道只包括文本部分，不涉及图片其他部分。

2. 以《纽约时报》与《时代周刊》为样本框。美国有许多主流

① 2009 年，普利策新闻奖首次开放给网络媒体参与竞争，虽然网络新闻大行其道，但并没有一家网站赢得奖项，只有《政治新闻网》网站的社论性漫画入围。截至 2012 年，共有 3 家网站赢得奖项，分别是 www. propublic. org.《旧金山纪事报》网站和《赫芬顿邮报》网站。

媒体,如《纽约时报》、《华盛顿邮报》、《洛杉矶时报》、《基督教科学箴言报》、《时代周刊》、《新闻周刊》,等等,它们在政治观点上或偏左或偏右,各有不同。同美国其他媒体相比,《纽约时报》这份创刊于1851年的报纸,是美国最有影响力的三大报纸之一,深受世界各地的政府官员、高级知识分子等读者的重视,印刷版现有110万订户。其最大的特点是非常重视国际新闻,有"档案记录报"之称,被誉为美国"最有权威、最受尊重的报纸"。2009年获得调查新闻、突发新闻、国际报道、特写摄影和评论五项普利策新闻奖,其竞争强手《华盛顿邮报》和《洛杉矶时报》仅各拿下1个奖项。同样,《时代周刊》创刊于1923年3月,是美国影响最大的新闻周刊,有世界"史库"之称,其报道内容广泛,对国际问题发表主张和对国际重大事件进行跟踪报道,在美国颇具影响力。芝加哥大学前校长曾经说过,鲁斯(《时代周刊》创始人)和《时代周刊》对美国人性格的影响大于所受教育制度的总和。① 因此,《纽约时报》和《时代周刊》成为了本书研究样本的首选。

3. 时段选取。本书所研究的"中国制造"是指中国改革开放后,进入世界市场的中国生产的工农业产品,其上往往以标注有"made in China"的标签作为标识。因此,研究样本的截取时间基本以改革开放的时间为起点,同时根据收集资料时期对《纽约时报》与《时代周刊》对"中国制造"报道量的统计以及本论文的写作时间,将研究样本的截取时间确定为1990.1.1—2009.9.30。最终统计结果,《纽约时报》样本的时段为1991.1.1—2009.9.30,而《时代周刊》样本的时段为2003.1.1—2009.9.30。

4. 使用EBSCO数据库②获得样本。本研究所选用的样本通过EB-SCO数据库获得,研究基于EBSCO数据库中收录的资料是完整、准确且真实的前提。以"made in China"、"Chinese product"、"Chinese -

---

① 秦朔:《中美杂志比较研究》,中华传媒网 http://www.chuanmei.net/,2001。

② EBSCO是世界上最大的提供期刊、文献订购及出版服务的专业公司之一。出版60多个电子文献数据库,包括4000多种期刊全文。涉及自然科学、社会科学、人文和艺术等各类学术领域。其中报纸资源提供194种美国报纸、国际报纸以及部分新闻社的新闻。拥有可回溯至1985年《纽约时报》的过刊收藏。

made goods"为检索词，获得与"中国制造"有关的《纽约时报》报道413篇，《时代周刊》91篇。其中有些报道是谈其他议题时偶尔提到中国制造，或作为对照、类比。例如：2007年9月7日一则报道《布什与中国领导人会谈后承诺出席北京奥林匹克运动会》（Bush, After Talks With China's Leader, Accepts Invitation to Beijing Olympics）只是在胡锦涛与布什的会谈中涉及了中国制造的玩具，而不是以此为主要议题，因此予以剔除。以此为标准，最后获得的有效样本数《纽约时报》为243篇，《时代周刊》为20篇。由于样本总量并不大，所以不再分层抽样，而采取普查的形式。

二 研究方法

本章主要以内容分析法为研究基础。首先对《纽约时报》与《时代周刊》这两大纸质媒体有关"中国制造"的报道议题、报道数量等方面作一个较为全面的描述，以统观其所呈现的"中国制造"景象；然后，在此基础上以建构论为立足点，运用框架理论、话语理论等对新闻报道做历史、社会学的考察，以揭示美国媒体建构"中国制造"的路径，归纳其建构规律，并剖析其背后的动因与意义。研究方法的选用与目的具体解释如下：

1. 对"中国制造"建构的研究，实质上是对美国主流媒体新闻的生产逻辑，即对大众媒体的新闻生产方式的研究。尽管建构论和客观论都不是解释世界的唯一的途径，难免会存在偏颇之处，但建构论的概念与内涵仍然不失为一种考察新闻生产现象的独特视角。依据这一视角考察媒体对"中国制造"的建构，避免了将新闻报道简单地划分为正面或负面两个维度。这是因为某些报道到底是正面还是负面的，关键在于它们是如何被建构的。大多数情况下，一篇报道中正面的或负面的描述兼而有之。例如标题为《贸易顺差创纪录》的新闻报道既表现了中国经济的力量逐步增强，同时也表现出美国媒体对中国制造和销售的产品在美国市场占有了越来越多的份额的关注，以及美国读者对自己国家巨大的贸易赤字的担忧。

2. 选用内容分析法与话语分析法作为框架研究中的主要方法，

可对本文做量化的、质化的研究。内容分析法一般对一定传播内容的特定单词、短评或主题的出现频率加以统计,或对这些数据与其他因素之间的关系加以研究,凸显某段时间里对某一问题的态度的趋势,等等,但对传播者与解释者意义的产生、协商与斗争过程等问题却无能为力。而话语的分析不但强调话语/文本是意义和流通和交换,从而加强了文本生产、分配、消费、解释活动的认知、心理等因素以及社会历史文化情境的系统研究,更重要的是它把话语/文本的建构作用,诸如建构社会现实、社会关系、社会地位等作为分析问题的重心。

梵·迪克曾总结了"话语分析"与"内容分析"的四个方面:其一,话语分析凭自身作为话语的媒介信息,内容分析经常被用作为了发现一些特性之间的关系;其二,话语分析首先以说明质化数据为目标;内容分析则以量化数据为目标;其三,话语分析注意潜在的语义结构和澄清含义、预设与策略等,而这些经常在话语里隐藏着;内容分析首先基于观察、可计量的数据,比如词汇、短语、句子或者体裁特征;其四,话语分析也是关于规则和策略具有包含性的认知理论和社会理论的一部分,这些规则构成了媒介话语理解和生产的基础。

麦奎尔曾经比较了较有代表性的两种内容方法的差异(见表2—1)。

表2—1 　　　　　　　　　内容分析与文本结构分析的区别[①]

内容分析	文本结构(阐释性)分析
定量的	定性的
片段的	全面的
系统的	有选择的
一般化的、广泛的	说明性的、具体的
明确的意义	潜在的意义
客观的	视读者而定的

[①] 转引自麦奎尔《麦奎尔大众传播理论》(第四版),崔保国、李琨译,清华大学出版社2006年版,第275页。

鉴于此，本研究将这两种方法结合起来，以相互补充，推动我们全面深入地认识美国媒体对"中国制造"的报道，以及"中国制造"风险建构的过程。

第二节 《纽约时报》之内容分析

《纽约时报》上可见到的最早有关于"made in China"的报道是 1908 年 3 月 9 日的一则纽约特别报道，其标题为《吴大使在华盛顿；他说，中国 7 年间创造了巨大的进步》（MINISTER WU IN WASHINGTON；Tremendous Advances Made in China in Seven Years, He Says），这时的"made in China"，含义较为宽泛，主要指"中国式的"、"中国生产的"。从《纽约时报》的新闻报道中来看，依据"中国制造"的外延可大致分为广义和狭义两种。广义上所指的对象较广，凡是中国的，无论是政治、经济产物，还是文化、自然环境产物，均称作"made in China"。例如，1981 年 11 月 22 日，《一个丝绒的达·芬奇：中国制造》（A VELVETEEN DA VINCI：MADE IN CHINA）报道了中国使用丝制工艺来制作达·芬奇的名画，1996 年 12 月 22 日刊登一篇标题为《一个中国制造的立法机关出现在香港》（A Legislature Made in China Is Presented To Hong Kong）的报道，2006 年 4 月 23 日的《也是中国制造：沙尘暴》（Also Made in China：The Big Dust Storm）报道了北京地区的沙尘暴，2009 年 1 月 24 日则有一篇报道的标题为《说唱音乐，也是中国制造》（"Now Hip—Hop, Too, Is Made in China"）讲述了中国说唱音乐的发展状况。

狭义的"中国制造"则是随着中国的经济开放逐步形成的。20 世纪 80 年代后中国开始试点开放，90 年代局部开放，90 年代末 21 世纪初进入全方位开放期。经济开放的渐次深入，使中国产品进入世界市场，且在世界市场里所占有的份额逐年增高，"made in China"这个标签可以在广泛的商品上找到，从服装到电子产品都能看到它的影子。因而,"中国制造"越来越多地用来指称"中国制造的工业品"或是原产地为中国的各类工农业产品。2001 年,日本通产省白皮书提出中国已成为"世界工厂"的论点,"中国制造"开始成为一个全世界关注的话题①。由此,"中国制造"一词便成为"中国产品"的代名词,其内涵也随着对中国工农业产品的认知而不断被重新建构,继而扩展到政治、文化等领域。本研究里的"中国制造"主要指狭义上的。因此,研究样本的截取时间也就确定为 1990 年 1 月 1 日至 2009 年 9 月 30 日。

一 《纽约时报》"中国制造"报道概况

1. 缓慢增长总势与个别年份的"井喷"态势并存

在有效样本中,《纽约时报》于 1990 年至 2009 年 9 月末关于"中国制造"的报道共计 243 篇。其中,2003 年以前各年有关"中国制造"的报道数均未超过 10 篇:1991 年、1995 年、1996 年、1998 年各 2 篇;1992 年、1993 年各 1 篇;1994 年、1997 年、1999 年、2000 年、2002年各 3 篇;2001 年 4 篇。2003 年之后,报道篇数逐渐增多:2003 年 7篇,2004 年 12 篇,2005 年 13 篇,2006 年 10 篇,2007 年 84 篇,2008年 71 篇,2009 年 1 月到 9 月末 17 篇(见图 2—1)。

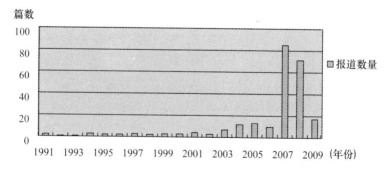

图 2—1 《纽约时报》1991—2009 年报道量

---

① 梅松:《世界制造业中心转移与中国成为世界工厂问题研究》,华中科技大学博士论文,2004 年,第 3 页。

报道数量最多的年份是 2007 年，占总样本量的 34.6%，主要关注的是中国进口玩具的含铅问题，受污染的宠物食品、有毒牙膏和海鲜产品。其次是 2008 年，占样本总量的 29.5%，上半年除了主要报道受污染的药品外，还展开了关于"中国制造"安全的大讨论；自 9 月起，三鹿奶粉引发了一系列的三聚氰胺的报道。而报道量最少的年份是 1992 年、1993 年，均占 0.4%。从样本分布的情况来看，除去 2007 年和 2008 年由于产品质量问题导致报道量激增外，随着年份的增长，样本量有缓慢增长的趋势。

2. 以消息类新闻为主

篇幅共分四档：500 个单词以下，500—1000 个单词，1000—2000 个单词，2000 个单词以上。各档占比分别为：500 个单词以下，92 篇，占 37.9%；500—1000 个单词 84 篇，占 34.6%；1000—2000 个单词 61 篇，占 25.0%；2000 个单词以上 6 篇，占 2.5%。其中 2000 个单词以上类出现于 2002 年、2003 年、2007 年和 2008 年，它们分别在同一年度中所占比例为 33.3%、14.3%、3.6% 和 2.8%，2000 个单词以上类在 2002 年所占比例最大，在 2008 年里最少。

大多数（72.5%）样本是 1000 个单词以下的短文章。平均每篇新闻为 780 个单词左右。

3. 评论、社论数量较少

文章有作者署名的为"个人"，无署名的为"社论"。"个人"类共 207 篇，占 85.2%；"社论"类共 25 篇，占 10.3%。"读者来信"类共 11 篇，占 4.5%。

二　消息来源情况

所谓消息来源是指一则新闻中所涉及的事实和观点材料的出处。它表明事实、观点和背景材料从何而来，由谁提供。媒体往往借助消息来源之口表达自己的观点。一般而言，在一篇新闻报道中，引用的消息来源越多，信息量越大，报道的客观性就越强。

1. 消息源数量多

《纽约时报》有关"中国制造"的243篇新闻报道中共使用消息源950个。依据每篇新闻报道所采用的消息源数量，可将有关"中国制造"的新闻报道分为六档：消息源数分别为：无、1个、2个、3—5个、6—10个、10个以上。

消息源数量为"无"消息源类，30篇，占总样本量的12.3%；消息源数量为"1个"的样本共36篇，占比为14.8%；数量为"2个"的共35篇，占比为14.4%；"3—5个"的共76篇，占比为31.3%；"6—10个"的共50篇，占比为20.6%；"10个以上"的共16篇，占6.6%。其中，消息源数量为"3—5个"的数量最多（见图2—2）。

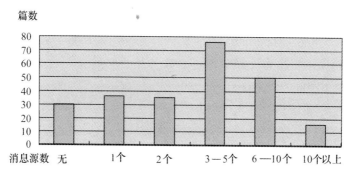

图2—2　《纽约时报》消息源数量分布图

2. 消息源国别选择上略倾向于美国

根据消息源国别，共分五类来统计：无明显消息源、有中国无美国、有美国无中国、既有中国也有美国、其他国家。

整体来看，其中"无明显消息源"类样本为30篇，占样本量的12.3%；"有中国无美国"类样本为52篇，占21.4%；"有美国无中国"样本为62篇，占25.5%；"既有中国也有美国"共89篇，占36.67%；"其他国家"共10篇，占比为4.1%（见图2—3）。

由图示可见，《纽约时报》在报道"中国制造"时，所采用消息源从国别上来说中美大致相当，微倾向于美国的消息源。

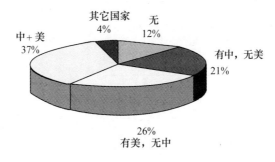

图2—3　《纽约时报》消息源国别示意图

从历时的角度来看，有中国的消息源的样本，即"有中国无美国"＋"既有中国也有美国"的样本在本年度占比最大的是1992年和1995年，均为100%，年度占比最小的是1991年、1993年、1998年、2001年，均未见采用中国的消息源。而对"中国制造"报道量最大的是2007年，中国的消息源样本在本年度中所占比例为57.2%（见表2—2）。

表2—2　　　　　《纽约时报》年份＊消息源国别　交叉表

年份	数量	消息源国别					总计
		无	有中，无美	有美，无中	中＋美	其他	
1991	篇数	0	0	2	0	0	2
	%	0	0	100%	0	0	100%
1992	篇数	0	0	0	1	0	1
	%	0	0	0	100%	0	100%
1993	篇数	0	0	1	0	0	1
	100%	%	0	0	100%	0	0
1994	篇数	1	0	1	1	0	3
	%	33.3%	0	33.3%	33.3%	0	100%
1995	篇数	0	0	0	2	0	2
	100%	%	0	0	0	100%	0

续表

年份	数量	消息源国别					总计
		无	有中，无美	有美，无中	中＋美	其他	
1996	篇数	0	0	1	1	0	2
	%	0	0	50%	50%	0	100%
1997	篇数	1	0	0	2	0	3
	%	33.3%	0	0	66.6%	0	100%
1998	篇数	2	0	0	0	0	2
	%	100%	0	0	0	0	100%
1999	篇数	1	0	0	2	0	3
	%	33.3%	0	0	66.6%	0	100%
2000	篇数	1	1	1	0	0	3
	%	33.3%	33.3%	33.3%	0	0	100%
2001	篇数	0	0	3	0	1	4
	%	0	0	75%	0	25%	100%
2002	篇数	0	1	1	1	0	3
	%	0	33.3%	33.3%	33.3%	0	100%
2003	篇数	1	1	4	1	0	7
	%	14.3%	14.3%	57.1%	14.3%	0	100%
2004	篇数	2	5	2	3	0	12
	%	16.7%	41.7%	16.7%	25%	0	100%
2005	篇数	4	0	1	6	2	13
	%	30.8%	0	7.6%	46.2%	15.4%	100%
2006	篇数	1	0	5	2	2	10
	%	10%	0	50%	20%	20%	100%
2007	篇数	6	7	25	41	5	84
	%	7.1%	8.3%	29.8%	48.9	6.0%	100%
2008	篇数	6	30	13	22	0	71
	%	8.5%	42.3%	18.3%	31.0%	0	100%
2009	篇数	4	6	4	3	0	17
	%	23.5%	35.3%	23.5%	17.6%	0	100%

续表

年份	数量	消息源国别					总计
		无	有中，无美	有美，无中	中＋美	其他	
总计	篇数	30	51	55	69	10	243
	%	12.3%	21.0%	26.3%	36.2%	4.1%	100%

3. 从消息源性质来看，注重官方和企业的观点

消息源性质分为六类：政府/官员、专业人士、大众媒体、企业/协会、普通民众、其他。除去无明显消息源的样本，在剩余的样本中共出现950个消息源。其中，所采用的中国和美国的消息源为804个。

从整体上看，所占比例最多的是"政府/官员"类，有322个，占两国总消息源数量的40.4%；其次是"企业/协会"消息源，共175个，占21.8%；再次是"专业人士"消息源，共172个，占21.4%。

比较两国不同性质消息源的数量，除"大众媒体"类，美国其余类别的消息源均多于中国。《纽约时报》在报道"中国制造"时，所采用的中国消息源最多的是"政府/官员"类，其次，是"大众媒体"类。而美国消息源里采用最多的前两类分别是"政府/官员"类、"专业人士"类（见表2—3）。

表2—3　　　　消息源国别 ＊ 消息源性质 交叉表

国别	数量	消息源性质						总计
		政府/官员	专业人士	大众媒体	企业/协会	普通民众	其他	
中	篇数	139	56	71	60	27	3	356
	%	17.3%	7.0%	8.8%	7.5%	3.3%	0.4%	44.3%
美	篇数	183	116	18	115	15	1	448
	%	22.8%	14.4%	2.2%	14.3%	1.9%	0.1%	55.7%
总计	篇数	322	172	89	175	42	4	804
	%	40.4%	21.4%	11.1%	21.8%	5.2%	0.5%	100%

三　"中国制造"的构成：以低附加值产品为主

《纽约时报》所报道的中国制造的产品包括纺织品（包括服装）、药品、食品、牙膏、玩具、飞机、太阳能电池板、建筑材料、钢铁产品等 31 种。除此之外，还有一类报道是以所有的中国制造的产品为报道对象，不是具体的某类产品。因此，我们将报道中所涉及的产品分为纺织品、食品、药品、轻工业产品（如玩具、牙膏，等等）、重工业产品（如钢铁产品、建筑材料）、高科技产品（如太阳能电池板，等等）、中国产品及其他八类，考察了它们在报道中的数量与比例（如图 2—4）。

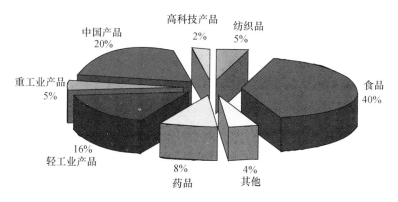

图 2—4　《纽约时报》所报道的中国产品种类分布示意图

《纽约时报》关于中国制造的报道大多集中于食品、轻工业产品上，约占报道总数的 55.9%，其次是药品报道数量，占 8.2%。报道数量最少的是高科技产品，只占报道总量的 2%。由此可见，报道里的"中国制造"基本上是初级的加工类产品，附加值较低。这样，报道中的"中国制造"无任何与众不同之处，仿佛中国制造产品只有具体的产品功能，如食品是用来果腹的，衣服是用来御寒的，却不会让消费者产生某种文化的需求的满足感。换句话说，除了产地不同外，"中国制造"就是单纯的产品，而且是没有文化内涵的产品。

四 报道话题的演变：知识产权—就业—产品质量安全

本部分的数据统计我们主要运用词频分析。所用工具为 WordSmith Tools 软件，主要有语境共现检索（Concordance）、单词列表（Wordlist）和主题词（Keywords）三大功能。我们主要使用前两种功能。Wordlist 可将其中出现过的所有单词进行列表。列表有两种形式，一种按字母顺序排列，另一种按单词在该文件中出现的频次由高到低排列。Concordance 功能强大，如果将某一文本文件中的某一单词输入该工具，该工具就能显示出这个文本文件中所有出现这个单词的地方，以及一定范围内与该单词毗邻的所有单词，这就能够提供该单词与其他一些单词搭配所形成的具有完整意义的词组。

本文就是根据上述两种工具所提供的单词或词组，从中发现和选取能够表达一定完整意义的词或词组，并参照这些相关词出现的频次，来确定报道主题的演变。

首先，我们按照产品的分类，将产品名称作为检索词，运用 Concordance 工具得到与产品关联紧密的话题（见表2—4）。

表2—4 产品种类与话题（单位：次）

产品种类	关联主题
纺织品	就业、贸易逆差
食品	安全
药品	安全
轻工业产品	安全、知识产权
重工业产品	安全
高科技产品	技术进步
中国产品	知识产权、就业、贸易逆差、安全

然后，以上表所列的词语为关键字词，运用 Wordlist、Concordance 工具统计这些词语在各年份中出现的频率以确定各年份主要的话题。如运用 Concordance 工具可发现与知识产权有关的词语有："intellectual"、 "pirate",等等,我们再运用 Wordlist 工具统计它们出现的频次,并累加,就成为知识产权出现的频次。而"fake"一词比较特殊,它既可指用劣质原料、化学药品所生产的造假产品,如"fake formula"或是指使用三聚氰胺提高蛋白质的含量;又可指侵犯知识产权,生产冒牌产品。所以,对"fake"出现的语境作进一步的设定,满足"fake * brand"条件的则归为知识产权,否则就归为产品质量安全(见表2—5)。

表 2—5　　　　　　　　关键词词频分布趋势(单位:次)

年份/词频	知识产权	就业	产品质量安全	科技进步	贸易逆差
1991	0	0	1	0	0
1992	0	0	0	0	0
1993	0	4	0	0	5
1994	1	0	0	0	1
1995	8	0	0	0	1
1996	5	0	0	0	0
1997	2	0	0	0	0
1998	0	1	0	0	1
1999	0	0	0	0	2
2000	2	0	0	0	3
2001	3	0	1	0	2
2002	1	0	2	0	0
2003	1	12	0	0	2
2004	4	21	8	0	5
2005	0	6	0	1	2
2006	0	8	0	0	3
2007	3	15	333	0	6
2008	1	8	127	0	2
2009	3	9	14	2	2

　　根据1991—2009年间各词语出现的频次可看到:20世纪90年代中期对"中国制造"的报道以知识产权为主要话题,报道中国产品侵犯知识产权,制造假名牌,盗版生产音乐、电影,等等,1995年达到

最高峰，"intellectual"、"pirate"出现频次为 8 次，知识产权问题成为"中国制造"的焦点问题。

2003 年起，与就业相关的词语，如"job, jobs"出现频次逐渐增多，"中国制造"对美国就业影响的报道逐渐增多，"廉价"的中国制造迫使美国劳动密集型企业，如纺织业、造纸业等行业的工厂被迫关闭。2004 年与就业相关的词语频次达到 21 次。之后虽然该话题出现频率稍减，但一直成为对"中国制造"的关注点之一。

自 2007 年始，产品质量与安全的报道成为《纽约时报》集中报道的焦点，2007 年、2008 年和 2009 年这三年里，与安全与质量相关的词语出现频次分别为 351 次、127 次和 14 次，与历年来对"中国制造"报道数量上及其他关键词出现的频率相比，具有统计学上的显著性，可以称得上是"连篇累牍"。《纽约时报》对"中国制造"质量与安全的问题报道可以说是给予了非同寻常的关注。

而关于"中国制造"科技进步的报道从 2005 年才开始出现，且数量极少，总出现频次为 3 次。这也从另一方面反映出"中国制造"低技术含量的特点。

较为特殊的是美国对中国贸易逆差的报道，自 1993 年以来，《纽约时报》几乎每年都会有这方面的相关报道，成为"中国制造"持久不变的一个话题。

由此可见，1991—2009 年的《纽约时报》对"中国制造"的报道在话题上呈现出一个大致的趋势：一方面始终关注美中贸易逆差，另一方面其报道的主要话题依次出现了知识产权—就业—产品质量安全的转变。"中国制造"产品的安全质量成为报道热点与焦点。

第三节　《时代周刊》之内容分析

一　《时代周刊》"中国制造"报道概况

1. 总体报道数量少，以产品质量安全为关注点

最早可见到的"中国制造"的报道是 2003 年。在 2003 年至 2009

年9月末共计有效样本20篇。其中2003年至2006年各1篇,2007年10篇,2008年4篇,2009年1—9月2篇(见图2—5)。

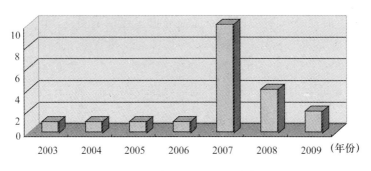

图2—5 《时代周刊》报道数量

报道数量最多的年份是2007年,占总样本量的50%,平均每月1篇,报道重点集中于中国制造含铅玩具被召回事件。其次是2008年,占样本总量的20%,平均每三个月1篇,上半年除了主要报道受污染的药品外,还展开了关于"中国制造"安全的大讨论;自9月起,是三鹿奶粉引发的三聚氰胺的报道。从样本分布的情况来看,除去2007年和2008年由于产品质量问题导致报道量激增外,各年报道量较为平均,但数量极少。

2. 短消息、一般报道和深度报道的数量基本平衡

样本篇幅共分四档:500个单词以下,6篇,占30%;500—1000个单词8篇,占40%;1000—2000个单词6篇,占30%;其中1000个单词以上出现于2004年、2006年、2007年、2008年和2009年。500—1000个单词的文章几乎都集中于2007年。平均每篇新闻为800单词左右。

二 消息来源概况

1. 综合消息类无消息来源,深度报道重视消息来源

《时代周刊》有关"中国制造"的新闻报道共使用的消息源数为93个。依据每篇新闻报道所采用的消息源数量,可将有关"中国制造"的新闻报道分为六档:消息源数分别为无、1个、2个、3—5个、6—

10 个、10 个以上。

消息源数量为"无"消息源类，4 篇，占总样本量的 20%；消息源数量为"1 个"的样本共 3 篇，占比为 15%；数量为"2 个"的共 2 篇，占比为 10%；"3—5 个"的共 3 篇，占比为 20%；"6—10 个"的共 5 篇，占比为 25%；"10 个以上"的共 2 篇，占 10%（见图 2—6）。其中，消息源数量为"6—10 个"的数量最多，占总数的 1/4。

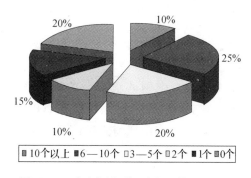

图 2—6 《时代周刊》消息源数量比例图

同《纽约时报》相比，无消息来源的数量偏多。这类新闻常常是综合消息。

2. 报道倾向显著，不注重"平衡"报道

根据消息源国别，共分五类来统计：无明显消息源、有中国无美国、有美国无中国、既有中国也有美国、其他国家。整体来看，其中"无明显消息源"类样本为 4 篇，占样本量的 21%；"有中国无美国"类样本为 1 篇，占 5%；"有美国无中国"样本为 12 篇，占 60%；"既有中国也有美国"共 2 篇，占 10%；其他国家的为 1 篇，占 5%。可见，《时代周刊》在报道"中国制造"时，所采用的消息源从国别上来说消息源明显倾向于美国的消息源（见图 2—7）。

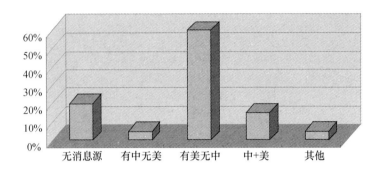

图2—7 《时代周刊》消息源国别示意图

从历时的角度来看,有中国的消息源的样本,即"有中国无美国"+"既有中国也有美国"的样本只出现于2003年和2007年,即使是报道量最大的2007年,有中国消息源的样本也只占20%的比例。其余各年均未见采用中国的消息源(见表2—6)。

表2—6 《时代周刊》年份 ∗ 消息源国别 交叉表

年份	数量	消息源国别					总计
		无	有中,无美	有美,无中	中＋美	其他	
2003	篇数	0	1	0	0	0	1
	%	0	0	100%	0	0	100%
2004	篇数	0	0	1	0	0	1
	%	0	0	100%	0	0	100%
2005	篇数	0	0	1	0	0	1
	%	0	0	100%	0	0	100%
2006	篇数	0	0	1	0	0	1
	%	0	0	100%	0	0	100%
2007	篇数	2	0	6	2	0	10
	%	20%	0	60%	20%	0	100%
2008	篇数	1	0	2	0	1	4
	%	25%	0	50%	0	25%	100%

续表

年份	数量	消息源国别					总计
		无	有中，无美	有美，无中	中＋美	其他	
2009	篇数	1	0	1	0	0	2
	%	50%	0	50%	0	0	100%
总计	篇数	4	1	12	2	1	20
	%	20%	5%	60%	10%	5%	100%

3. 从消息源性质上看，更注重专家、企业的观点

消息源性质分为六类：政府/官员、专家/机构、大众媒体、企业/协会、普通民众、其他。除去无明显消息源的样本，在剩余的样本中共出现 93 个消息源，其中，来自中国和美国的消息源为 88 个。

从整体上看，所占比例最多的是"专家/机构"类，有 32 个，占两国总消息源数量的 36.4%；其次是"企业/协会"消息源，共 23 个，占 26.1%；再次是"政府/官员"消息源，共 20 个，占 22.7%。"普通民众"8 个，占 9.1%。"大众媒体"类的消息源只占 3.4%。

表 2—7 　　《时代周刊》消息源国别 ＊ 消息源性质 交叉表

国别	数量	消息源性质						总计
		政府/官员	专家/机构	大众媒体	企业/协会	普通民众	其他	
中	篇数	5	4	2	3	2	1	17
	%	5.7%	4.5%	2.3%	3.4%	2.3%	1.1%	19.3%
美	篇数	15	28	1	20	6	1	71
	%	17.0%	31.8%	1.1%	22.7%	6.8%	1.1%	80.7%
总计	篇数	20	32	3	23	8	2	88
	%	22.7%	36.4%	3.4%	26.1%	9.1%	2.3%	100%

比较两国不同性质消息源的数量，《时代周刊》在"政府/官员"类、"专家/机构"类、"企业/协会"类上，来自美国的消息源均显著多于中国。来自美国消息源里性质最多的依次是"专家/机构"类、"企业/协会"类。而中国消息源里最多的依次是"政府/官员"类、

"专家/机构"类。两国比例相差最多的是"专家/机构"类,差值为27.3%。(见表2—7)。可见,《时代周刊》认为在"中国制造"的问题上,美国专家比中国专家更有发言权。

与《纽约时报》相比,《时代周刊》更注重来自专家的消息源,普通民众的消息源也略高于《纽约时报》。二者的共同点是都注重企业类消息源。

三 "中国制造"以低端产品为主,高科技产品的报道略多于《纽约时报》

《时代周刊》所报道的中国制造的产品包括皮包、药品、食品、牙膏、玩具、飞机、汽车、电子8种产品。除此之外,还有一类报道是以所有的中国制造的产品为报道对象,不是具体的某类产品。因此,我们将报道中所涉及的产品分为食品、药品、轻工业产品(如玩具、牙膏,等等)、重工业产品、高科技产品、中国产品六类。

《时代周刊》关于中国制造的报道大多集中于食品、轻工业产品上,约占总报道数的60%,其次是高科技类产品和重工业产品,分别占15%和10%。报道数量最少的是药品,只占报道总量的5%(见图2—8)。

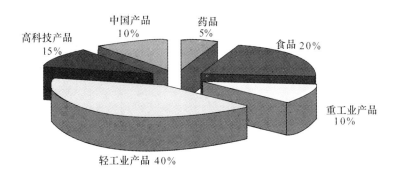

图2—8 《时代周刊》"中国制造"构成

同《纽约时报》相比,《时代周刊》所关注的高科技类产品与重工业产品比例略高,且呈逐年缓慢增长趋势。

四 报道话题的演变:中国企业的发展状况—知识产权—产品安全

同《纽约时报》不同,《时代周刊》的议题更加关注"中国制造"的发展,在报道"中国制造"时,出现的关键词主要有"投资"、"知识产权"、"发展"、"产品质量安全",等等。本部分的数据仍然使用词频统计的方法,以显示历年来话题的演变趋势。

根据词频统计,《时代周刊》议题大致的演变趋势为:中国企业发展状况—知识产权—产品安全(见表2—8)。

表2—8 关键词词频分布趋势

年份/词频	知识产权	产品质量安全	科技进步	投资
2003	0	0	0	1
2004	6	0	0	1
2005	1	0	0	0
2006	0	2	1	0
2007	0	18	2	2
2008	0	7	0	0
2009	0	1	1	0

2003年关注企业的发展,认为中国企业没有研发技术的能力,不可能有真正的发展。2004年、2005年的议题是知识产权问题,到2006年后,开始关注中国产品的质量问题,既担忧因中国产品出现的质量问题对公众健康和国内的企业利益造成损害,又担忧中国制造业的不断进步会影响美国企业的发展。因此,在报道中同时出现了中国产品质量低下和产品技术进步的状况。2007年产品质量安全问题成为报道焦点,主要集中于含铅玩具的报道上,并将这一事件列入《时代周刊》2007年度十大事件之一。

而关于科技进步的报道从 2006 年才开始出现，数量较《纽约时报》稍多，但时间上比《纽约时报》晚。从时间上看，《纽约时报》对《时代周刊》的议题有一定影响。

第四节　美国媒体中的"中国制造"图景

纵观近二十年两家媒体的报道，我们可以看出，美国媒体上"中国制造"形象随着经济全球化的发展不断地发生变化。美国媒体在建构"中国制造"的同时，也折射出美国媒体对中国产品的生产主体——企业，产业发展的引路人和守夜人——政府，及其信息传播载体——中国媒体的认知及建构，如同多棱镜一般，中国的产品、企业、政府和媒体这四个方面共同构成了一个"中国制造"的图景。

一　"中国制造"的形象演变

20 世纪 90 年代初，中国制造的产品在世界市场里的数量还较少，美国媒体对中国产品还没有形成刻板印象，因此，对"中国制造"的报道是冷静而又客观的。1991 年，《纽约时报》对"made in China"的报道共有两篇，分别是 8 月 13 日的《因为有窒息的危险，玩具奶瓶召回》(Toy Baby Bottles Recalled Because of Choking Danger) 和 10 月 11 日的《破除广州和东部各地出口的神秘化》（Demystifying Exports From Canton and Points East）。

在前一则报道里，《纽约时报》说：

> 圣安东尼奥公司正召回 60000 个玩具奶瓶，因为儿童可能被奶嘴窒息，政府今天宣布。
>
> 这个奶瓶，由得克萨斯永峰进口公司分发，有 3 英寸的橡胶奶嘴，粉红色或蓝色帽子。一些标有"婴儿瓶"，所有都贴上了标签"聚乙烯奶瓶，永峰，3—211，中国制造"。

消费者产品安全委员会说，奶嘴可能脱落并敦促立即使奶瓶远离儿童。但无论是委员会还是公司都未获悉任何涉及奶瓶的受伤事件。

这则报道可以说是有关"中国制造"质量问题较早的一篇报道，[①]但报道只客观叙述了产品质量上的缺陷、产品的外形、产地及产品可能造成的伤害，既没有使用耸人听闻的词语，也未流露出任何感情色彩，完全是客观中立的报道。

而 10 月 11 日的新闻报道则对中国早期的产品倾慕有加。文章中说："曾有文件记录，18、19 世纪出口到西方的中国珍品，神秘感现在已经少些了。"在描述中国 18、19 世纪制造的产品时说："从 Chait 画廊借来的 14 个银瓮、烧杯、茶壶、茶杯和果盘之美，最令人印象深刻"，"1761 年安装于利思大厦的着色的中国壁纸，那里至今还保存着……茶园景色覆盖墙壁极为和谐完美。"同一篇文章中还介绍了 18 世纪中国制造的华丽的黑漆写字台和 19 世纪广东制造的昂贵的中式婚庆玻璃画。

前一则新闻报道正是本文所要研究的"中国制造"，而后一则新闻报道虽然不属于我们所讨论的"中国制造"的范畴，但它恰恰从侧面展示了早期美国媒体对中国产品的认知状况：一方面，对开放前的中国的神秘感还未消失，对中国手工业时期工艺水平高超、精致且具有独特文化韵味的珍品留下了极为美好的印象；另一方面，对开放不久的中国还未了解，"中国制造"只是对产品产地的一个标识，不带有任何的感情色彩或附加含义。在这之后的新闻报道里，对"中国制造"的报道以负面基调为主，像 8 月 13 日这类中性的报道较为少见，而像 10 月 11 日这则新闻一般积极正面的口吻更是绝无仅有。

1.20 世纪 90 年代中期：低价盗版"中国制造"——美中贸易逆差增长的罪魁祸首

20 世纪 90 年代中期，媒体对"中国制造"的关注点集中于美中

---

① 据资料显示，改革开放后出现的最早的"中国制造"质量问题的报道是 1989 年 5 月 20 日，标题为《污染蘑菇召回》，全文共 145 个英文单词。

之间不断增长的贸易逆差。并将其归咎于中国的盗版产品。在 1993 年 3 月 21 日的新闻报道《亚洲商品中国造,美国买》(China Is Making Asia's Goods, and the US Is Buying) 中分析了美中贸易逆差的原因,认为中国大量低廉的劳动力吸引"台湾、香港将劳动密集型制造业转移至中国内地的工厂,使得对中国的贸易逆差实际上是对'大中国'——中国内地、香港和台湾的总贸易赤字,美国对亚洲总体贸易赤字上升相对缓慢。1986 年以来,对这些国家总赤字介于 200 亿—300 亿美元之间"。"贸易逆差不断增长有其他复杂的贸易因素,如著作权和商标的侵权行为。"

在 1995 年 1 月 29 日的新闻报道《中美贸易裂痕加深》(CHINA TRADE RIFT WITH US DEEPENS) 里指出,中国南方生产光碟的工厂每年生产的非法盗版产品销往亚洲其他地区,美国企业因此每年损失 10 亿美元。而中国对电脑软件、电影和音乐的盗版是"惊人的","在北京的大街上,美国谈判代表们就能买到美国软件包的盗版,价值 1 万美元的软件只售 100 美元。甚至,中国政府部门也使用盗版软件"。中国的盗版足以满足本国对书籍,电影和其他内容的需求。"最新的好莱坞电影 DVD 在中国 1 天之内就可以在街角买到,价格为 1 美元或者更低——更别说在内陆城市买方积极讨价还价后更低。"这导致了中国对书籍、电影和其他内容的进口的限制,是中国从美国进口增长缓慢的原因。

2. 20 世纪 90 年代后期至 21 世纪 10 年代中期:低廉的"中国制造"——美国的威胁者

1996 年 5 月 16 日《纽约时报》在《暂时性价格上涨》(An Increased Price For Casual Elegance) 一文的导语里说:"政府威胁要对中国制造的价廉质优的服装商品(cheap, higher - quality clothing made in China) 施加关税,以报复北京在保护美国版权和商标上的失败"。继而引用批发商的话说,"如果关税按时在 30 天内生效,会导致诸如开司米羊绒衫、重磅真丝衫、职业女性专用的豪华面料等商品价格升高,商品短缺"。

然而,这种"物美价廉"的口吻很快就发生了改变。1997 年 10 月 26 日《纽约时报》在报道《暂时的全球形象;中国出口的是自己的不确定性》（Tentative Global Profile；China Exports Its Own Uncertainty）里说："中国向美国出口了那么多的产品，可同时却很难在美国百货公司找到一双鞋子，一个玩具或是一件电器说是'中国制造'的"。"大多数时候，中国制造并不是真正意义上中国的制造。与意大利时装、法国红酒和美国电影不同，多数中国出口与中国文化无关。就买方而言，它们只是低价的东西"。这样，媒体从产品文化的角度，得出"价廉必然质劣"的结论，并始终以此逻辑来建构"中国制造"，认为这样的"中国制造"很难具有真正的市场竞争力。

因此，当中国制造商康佳集团公司试图以高清电视进军美国电视机市场时备受质疑。1999 年 4 月 1 日，《纽约时报》在《高清晰开局；中国用便宜的高清晰度电视机考验美国市场》（A High‐Definition Gambit；Chinese Test US Market With Cheaper HDTV Sets）的报道中开篇便说："一想到'中国制造'，就想到塑料玩具、T 恤衫、运动鞋和简单的录音机，就想到所有的在不知名工厂的廉价组装的外国品牌。"康佳的高清电视显像管，电视机最昂贵的部分，是由其他电子集团，如汤姆森公司和东芝公司提供，而供应动力的电视芯片也将来自外国的制造商。"虽然价格可能会使康佳在美国上道，但它将永远无法与索尼和其他巨头竞争，直到它发展自己的技术"。中国制造缺乏创新，只能复制，"没有一家中国公司具有持久的竞争力"。

1997 年到 2001 年间《纽约时报》共计 15 篇"中国制造"的新闻报道中，就有 9 篇文章谈到低廉的"中国制造"大量出口，造成美国贸易赤字不断增长，中国低廉的劳动力和土地资源使美国的跨国公司将工厂迁移至中国，减少了美国的就业机会，威胁到了美国的国家利益。1998 年 2 月 3 日的一则《亚洲的郁闷》（The Asian Blues）新闻报道中称，廉价的中国产品是 1998 年"千年萧条"的诱因之一，"中国在无意中引发了亚洲危机的关键因素。"

2003 年 3 月 2 日《纽约时报》发表记者丹尼尔·奥尔特曼的文章《中国是伙伴还是对手？》（China：Partner, Rival or Both?），指出，美国有关企业是根据市场原则把产业转移到国外的，"如果它们想保持竞争力，就必须这么做"。"美国企业看到日本、台湾地区、韩国纷纷来中国内地投资，把中国内地作为廉价劳动力的来源，自然应加入到这个竞争中来。"奥尔特曼还进一步指出，"中国的经济增长，巩固了美国经济近期的经济史上最突出的趋势之一：从制造业转型为经济服务"。目前美国整个制造业从业人员虽减少到只有1600万人，跟20世纪50年代差不多，但从那时起，美国人在服务性行业人数已从3000万人猛增至107亿人。这表明美国并未发生"产业空心化"，而是进行"经济转型"。

至此，美国国内对"中国制造"威胁国家经济的论调渐渐变缓。2006年《纽约时报》在2月9日《中国是亚洲的工厂》一文更进一步指出，"中国制造"的标签实质上是"中国组装"的代名词，说："这些天里，'中国制造'常常是替别处生产的——日本、韩国、台湾和美国的跨国公司在自己巨大的全球生产网络中将中国作为总配站。""在这种展开的全球供应链中，标签通常在总装配站粘贴，这使全球贸易的形象日益歪曲，将中国卷入了一个比实际更大的贸易威胁之中"。"中国制造"的最大受益者并非是中国，"最大的赢家是美国和其他发达国家的消费者"，"美国跨国公司和其他外国公司，包括零售商，是隐藏在工厂背后的抽干这些廉价产品的主要无形之手。他们在贸易中获得了大部分的利润"。"似乎真正的输家是别处低工资的工人，例如日立工人在日本丢了工作，亚洲其他地区的工人随着雇主开始向中国搬迁也有相同的遭遇，美国的蓝领工人也同样"。

然而，越来越多的"中国制造"依旧吸引了《纽约时报》的视线。"据里昂证券，一家投资银行的资料显示，中国制造业的产量令人咋舌，世界上80%的钟表，50%的照相机，30%的微波炉，25%的洗衣机以及20%的冰箱都是'中国制造'"，2005年6月9日《纽约时报》的一篇文章《中国生产的外国名牌》（Name Goods in China but Brand X Elsewhere）如是说。《纽约时报》对"中国制造"保持了高度的警惕心理。它将目光转向海外，描述了"中国制造"对世界各国的影响。统治津巴布韦25年的精明独裁者紧紧拥抱中国的一切事物，"他的空军在中国喷气机上得到了锻炼，他的国民穿中国的鞋子，乘中国汽车，他甚至促使国人学习普通话和教育国人品尝中国菜"。① 意大利具有百年历史的电子真空管制造商被迫倒闭。②

21世纪10年代中期，《纽约时报》开始紧密关注"中国制造"在技术上的进步：2004年1月13日刊登文章《中国技术快速进步，引起贸易忧虑》（Fast Gaining in Technology，China Poses Trade Worries），7月13日发表《中国制造的最大的奢侈品订单》（The Ultimate Luxury Item Is Now Made in China），2005年11月2日发表《中国绿皮书》（China's Little Green Book），9日刊登《配额重现，限制会推动中国纺织品向高端产品发展》（A Return to Quotas，Limits on Textiles Could Push China to Ward Making Upscale Goods）。这些文章指出，中国在技术上做出的努力，尤其是在绿色环保技术的发展上，将"创新他们的供应能力水平。一旦他们在中国内部出现了低成本的解决方案，他们将主导全球的定价"。"绿色中国将比红色中国更具挑战性"。

美国媒体所报道的低廉的"中国制造"令人又爱又恨，却无法回避。在经济全球化不断深入过程中，"中国制造"让美国消费者和大多数美国跨国公司受益。尽管它处于全球化经济链条里的最底层的加工环节，但其数量的庞大仍令美国忧心忡忡，担心中国以此为基础逐步提高扩展，进入高端产品领域，成为美国经济强有力的对手。

3. 21世纪10年代中期之后：低劣的"中国制造"——损害美国消费者的"危险产品"

《纽约时报》所呈现的"危险产品"经历了中国国内—美国—世界—美国这样一个逐步扩散的过程（见表2—9）。

---

① Wines，Michael From Shoes to Aircraft to Investment，Zimbabwe Pursues a Made-in-China Future ［N］. *New York Times*，2005，7（24）：10.

② Landler，Mark & Fisher，Ian Italy's Once-Plucky Little Factories Now Complicate Its Battle With 'Made in China' ［N］. *New York Times*，2006，5（14）：8.

表 2—9　　《纽约时报》报道"中国制造"质量安全问题一览表

时间	事件	波及范围
2002 年 9 月 18 日	餐馆投毒事件	中国
2003 年 4 月 9 日	豆奶中毒事件	中国
2004 年 4 月 21 日—11 月 9 日	中国劣质奶粉事件	中国
2007 年 3 月 31 日—5 月 7 日	宠物食品污染事件	美国
2007 年 5 月 6 日—6 月 5 日	有毒糖浆	巴拿马
2007 年 5 月 19 日—10 月 1 日	二甘醇牙膏	巴拿马、哥斯达黎加、尼加拉瓜、美国、欧盟
2007 年 5 月 25 日—11 月 8 日	受污染海产品	美国
2007 年 6 月 15 日—11 月 1 日	铅涂料玩具	美国
2008 年 2 月 2 日—2 月 7 日	毒饺子事件	日本
2008 年 2 月 3 日—4 月 10 日	假肝素事件	美国、日本、欧洲
2008 年 8 月 15 日	美国奥运队员食品中毒	美国
2008 年 9 月 12 日—2009 年 3 月 25 日	毒奶粉丑闻	中国、中国香港、亚洲其他国家、美国
2009 年 10 月 7 日—10 月 29 日	问题石膏板	美国

　　根据样本统计,《纽约时报》对中国国内产品质量的报道首见于 2002 年 9 月 18 日,该条新闻报道了嫉妒的商业竞争对手将老鼠药放入餐饮店中,毒死 38 人,其中大部分是学生,数百人被送到医院。[①] 2003 年东北辽宁省 3 月 19 日学生因饮用豆奶导致 3 名死亡,3000 多人生病。8 所学校被卷入这起集体中毒事件。[②] 2004 年 4—11 月,《纽约时报》连续报道了中国劣质奶粉事件,文中指出,在中国,这个全国性的丑闻,"残酷地提醒中国假货和伪劣产品问题远远超出了仿冒品牌服装和盗版 DVD 的程度。新产品不停地出现在货架上,而对消费者的保护并未随之存在,尤其是在最贫穷的地区,往往成为廉价、无管制产品的倾销市场"。"中国国内学校食堂和餐馆中毒事件

　　① Eckholm, Erik Man Admits Poisoning Food in Rival's Shop, Killing 38 in China [N] . *New York Times*, 2002, 9 (18): 5.
　　② China: Milk Kills 3 Children [N] . *New York Times*, 2003, 4 (9): 6.

的连续报道，食品安全变成一个反复出现的问题"。

媒体对中国国内的食品安全状况的报道引起了美国人的关注：中国国内的"中国制造"者为了追求利润，不惜牺牲普通人的健康和生命。它引发了这样的忧虑："中国人为了挣钱可以牺牲自己国民的健康，他们将如何对待他国人民？"

2007 年，"中国制造"的质量安全问题全面爆发。该年度《纽约时报》对"中国制造"报道共计 84 篇，而质量安全问题报道占 79 篇。《时代周刊》对"中国制造"的报道量也激增，该年度报道数量占所有报道总数的一半。2007 年 3—5 月，宠物食品污染事件的报道，立即引起了美国国内的轩然大波。宠物食品污染物不仅致使成千上万的宠物生病，这种污染物还有可能已被添加到动物饲料之中，进入人类食品供应链，对人类健康造成危害。低劣的"中国制造"不仅伤害了中国本国的人民，还危及了美国人民的生命安全。随后巴拿马有毒糖浆事件的发生，更印证了这一事实。6 月 5 日，记者戴维·巴尔沃萨发表评论《当造假开始威胁生命》（When Fakery Turns Fatal），历数了宠物食品配料加入廉价的工业化学品、以有毒的化学品替代糖浆、假婴儿奶粉事件，指出这些事件是偷工减料和假冒产品的新迹象，它们"不仅显现出中国在最初 30 年从传统市场向自由市场挺进时的一些弊端，也遗留并交织在了民族兴盛的工业经济中"。中国的造假由来已久，"这个国家的经济改革开始于 20 世纪 80 年代，企业已经设计了无数的方式来生产假冒伪劣产品。从汽车配件、化妆品、名牌手表到假冒电线和假伟哥。"这种伪造和复制西方高端产品的文化最终走向极端，导致"篡改动物和鱼饲料配方、添加三聚氰胺及其他成分的做法在中国十分普遍"。

之后，二甘醇牙膏、受污染海产品、含铅玩具，"中国制造"质量安全问题连续不断，负面报道越积越多，最终"中国制造"成为了"危险产品"的代名词。2007 年 7 月 8 日，《纽约时报》在新闻报道《在恐慌和丑闻中，又有新的发现》（In Fear and Scandal, Some Find a New Drum to Beat）的导语中说："曾有一段时间'中国制造'的词语会使人立即联想到'劣质'。最近，美国人想的更多的是'危险'。"《时代周刊》1 月 28 日的新闻标题为《与中国贸易带来的危险日益增长》（The Growing Danger of China Trade），语言时态使用了进行时，强调由中国产品带来的危险会越来越多，不可控。

2008年，《纽约时报》上"中国制造"报道总计71篇，以产品质量安全为议题的69篇；《时代周刊》总计有4篇报道，全部是以食品、药品的质量安全问题为议题。该年度一波又一波的日本的"毒饺子"事件、"假肝素"事件，直至影响广泛、引发全球食物链污染的三聚氰胺牛奶事件，造成了全球对"中国制造"的恐慌，"中国制造"就是"危险产品"的印象不断强化，刻板印象已然形成。

当2009年10月7日，中国生产的石膏板再一次成为《纽约时报》舆论的焦点时，尽管新闻报道援引了美国联邦调查人员的报告说，中国石膏板比美国同类产品含有更高的化学成分。但是，调查员不能将化学品硫、锶与健康问题和气味联系起来，并表示进一步确定任何可能的关联的检测正在进行。但《纽约时报》依然认定业主的健康问题就是中国石膏板造成的。《纽约时报》在29日的新闻报道《中国石膏板发现不同的化学成分》（Chinese Drywall Found to Differ Chemically）的导语中如是说："联邦调查人员29日报告说，让业主有一系列的健康问题和有气味的进口中国石膏板，含有比国内同类产品更高的化学成分。"

这一时期，"中国制造"形象极其恶劣，《时代周刊》于2007年9月13日报道一家美国公司甚至将"China - free"的标签作为促销产品的卖点。然而，即使在2007年"中国制造"频频出现质量安全问题后，纽约时报/哥伦比亚广播公司调查显示，最近对污染食品、含铅玩具和其他危险的中国进口产品的揭露，并未引起消费者对中国产品的大规模拒绝。[①] 同时，据统计数据显示，2007—2009年美国对华进口依然呈增长趋势（见表2—10）。

---

① 见《纽约时报》2007年10月22日《民意测试表明，美国人不会避开中国产品》（Americans Are Not Shunning Chinese Goods, Poll Finds）。

表 2—10　　　　　　　　2007—2009 年美国对华进口统计①

年份	美国对华进口贸易额 （单位：亿美元）	同比增长率 （±%）	美国进口年增长率 （±%）
2007	2,327.0	14.4	5.6
2008	2,523.0	8.4	7.5
2009	2,208.2	-12.5	-31.2②

　　由表中数据可见，2007 年、2008 年美国自华进口始终呈增长趋势。2009 年，虽然美国对华进口增长率为 - 12.5%，但考虑到经济危机的因素，在美国总体进口增长率为 - 31.2% 的背景下，美国的对华进口仍然呈增长态势。在媒体对"中国制造"全面否定的情形下，何以如此？为何媒体与现实产生了这样的偏差？

　　当我们再次审视美国媒体所塑造的低价—低廉—低劣的"中国制造"形象时，发现这一形象是碎片化的。在《时代周刊》里，有关"中国制造"的报道并不多，它虽然声称自己能"适应忙人的时间，使他们费时不多，却能周知世事"。但是，正是"费时不多"却能"周知"使其新闻报道只是个别事件的报道，也只能是碎片化呈现。而在《纽约时报》中，当它用大幅的报道称"中国制造"是劣质的同时，却又不得不承认现在世界上很多奢侈品牌就是中国制造的。2007 年 11 月 23 日《纽约时报》刊登了一篇来稿《秘密的中国制造》（Made in China on the Sly）。文章称长期以来被告知是由欧洲工匠手工制作的 Burberry 手提包、Prada 领带和 Gucci 鞋等名牌产品，实际上是中国生产出来的。"在中国生产出手袋、运动衫、套装或鞋子的 90%，最后再加上一小块手工制作——意大利的把手、纽扣、鞋跟等材质，因而加上了'意大利制造'的标签。有的干脆用'西欧制造'取代了原有的标签"。2003 年之前，媒体一直说"中国制造"影响了美国的就业，对美国构成威胁，2006 年之后却又改口说美国实际上是"中国制造"的受益者。巴拿马有毒糖

①　数据来源：搜数数据库。
②　该处统计数据为 2009 年 1—9 月的数据。

浆事件里，只提中国以有毒化学品替代糖浆，却不提在复杂的药物制造环节中各参与者所扮演的角色；日本毒饺子事件只报道说是中国生产的，却没有说究竟毒从何而来；美国公司旗下的玩具产品出现问题，报道只说生产者是中国，不讲美国公司是否负有责任；报道中美两国不断扩大化的贸易逆差时，只说中国单方面的原因，很少提到美国……总之，在全球经济一体化、国际分工越来越细的大背景下，在诸如质量安全突发性新闻报道里，只锁定原产地标签却不论及其余，对贸易结构的改变、复杂的生产供应链、获利的中间商的作用展示甚少。这一情形直至 2008 年才略有改善。形象碎片化的倾向最大的原因是《纽约时报》平衡原则，加上它在言论上的开放，左、中、右的观点齐现于报端；新闻报道的特性，如时效性、接近性的约束，受到了媒体自身的认知能力与立场等方面的限制；同时，再考虑到外部的经济、政治等复杂因素，"中国制造"形象存在有一些矛盾的地方也就成为一种必然。但是，纵观这近 20 年来的新闻报道，仍然还是有一个大致的演变过程。

二 不负责任的中国政府：强硬与无能

在"中国制造"报道中，中国政府这个产业发展的引路人和守夜人也是报纸报道的重点。在《纽约时报》的 243 个总样本中，标题中出现中国政府的样本数为 59 篇，占总样本数的 24.3%；1991—2009 年间，出现次数最多的年度是 2007 年和 2008 年，分别是 26 篇和 23 篇。

在报道中，中国政府的形象依据报道议题的不同呈现出截然不同的面貌。

1. 强硬的中国政府

这一形象主要呈现于中美两国之间发生贸易争端、进行制裁与反制裁时。1992 年 9 月 10 日，《纽约时报》以《中国以贸易报复威胁美国》为标题报道了两国之间的贸易争端。文章说："在又一次引发紧张的中美关系中，政府控制的新闻机构说，如果美国执行了限制进口的中国制造商品的威胁，中国准备以惩罚性关税进行报复"，"当权的对外贸易官员说，中国将对去年从美国购买的 40 亿美元产品大幅提高关税"。1994 年 12 月 31 日《美国准备对中国实施贸易制裁》的文章里提到，当美国决定编制一份惩罚性关税的清单，以惩罚中国的盗版问题时，中国警告说，可能会带来一场贸易战。1996 年 5 月 10 日的《中国表示将采取报复行动，如果美国进行贸易制裁》一文里也有同样的描述："中国今天警告说，它计划进行强烈报复"。"中国将立即以一个自己的制裁清单作为回应，金额甚至超过美国罚款，如果华盛顿继续威胁要对一长串中国产品清单上强收高达 100% 的关税的话"。

可见，20 世纪 90 年代媒体在报道中美贸易发生争端时，中国政府面对美国以惩罚性关税为手段的经济制裁，态度一次比一次强硬：从一般的"贸易报复"、"贸易战"到"强烈的"超过美国罚款的报复，步步升级，针锋相对。之后，随着美国对华政策的逐步调整，这种两国对抗性姿态在媒体中报道逐渐减少，但是中国政府这种强硬的形象却已形成。

此外，这一形象还反复出现于中国政府发展国内经济、对国内贸易保护的议题里。

在中国国内经济发展上，媒体展现的中国政府不顾西方国家和企业的压力，采取了一系列的经济措施：人为压低汇率进行"可疑的对美元的低值兑换"，拒绝执行产权协定，采取出口退税鼓励，制定歧视性关税，提供利息极低的银行贷款，甚至违反贸易规定改变对己不利的规则……2004 年 1 月 13 日，《纽约时报》刊登《中国技术快速进步，引起贸易忧虑》一文对中国政府提出了这样的疑问："是越全球化，就越以市场为基础，还是试图改变不利的规则来扭转与他人相比之下的劣势？"结果，文中给出了答案。"上个月中国宣布，国外的电脑和芯片制造商，要在该国出售某些类型的无线设备，就必须使用中文加密软件和中国企业合作生产名单上指定的商品"。对进入中国的电脑芯片收取"比原来或是中国自产的芯片高出 14% 的关税"。一个全然不顾贸易规则，一心保护国内贸易的保护者形象跃然纸上。

《纽约时报》2005 年 5 月 31 日《中国结束对美国和欧洲出口纺织品的报复性关税》一文尽管从基本上认可中国结束报复性关税

的行动，但文章中对中国商务部官员话语的援引，更使中国政府的强硬形象具体化。文章中如是说："服装贸易的斗争还远远没有结束。'如果你对中国产品设限'，'我们会调整我们的政策。如果你向我们的企业施加 5 盎司的压力，我们就帮他们取消 8 盎司的负担'。"

《纽约时报》2009 年 8 月 24 日新闻《太阳能竞赛中国领先于美国》依然可以看到这种描述："中国政府在国家、省级和地方彼此竞相为太阳能公司提供更加慷慨的补贴，包括免费的土地，研究和发展资金。国有银行以比美国或是欧洲更低的利率提供大量贷款"。"紧随尚德（注：中国太阳能企业）之后的是一长串集团的财力支持，有企业家、地方政府，甚至中国的军事，中国最高领导层认为要在这一行业上利用所有可探索资源"。"中国政府要求明年将在中国西北部敦煌建成的首个地方电厂的太阳能设备的 80% 是本国制造的"。

由此可见，《纽约时报》在看待中国政府的行为时，虽然时时强调贸易规则，但归根结底是以美国利益为基点，认为这个强硬的中国政府以自我为中心，无视他国利益。

2. 无能的中国政府

当"中国制造"出现问题时，媒体往往会指向"食品质量官员"和"管理层"，换句话说，在解决问题上中国政府往往被描绘成无能的——要么是失察的，要么是失职的。

在早期的盗版问题上，这种无能被展示成不稳定的、无体系的政治化的解决问题的方式。1995 年 5 月 17 日《纽约时报》刊登新闻《打击盗版在中国受挫，假冒产品泛滥，法律制度形同虚设》。文章讲述中国政府处理盗版案件的过程。在这个过程中，不是以法律来惩治盗版生产商——一个苏州的工厂，而是中国政府精心设计的一个解决办法。涉案的几个地方政府与法官进行了"微妙"的谈判后，最终"它允许有确凿证据的外国原告赢得官司，但它也让苏州工厂摆脱困境。然后法院将所有责任推给徐先生（注：盗版生产商的中国台湾合伙人），但他已经逃走了。"文章还评论说："快速的经济增长和监管的落后，会使中国企业更不负责任和难以起诉。"

"盗版犯罪如此猖獗，……中国允诺的强硬打击犯罪的详细计划只实施了一小部分。"对中国政府解决盗版问题的能力提出质疑。之后，1997 年 4 月 7 日一篇标题为《中国公开打击 CD 盗版》新闻中再次详细讲述了中国领导人如何以国内的一个大型"精神文明"运动为由来抵制某些中国官员的强烈反对，对盗版影片进行打击，尽管色情电影只占中国盗版影片的 1/10。文章明确发表评论："中国共产党的历史是一个政治运动目录，其中的大多数在他们开始另一项新的运动前只持续数个月或一年。"尽管中国政府在盗版问题上不具有稳定性，但是，事实证明这一问题的解决"国内政治的影响更大"。

　　客观地说，随着中国经济的不断发展与开放程度的加深，中国政府也在努力转变职能。自 20 世纪 80 年代始，中国政府共进行了 6 次机构改革，逐步调整中国政府的经济职能。1993 年，实行政企分开，减少对企业的直接管理；1998 年，强化宏观决策，加强市场监管，弱化微观管理，将政府经济职能纳入宏观调控部门和专业经济管理部门之下。宏观调控部门负责保持经济总量平衡，抑制通货膨胀，优化经济结构，实现经济持续快速健康发展；健全宏观调控体系，完善经济、法律手段，改善宏观调控机制。专业经济管理部门负责制定行业规划和行业政策，进行行业管理；引导行业产品结构的调整；维护行业平等竞争秩序。2003 年，设立国资委、银监会，组建商务部、国家食品药品监督管理局、安监总局。2008 年，中国政府又将职能业务雷同、重合的部门大量合并，减少机构数量，降低部门协调难度，努力使政府运作更有效，更符合市场经济的宏观管理角色。在职能的逐步转变中，政府的职能日渐明确：作为社会公共权威加强对市场秩序的管理，利用各种法律的、经济的手段实现对市场活动和微观主体的保护。由此，媒体上这类中国政府解决问题的政治化的方式渐渐减少。

　　2007 年"中国制造"质量安全问题全面爆发，中国政府更是处于风口浪尖之上，受到了国际社会和国内人民的拷问。美国媒体上的中国政府腐败丛生、逃避责任、监管乏力、不讲诚信。即使在中国玩具厂主自杀后，中国政府的积极处理依然被《时代周刊》评论说："只是一种粉饰政治的做法，真正、有效的行动并没有实施。"①

在报道里，从"宠物食品污染"到"二甘醇牙膏"再到"含铅玩具"，中国政府对"中国制造"质量问题的反应似乎形成了一个模式：回避—被迫行动—报复—挽救。

首先，否认对事件负有责任或不承认问题的存在。2007 年 5 月 18 日《纽约时报》在《繁荣的出口突然面临质量危机》一文中说："在关于三聚氰胺最初的新闻报道出来后，中国否认这种麦麸运到了美国，并严格控制媒体，使公众对食品药品安全违法事件一无所知。而且一个官员说三聚氰胺不会伤害宠物。"2007 年 6 月 4 日，报纸说《中国拒绝关于牙膏的警告》："中方机构说，中国牙膏的二甘醇含量在欧洲联盟所允许的标准内，并列举 2000 年的一项研究，发现牙膏中含不到 15.6%的二甘醇是无害的。"

接着，在压力下采取行动，将早期声称不在管理范围内的工厂关闭。如 2008 年 2 月 14 日，报纸在《巴拿马发布 2006 中毒报告》一文说："中国的监管机构在最初表示，他们没有法律依据对制造商采取行动，但在国际压力不断升级下，政府去年关闭了工厂"。

之后，采取报复行动，对美国和欧洲进口产品进行挑剔。报纸把中国对进口产品的检查与"中国制造"的质量安全问题联系起来。"二甘醇牙膏"事件后，2007 年 6 月 9 日的《中国说美国的一些产品不符合安全标准》报道说："在美国对中国危险产品的日益增长的焦虑中突然出现了局面的扭转。星期五，北京说，美国的一些添加剂和葡萄干不符合中国安全标准，被退回或是销毁"，并借用专家的话说"看上去这更像是报复"。2007 年 9 月 16 日《中国拒绝进口肉类》："中国周六说，它已拒收来自美国和加拿大进口的肉类，因为它含有一种政府违禁药残留物。……这是中国在对美国出口的包括玩具、轮胎、海鲜和牙膏等产品出现一连串的丑闻后所做的举动。"

最后，力挽声誉，说产品质量问题不是一国现象，而是全世界性的，中国产品绝大多数是安全、符合质量标准的，媒体的报道往往耸人

---

① Barboza, David Owner of Chinese Toy Fatory Commits Suicide [N] *New York Times*, 2007, 8 (14): 3.

听闻和歪曲事实，这是贸易保护主义者故弄的伎俩。例如，有毒海鲜曝光后，2007 年 6 月 30 日报纸报道《中国发誓要改革食品安全》说："语气具有挑衅性。中国向美国施压，强烈要求美国迅速采取公正的行动，并警告说对中国海鲜产品不应该是'断然否定，不加选择的拒绝'。""中国最高质量监督机构——国家质量监督检验检疫总局，承认中国出口的水产品存在安全问题，但它还说，从美国进口的食品中也发现了类似的问题。中国拒绝来自美国的柳橙果肉和杏脯，辩称他们的包装细菌超标和有其他污染物。"2008 年 10 月 31 日《对动物饲料的担忧中，中国的污染食品调查范围扩大》里说在 2007 年宠物食品污染中，"北京当局坚持其食品安全问题被夸大，也许部分原因是由于贸易保护主义的伎俩，以减缓中国的进口热潮"。

在这样的报道模式下，媒体批评中国政府片面追求经济利益，对产品安全监管不力，无视人民的健康安全。并进一步分析指出，问题的产生在于缺乏一个透明、负责的监管体系。

实际上，2007 年 7 月开始，中国政府针对产品安全问题采取了一系列的行动。7 月 20 日，国家质检总局局长李长江介绍中国产品质量和食品安全等方面情况，并答记者问；8 月 5 日，中央电视台经济频道推出特别节目《直面中国食品安全》和《中国食品安全报告》；8 月 17 日，中国国务院新闻办公室发表"中国的食品质量安全状况"白皮书，全面完整地介绍中国食品质量与安全的管理与调查数据；8 月 31 日，国家质检总局发布第 98 号令，于当日公布并正式实施《食品召回管理规定》。但是，这似乎并未引起美国媒体对中国政府形象的改观。

2007 年 7 月 8 日《纽约时报》发表《中国会自己改革吗》一文，说："仅食品和药品领域就多达 17 个机构，他们的职责重叠，各自看管着自己的权力。卫生部、农业部、国家工商行政管理局、质量监督检疫总局都在为监管权竞争。原因是：他们想要收取许可费用来填补少得可怜的预算。仍然值得注意的是，调查官员和他们的领导能够通过职务来收取贿赂。意识到他们建立了一套混乱的互相竞争的机构后，最高领导人在 2003 年组建了国家食品药品监督管理局，但是这一机构立刻成为勾心斗角的受害者，并在 2005 年失去了影响力。"这种职权不明的监管机构允许地方官员保护自己领域内的工厂,致使权力重叠,相互推诿责任,制约了监管机构的调查能力,为滋生腐败提供了便利。在中国政府处决前食品和药品监管机构长官郑筱萸时,美国媒体于 2007 年 7 月 11 日《中国快速处决药品官员》的报道中说,死刑的执行异乎寻常地苛刻和罕见地快速,缺乏一个真正独立的监管制度就意味着处决或解雇官员变得很流行。但是,这对当地产业与官员的复杂关系来说,作用有限。

2008 年 9 月毒奶粉曝光。与"宠物食品污染"、"二甘醇牙膏"不同的是,奶粉问题是由国内的媒体首先报道的,政府在国外媒体关注之前就采取了行动。因此,即使三聚氰胺牛奶导致的食品污染面越来越大,造成了世界性恐慌,但同上一年相比,媒体在报道中国政府时出现了"积极处理丑闻"、"努力应对"等正面词语。但是,这一事件仍使中国政府在 2007 年的种种努力化为乌有,政府诚信受到质疑。

2008 年 9 月 23 日的新闻报道《中国 2007 年开始就有关于牛奶的投诉》说,2007 年 12 月三鹿集团就收到有关婴儿配方奶粉的投诉,2008 年 8 月初当地政府知悉,三鹿官员和当地政府官员试图在奥运会期间掩盖此问题,其新西兰合作伙伴敦促在 8 月份召回产品,却遭到他们的拒绝。延误可能使污染的奶粉供应更广泛地传播,致使成千上万的儿童患病。报道指责中国政府无视人民的健康安全,掩盖、推迟发布产品安全的相关信息。

2008 年 9 月 20 日《中国的婴儿食品配方丑闻》的报道说:"中国当局曾向我们许诺该国监管人员和生产商会严厉打击生产过程中的渎职和犯罪行为,而上述行为正是导致含铅玩具、有毒宠物食品和牙膏以及其他含有安全隐患商品的元凶"。

综上,《纽约时报》在产品质量安全这个议题下对中国政府无能的反复报道,凸显了这样一个主题:这个无能的中国政府"漠视"消费者人身安全,没能够担负起应当肩负起的责任。它将经济问题上升为政治问题,对中国政府提供秩序这种特殊公共品的能力和地位产生了质疑,进而质疑中国政府的公正性与合理性,甚至上升为合法性问题。

中国政府这种强硬而又无能的矛盾形象的建构可以上溯到 1997 年

10 月 26 日的《纽约时报》，当日该报在《暂时的全球形象；中国出口的是自己的不确定性》一文里指出，中国今天复杂的心理来源于古代中国的自信与现代中国深深的自卑感，这造成了中国的不确定性，使美国人无法把握。并将中国国家主席江泽民作为人格化的中国，描述说，一方面，他自以为是、沉着冷静，仿佛他只关心中国的问题，准备完全忽略有关人权、环境和贸易争端的国际关注。他有火车头经济和军国主义政权，能取得任何必要的手段，即使这一活动影响到了国外。另一方面，他又感到自己是外国人的受害者，不断地进行道德说教，要求你为过去的错误补偿他。然而，本研究却认为这种形象的形成取决于媒体报道议题、视角，关于这一问题将在第三章作具体论述。

三　无声、无知、唯利是图的企业

1. 无声的企业

作为产品生产者的企业或生产协会，在"中国制造"的相关报道中似乎只是个模模糊糊的影子，《时代周刊》的报道常用"factory"指称中国企业，与美国企业的"company"形成鲜明对比，其本意指中国只是全球加工链上的最末环节，没有真正的核心技术。这样的中国企业从未在媒体上发出任何声音，即使是它所生产的产品出了问题。

在《纽约时报》243 个总样本中，新闻标题里出现中国企业或企业主的样本数为 1，为 2007 年 8 月 14 日《中国玩具厂主自杀》；《时代周刊》的样本数为 2，分别是《中国玩具厂主自杀》和《王先生的王国》。《纽约时报》在新闻中对中国企业、行会或是企业主做了报道的样本为 3 篇，分别是 1999 年 4 月 1 日《高清晰开局：中国用便宜的高清晰度电视机考验美国市场》，2006 年 2 月 9 日《中国是亚洲的工厂》，2007 年 8 月 23 日《玩具的黑暗面：中国的丑闻与自杀》；《时代周刊》的样本数为 1 篇，是 2003 年 2 月 24 日的《王先生的王国》。大多数情况下，中国企业以负面信息源的形式出现于新闻报道的末端，《纽约时报》共计 60 次，占总消息源数的 6.5%，而《时代周刊》计有 6 次，占总消息源数的 6.6%。

1999 年 4 月 1 日，《纽约时报》在《高清晰开局：中国用便宜的高清晰度电视机考验美国市场》报道中描述了意欲进入美国电视机市场的中国公司康佳集团，文章中说："康佳相当自以为是，正在争取从一个中国国内的知名品牌走向全球电子消费市场的飞跃，夺取美国的电视机市场占有率"。"康佳运用了中国国内成功的经验，使用相同的价格策略，获得了市场份额。康佳更加重视广告、营销和品牌形象，比中国过去其他的出口商品做得要好"。"康佳计划表明了中国制造商新的雄心，他们模仿几十年前的早期的日本和韩国制造商。虽然价格可能会使康佳在美国上道，但它将永远无法与索尼和其他巨头竞争"。

2003 年 2 月 24 日《时代周刊》的《王先生的王国》报道了一位中国企业家希望进入国际市场的愿望及勇气。报道称"王的产品在中国各地随处可见。世界的中国杂志都把他誉为中国移动业的巨头。"但同样质疑企业的竞争能力，因为他现有的技术是"购买的"，并且"没有资源来开发下一代技术。"

2006 年 2 月 9 日《纽约时报》报道《中国是亚洲的工厂》："（中国）经济蓬勃发展，有闯劲的企业家阶层正在国内崛起，他们就像 20 世纪成功建立商业帝国的华侨。尹明善，68 岁，中心城市重庆的一个千万富翁，正在加工中国亨利福特。'我们是中国最大的摩托车出口商'，他宣称，尹先生 1980 年开始出售图书，90 年代出售发动机和摩托车。现在，他的公司力帆集团，拥有 360 万平方英尺的工厂。他说，他的下一个目标是出口汽车到美国"。"尹先生在工厂的正面涂着激励士气的口号，有些是大写的英语字母。有时他还会在墙上张贴毛泽东时代'文化大革命'的海报，不断反省中国所扮演的全球经济关键角色的表现。他们试图鼓舞士气，他指着一条标语读道：'能赚中国钱的是胜利者，能赚外国钱的是真英雄'。"

这四则新闻报道刊登于"中国制造"出现质量安全问题的 2007 年之前，这时媒体眼中的中国企业正雄心勃勃地要从中国走向世界，尽管对中国企业的廉价策略有疑问，但终归是一个正面的形象。

《中国玩具厂所有者自杀》新闻是"含铅玩具"的相关报道。这一事件的报道《纽约时报》16 篇，《时代周刊》7 篇（见表 2—11、表 2—12）。

从《纽约时报》标题来看，出现企业的有 4 个，其中 3 个是美国美泰玩具公司，1 个是未具名的中国企业；而从《时代周刊》看，提到中国企业的有 1 个。巧合的是这两则报道的标题均为《中国玩具厂主自杀》。

表 2—11　　《纽约时报》"含铅玩具"事件新闻报道标题一览表

时间	新闻标题	是否企业
2007 年 2 月 8 日	铅涂料促使美泰召回 967000 个玩具	美国企业
2007 年 6 月 15 日	托马斯火车头玩具召回，原因是铅涂料	否
2007 年 6 月 19 日	越来越多的玩具召回，中国疲于应付	否
2007 年 6 月 20 日	托马斯的教训	否
2007 年 7 月 15 日	玩具磁铁吸引销售	否
2007 年 8 月 14 日	中国玩具厂主自杀	中国企业
2007 年 8 月 15 日	美泰召回中国发送的 1900 万个玩具	美国企业
2007 年 8 月 15 日	中国产品的麻烦引起了更多的风波	否
2007 年 8 月 15 日	一些婴儿围兜铅含量在超标	否
2007 年 8 月 17 日	中国制造玩具召回的 6 封读者来信	否
2007 年 8 月 18 日	为了保护儿童采取行动，及底线	否
2007 年 8 月 23 日	玩具的黑暗面：中国的丑闻与自杀	否
2007 年 10 月 5 日	中国产童子军徽章被召回	否
2007 年 11 月 2 日	中国禁止 750 个玩具制造商出口	否
2007 年 11 月 1 日	中国确认玩具珠子有毒	否
2008 年 1 月 10 日	玩具制造商美泰帮助拯救中国的安全名誉	美国企业

表 2—12　　《时代周刊》"含铅玩具"事件新闻报道标题一览表

时间	新闻标题	是否企业
2007 年 7 月 2 日	有毒玩具	否
2007 年 8 月 14 日	中国玩具厂主自杀	中国企业
2007 年 9 月 6 日	这个圣诞节还有含铅玩具吗	否
2007 年 9 月 17 日	玩具市场的诸多问题	否
2007 年 7 月 15 日	玩具磁铁吸引销售	否
2007 年 9 月 21 日	为什么美泰公司要向中国道歉	美国企业
2007 年 12 月 4 日	中国制造的玩具被召回	否

我们来看《纽约时报》的内容：

《中国玩具厂主自杀》一文共计1072字（以汉字为准），共有自然段落17个，有关中国企业或企业主的文字摘录如下：

约100万美元的美泰玩具在本月宣布召回后，其中国公司的老总周末自杀。中国国家控制的新闻媒体今天报道（1）①。

张树鸿，香港商人和利达玩具有限公司的负责人，为美泰公司制作玩具已经15年，在中国南方佛山公司仓库里自缢，《南方都市报》周一报道（2）。

此间专家说，许多中国厂家——往往处于降低成本的巨大压力之下——偷工减料，经常性地非法使用廉价替代品（8）。

在本月初接受采访时，美泰公司首席执行官罗伯特·埃克特表示，生产了召回的铅污染玩具的供应商"已与我们合作了15年，并非刚刚开始生产我们的玩具"。这一供应商后来被确定为利达公司（15）。

《南方都市报》周一报道说，利达官员称，张先生使用了一位好友的公司提供的含铅油漆（16）。②

文章第3段之后，美泰公司发言人表示了"悲痛"，接着用很多的笔墨介绍背景：美泰玩具公司召回玩具，中美双方政府对含铅玩具的态度，中国厂家的偷工减料，等等。关于利达公司及其所有者的报道就湮没在这些文字中。读完整篇报道，利达公司如何，其所有者为何自杀依旧一头雾水。

事隔9天之后，终于出现较为详细的报道《玩具的黑暗面：中国的丑闻与自杀》。全文大意如下：

52岁的商人张树鸿在他的利达玩具厂自杀。此前几天，美泰

---

① 摘录文字后所标数字为该段文字在原文中所处位置，如1为处于原文的第1段落。

② Barboza, David. Owner of Chinese Toy Fatory Commits Suicide [N] *New York Times*, 2007, 8 (14): 3.

把一百万含铅玩具的召回归咎于他的公司。

在这个高调召回中国出口品的夏天，张先生的自杀听起来就像一出道德戏的最新转折。但在利达工厂，张先生的同事和工人说，张先生也是一个受害者——是他自己的合法供应商的受害者，是中国不完善的供应链的受害者，是在管理松散的资本主义下承受压力的受害者。中国企业家在西方公司对廉价商品的胃口和当地激烈的竞争之间被挤压得喘不过气来。据那些认识张先生的人说，他绝不贪婪。他按时给雇员发工资，而且不强制要求他们加班。利达一位负责人谢宇光表示，张先生并不知道油漆含铅。

据美泰发言人表示，张先生有监测铅的设备，不知为什么他没有察觉这些受污染的玩具。

中国的监督者指责一家无名油漆供应商生产假的无铅油漆。有工人说油漆供应商是张先生一位好友的东兴厂，但谢先生表示是另一家叫中兴的工厂用假证书给东兴提供有问题的颜料。

长长的供应链，当中牵涉多家承包商和次承包商，这种情况在中国很普遍；而且供应链当中任何一个环节都容易受到假冒产品的影响。没有人能清楚地说明美泰和利达的供应链在哪里出问题，但这种不确定性在中国也是普遍的。无论哪个环节出问题，无论张先生是否是欺骗的一方，一些专家认为利达的悲剧部分应归咎于这样一个体系：为了压低成本不断给承包商施压。①

至此，我们对自杀事件有了一个较为清晰的认识。媒体以较为客观、中立的角度，站在第三者的立场上对自杀事件的报道，让我们看到了企业生产里复杂的供应链，知道了中国企业所面临的成本压力，明白并非所有的中国生产商都是无良商人。但是，中国企业却从未在媒体上像美泰公司那样发出声音，就连向消费者认错道歉

---

① Barboza, David. Scandal and Suicide in China: A Dark Side of Toys [N] . *New York Times*, 2007, 8 (23): 1.

的声明都没有。即便是在 2007 年 8 月 31 日正式实施《食品召回管理规定》之后，我们也没有听到过企业的声音。在《纽约时报》上，他们从始至终都是失语的。我们不禁要问：如果张先生没有自杀，将会如何？如果张先生没有自杀，我们还能看到对中国企业生存现状的报道吗？

2. 无知与唯利是图的供应商

在分析中国产品质量问题时，媒体对企业的报道众口一词："走捷径，往产品中注入廉价甚至是致命的成分；危害全世界的消费者乃至儿童，来获得更大的利润。"从而建构了一个盲目追求经济利益，不讲产品安全，无诚信的企业形象。

2007 年 7 月 5 日，记者戴维·巴尔沃萨发表的《中国查找商店货架上的劣质产品》一文里说："激进主义和机会主义的企业家继续利用国家长期薄弱的法规，选择在产品中添加假冒成分；签署出售产品合同之后转而使用便宜的原料，掺入有害物质，掺假甚至填充颜色，使食物看起来更新鲜或更加美味，而事实上，这些食物可能是过期的。"

报道显示，这些企业在使用廉价的替代品时并没有考虑到安全问题，有时对替代品的危害一无所知。

"宠物粮污染"事件发生后，《纽约时报》于 2007 年 4 月 30 日的报道《动物饲料中的添加物在中国是公开的秘密》中指出，多年来中国饲料生产商一直将三聚氰胺悄悄地混入饲料中，然后作为蛋白质丰富的猪饲料、家禽饲料和鱼类饲料，卖给不知情的农民。"一个饲料厂的经理说：'人们使用三聚氰胺废料是为提高测试时的氮素水平，如果你少量地添加，它不会伤害动物。'一个经营小动物饲料厂的经理说：'在宠物食品中使用三聚氰胺可能不会有害。宠物不像猪或鸡需要快速生成，他们可以少吃蛋白质。'"

《纽约时报》在 2007 年对"有毒糖浆"事件进行追踪报道时，他们还发现早在 2006 年中国国内就发生了类似的"二甘醇"事件。这则报道标题为《从中国到巴拿马，有毒药物的踪迹》。文章里对这一事件的始作俑者王桂平的报道更是一个无知而又唯利是图的供应商的典型。报道中说，为了赚到额外的钱，这个 41 岁的商人，先是仿造许可证和实验室分析报告，用工业级糖浆替代了医药级糖浆。他告诉调查人员说，他自己先吞下了一些工业级糖浆，当时什么也没有发生。他估计用替代品不会造成伤害。一段时间后，为了增加更多的利润，他再次开始寻找更便宜的糖浆替代品，并在一本化学书上发现了另一种无味糖浆——二甘醇。这种替代品的价格只是药用糖浆的一半。只是这次他没有品尝就卖给了制药厂，他说，他知道这是危险的，但不知道这可以杀人。

由是，美国媒体上就出现了这样的中国企业形象：要么是处于生产链条中最下层的加工工厂，没有自己的核心技术，也不拥有自己的品牌，只是世界制造生产链中的一个"车间"；要么就是一心只想赚钱，不断寻找廉价替代品的无知的原料供应商。作为企业，他们只有一件事可言，那就是利润。他们不是真正意义上的企业。因此，《时代周刊》说："中国企业能做好吗？这样的竞争力能构成（对美国的）威胁吗？"①《纽约时报》向中国企业提出了他们的疑问："现在的问题是，那些造成出口有毒制剂成分、被污染的贝壳类海鲜、伪造宠物食品和设备轮胎的中国工厂，是否能够及时做出反应以阻止对他们名声的更严重影响？"②。

四 无监督力的媒体

在《纽约时报》报道"中国制造"时，共采用了 950 个消息源，来自中国媒体的共有 71 个，约占总数的 8.8%。在中国所有类别的消息源中，仅次于政府/官员类，排在第 2 位。整体上看，中国消息源里采用次数最多的是新华社，共计 28 次，占总数的 39.4%；其次，是不具名的官方媒体，共计 16 次，占总数的 22.5%；再次是《中国日报》，共计 7 次，占总数的 9.9%。从历年来看，采用的中国媒体消息源呈现多样化趋势。2005 年之前，消息来源以新华社、《中国日报》为主，2007 年后，消息源达到 8 个，2009 年为 11 个。这里值得

---

① Thottam, Jyoti. The Growing Danger of China Trade [N]. *Time*. 2007, 6 (28).
② Kahn, Joseph. Can China Reform Itself? [N]. *New York Times*, 2007, 7 (8): 1.

注意的是，网上论坛和博客的信息也成为《纽约时报》关注中国民意的窗口（见表2—13）。

表2—13　　　　　　《纽约时报》中国媒体类消息源构成表

年份	数量	本年度比	媒体及数量
1995	1	25.0%	新华社
2002	3	37.5%	新华社、中国中央电视台、中国香港报纸
2003	1	3.4%	京华时报
2004	4	9.5%	新华社2，官方媒体，中国日报
2005	1	3.0%	中国日报
2007	18	4.3%	新华社5，官方媒体5，中国日报3，徐州都市晨报，潇湘晨报，东方早报，中央电视台，南方都市报
2008	35	12.5%	新华社15，官方媒体9，中国日报，中央电视台2，博客2，网上论坛，商业杂志，湖南省电视台，人民日报，财经周刊，南华早报
2009	8	17.4%	新华社4，官方媒体，中国日报，21世纪经济报道，法制日报

尽管从数量上来看，新华社占中国媒体总消息源的39.4%，《纽约时报》在称呼它时，总是要在前面冠之以"国家控制的媒体"或是"国家通讯社"的字样，充分显示了该报对这一消息源的准确性与客观性所持的态度，其言外之意显而易见，这是来自中国官方的消息，其真实性交给读者来判断。

在"中国制造"的报道里，《纽约时报》认为中国媒体没有能力成为"社会的守望者"，因为中国媒体受到了政府的严格控制，新闻自由度较低，不仅不能揭露国内产品的黑暗面，即使已经由国外发现的问题，如美国禁止中国牙膏，宠物食品和污染鱼这样的新闻报道都未见诸报端，对产品质量安全问题的报道少之又少。因而，作为媒体，它无法真正起到监督政府、捍卫消费者权利的作用，却更容易沦为政府的传声筒。2007年7月8日，《随着中国经济的腾飞，消费者缺乏捍卫者》一文对此做了全面的分析。

文章指出："食品安全危机凸显了中国的新闻媒体一贯的缺点"。"数周以来，中国食品出口和其他消费产品的安全问题层出不穷，但中国新闻媒体却以一致的口径对外：美国对中国产品的抱怨是一场升级的贸易战的一部分。这是西方人想要压制中国的表述，发明媒体所谓的'中国威胁论'来操纵民意"。"中国新兴的媒体所不愿为的就是直接批评政府在基本责任上的失败，例如确保食品、药品和其他广泛使用的产品的安全。当外界提出难处理的问题，中国新闻媒体落入防御型民族主义姿态的窠臼"。并举例说："《东方早报》最近如此报道说：'中国的确对美国有着最大的贸易顺差，但有很多方法来保持贸易平衡，我们不希望看到美国媒体通过抹黑中国食品安全这种手段来实现这一目标。'"

不过，《纽约时报》为了体现其"平衡原则"，也有一些对中国媒体的正面评价。就在同一篇文章中，《纽约时报》如是说："中国媒体远非许多外国人想象中灰色的、国家控制的庞然大物，它有时候会很活跃，有惊人的调查精神。"并以《潇湘晨报》为例，指出该报在"上周的评论中走得更远些，直率地拒绝外国阴谋论。记者刘洪波写道，'让我们停止用这种透视国际斗争的办法来解释我们的消费安全问题。'《纽约时报》在同一天所发表的《中国会自己改革吗》一文里，又对中国国家媒体作了肯定的表述，"国家运作的媒体展示了与平常不同的态度来曝光假冒产品。中国中央电视台收视率最高的节目之一《每周质量调查》，调查食品事件，有毒和廉价假冒品。最近的话题包括有缺陷的摩托车头盔、假冒的狂犬疫苗、问题轮胎和有毒食品添加剂"。

2007 年，自"中国制造"的安全问题爆发后，中国国家媒体曾策划了一系列的专题报道。如：2007 年 7 月 20 日，在互联网上全程播放了国家质检总局局长李长江对中国产品质量和食品安全的介绍及答记者问；8 月 5 日，中央电视台经济频道推出特别节目《直面中国食品安全》和《中国食品安全报告》，等等。但是，这一切在《纽约时报》看来，是中国政府所推动的为"拯救中国制造声誉"的一个全球公共关系活动，"大多数努力是针对国际社会"①，并不能代表中国媒体在这一事件中的态度。由此，也就解释了《纽约时报》在采用中国媒体消息源时的谨慎态度。

由上，《纽约时报》期望中国媒体不仅要更多地关注国内民众健康，成为消费者的捍卫者，还要关心与中国有关的国际食品安全，建立起一个真正能够与国际媒体对话的交流通道。其对待中国媒体的态度是小处赞扬，根本性否定。

综上，"中国制造"的大量输出，造成美中之间长期存在的贸易逆差；而"中国制造"频频出现的质量安全问题，使美国消费者处于健康安全的威胁之中。这两大议题的凸显，将"中国制造"带给消费者和跨国公司的益处挤掉了。

从全球化经济的角度来看，"中国制造"已经以其独有的低价优势，进入到世界复杂的生产供应链当中，成为世界经济必不可少的一分子。经济上的相互依赖已是全球化过程中一个不可阻挡的趋势，"中国制造"已无可避免，也无从避免。面对这个被经济规律强行推销给自己的"中国制造"，美国如鲠在喉，它实在是太不完美了："中国制造"经常是"危险的、受污染的、有毒的、灾难性的、致命的"。而"中国制造"监管者——政府自以为是、傲慢无能、言而无信；"中国制造"的监督者——媒体受人挟制、避重就轻；"中国制造"的主体——企业投机取巧、唯利是图。种种迹象表明，"中国制造"时时存在着风险，一旦出现问题，就将成为全世界性的风险。

由此，通过上文对《纽约时报》和《时代周刊》的充分描述，我们发现二者在塑造"中国制造"形象时具有如下特征：①逐步升级：从产品到产业，从产业到政府，从经济到政治；②逐步加温：从时有时无到持续不断；③基本上是碎片化呈现。而塑造这一形象的特点所使用的手段也是具有共性的：①貌似客观，实则以美国为中心；②淡化美国责任，强化中国责任；③小处赞扬，根本性否定。

---

① Barboza. David. China Steps Up Efforts to Cleanse Reputation [N] *New York Times*, 2007, 9 (5): 1.

第五节　风险视阈里的“中国制造”图景

在全球化浪潮的推动下，制造业的批量生产能力从美国、欧洲和日本转移到中国。作为世界最大的生产平台和最大的潜在市场，中国正在改变全球经济供需链的机制，“中国制造”遍布世界各国。以美国为首的西方发达国家已率先进入后现代阶段，即进入了风险社会。风险社会的到来导致了社会理念基础和人们行为方式的改变。“跨国间的相互依存进程的速度、强度和意义与时俱进，以及经济、文化、政治和社会的‘全球化’话语的发展，不仅意味着任何关于第二现代性挑战的分析都应当包括非西方社会，而且意味着需要对全球性的折射和反映在这些正在出现的全球化社会的不同方位进行检验。”① 因此，要理解“中国制造”所面临的风险就必须以全球化为背景，将其从一种局部领域的现象，上升为一个具有当代社会根本特征的现象来理解，即从普通意义上的风险上升为风险社会的风险，才能够究其根源，认识其产生的原因。

风险社会理论认为，现代风险是一种人为制造的风险或不确定性。它是“由于人类自身知识的增长而对整个世界带来的强烈作用所制造的风险”②。我们不断增长的知识不仅推动了社会的发展，也给这个世界带来风险，如核泄漏、全球变暖，等等。这种风险，与现代化的反思直接相关，通俗地说，就是现代化自身引致的危险和不安全感。从具体内容看，包括完全逃脱人类感知能力的放射性、空气、水和食物中的毒素和污染物，以及与之伴随的短期和长期地对植物、动物和人的伤害，这些伤害一般是不可见的。③

这种“人造”风险具有四个特点：第一，风险是全球性的，它是超越了个人的、针对全人类的、系统化的不可逆的危险，所有的国家、

---

① ［德］乌尔里希·贝克：《世界风险社会》，吴英姿、孙淑敏译，南京大学出版社2004年版，第3页。

② Giddens, Anthony. *Runaway world: how globalisation is reshaping ourlives* [M]. London: Profile, 2002.

③ ［德］乌尔里希·贝克：《风险社会》，何博闻译，译林出版社2004年版，第20—21页。

民族和个人都是风险的承受者;第二,风险具有不可控性。风险在爆发前是无法感知的,它超出了人类自然感知的范围。风险爆发后,才能在感知过程中明确其范围、性质、程度和后果,且其程度常常超出了预警检测和事后处理的能力;第三,风险具有高度复合性与复杂性特征。除了事故发生的可能性和随之而来的后果的严重程度以外,还有对人类健康和环境的直接伤害所导致的更为严重的间接后果,比如义务、保险成本、丧失信心、污名化或脱离共同体事务,等等①;第四,"有组织的不负责任"是其典型表现。因为在全球化一体化的语境下,每个组成部分都服从自身的利益,没有哪一个人或机构能够控制全球风险,也没有哪一个人或机构明确地为任何事负责。

以此为基点,我们看到美国媒体所呈现的"中国制造"的图景,就是这样一幅风险的图景。

第一,"中国制造"的风险也是一种"人造"风险。"中国制造"是现代化工业生产发展的结果。现代工业生产发展的过程,也是化学合成、生物技术、基因工程等技术应用于生产的过程。这些技术为人类提供服务,满足人类的需求,在应用过程中往往根据科学实验的结果确定了所谓的安全标准。例如,"瘦肉精"的出现。中国将"瘦肉精"当作一种"可以提高生猪瘦肉转化率的科研成果",在沿海地区的饲料加工厂和养殖专业户中大面积的推广。然而,当瘦肉精的危害性在生活现实中逐步显露后,科学技术才会在此基础上研究如何应对危害,对这一技术进行重新的修改、完善、再定义。原有的安全标准可能随着人类认识能力的提高而一夜之间发生改变,之前的安全标准变得"不安全",这就是人造的风险。媒体所呈现的危险的"中国制造"就是如此。人们在充分享受现代技术带来的好处时,也被迫承受了这一过程所渐次积累的风险。

第二,"中国制造"的风险是全球化的风险。在全球经济一体化进程中,全球生产供应链构成了一个庞大而又错综复杂的网络,"中国制

---

① [英]罗杰·卡斯帕森:《风险的社会放大效应:在发展综合框架方面取得的进展》,见谢尔顿·克里姆斯基、多米克·戈尔丁编著《风险的社会理论学说》,徐元玲、孟毓焕、徐玲等译,北京出版社2005年版,第168—199页、174页。

造"已深入这一复杂的网络中，成为其中不可或缺的一部分。"中国制造"一旦出现问题，其风险的承受者是全球各国的消费者。如："毒奶粉"事件发生后，人们发现添加了三聚氰胺的牛奶不仅出现于中国国境内，还通过供应链将这一风险扩散于全世界的乳制品制造中，引发了全球性的焦虑。

　　第三，"中国制造"质量安全出现问题，不仅对消费者的人身安全造成了损害，也使消费者丧失了对"中国制造"的信心，使其自身被污名化。与"中国制造"风险相关联的机构和人群等都被打上"负面形象"的烙印。不仅中国产品是危险的，而且中国政府还是无能的；企业是唯利是图、漠视消费者健康安全的。被污名化的产品、企业、政府将成为不受欢迎的，甚至是人们避之唯恐不及的对象。而且，这样的污名会引发人们很大程度的反感，并且将会持续性地存在下去，呈现出风险放大的表征。

　　第四，随着全球经济一体化的逐步深入，供应环节和生产环节越来越复杂，每一个环节上的小失误都会引发风险。风险的爆发与爆发的地点与时间成为一种不确定性。与"中国制造"相关的供应商、中间商、生产商有着种种复杂的、千丝万缕的联系，迷宫式的公共机构和一些公司使那些必须承担责任的人员可以获准离职以便摆脱责任。[①] 如"有毒糖浆"事件里的二甘醇从中国的供应商那里起，辗转于几个中间商之间，最后到达巴拿马制药公司。二甘醇也就在公司与公司的转手中由工业替代甘油变成了医用甘油。因此，中毒事件发生后，每一个公司都声称自己遵守产品供应的规定，没有违法行为，不为造成的后果承担责任。事实上，这里的每一个公司也没有谁能够真正控制其风险，成为典型的"有组织的不负责任"。而最终，这一风险的源头指向中国，正如贝克所说，风险的形成及形成的范围都"取决于大众媒体，取决于政治决策，取决于官僚机构，而未必取决于事故和灾难所发生的地点"[②]。

---

　　① ［德］乌尔里希·贝克：《世界风险社会》，吴英姿、孙淑敏译，南京大学出版社2004年版，第190页。

　　② ［德］乌尔里希·贝克："'9·11'事件后的全球风险社会"，王武龙译，《马克思主义与现实》2004年第2期，第72页。

美国媒体就是这样在建构"中国制造"图景的过程中，将"中国制造"所带来的风险媒介化。而风险媒介化的过程就是风险实体化的过程。由"中国制造"引起的风险所直接影响的人群和范围一般都相对有限，但经由媒体传播扩散后，其传递的风险信息所波及的人群和范围却可以相对无限。例如，尽管"二甘醇牙膏"在报纸上炒得沸沸扬扬，但实际上却并未接到一例因此类产品而受到伤害的报告。但对"中国制造"的恶劣印象已经形成，相关的中国产业也遭受了打击。变得真实的风险获得了特别的力量。霍华德·卡吉尔指出："对风险媒体化非同小可——被用来理解风险的媒体会提供风险的感受并因此而卷入对风险的生产、操纵、协商和置换。"① 媒体本着平衡、客观、中立的原则在报道提供事件发生的背景，报道事件各相关人的立场与观点，试图为受众提供一个理解事件的清晰线索，反复追问风险的责任究竟在于谁？在它不断重复的同一模式的报道之下，呈现出来一幅危险的产品、无能的政府、唯利是图的企业与无监督力的媒体的风险图景，不断地加深消费者的不安全感。多个孤立的事件一次次在新的报道中被反复提及，最终被建构成一个成体系的问题，而公众的注意力也就被引向中国政府：产品出了问题可以弥补、改进，监管者出了问题将没有任何希望。由此，最先的风险——有害成分对人体的损害，被另一类风险——因消费者信心的瓦解而导致的某一产业崩溃或中国产品信誉的消失所取代；而这类风险又被另一类风险——对中国政府的不信任所取代，风险在此发生了置换。

贝克在解释风险社会理论时反复追问的四个问题之中，第一个就是"责任由谁来定——由制造了风险的人，由从中受益的人，由它们潜在地影响的人还是由公共机构决定？"② 我们在这里找到了答案。

---

① ［英］芭芭拉·亚当，约斯特·房龙：《重新定位风险：对社会理论的挑战》，见芭芭拉·亚当、乌尔里希·贝克、约斯特·房龙编著《风险社会及其超越》，赵延东、马缨等译，北京出版社 2005 年版，第 37 页。

② ［德］乌尔里希·贝克：《世界风险社会》，吴英姿、孙淑敏译，南京大学出版社 2004 年版，第 192 页。

第三章

健康安全与国家利益[*]

——美国媒体建构风险的框架

　　塔奇曼说:"新闻是人们了解世界的窗口"。[①] 我们正是通过《纽约时报》这个窗口了解了美国媒体眼中的"中国制造",看到了"中国制造"的风险图景。约斯特·房龙说:"要理解某一具体风险,必须结合对于使该风险得以生成的媒介的理解"。[②] 换句话说,《纽约时报》报道"中国制造"所带来的风险的同时也是对它的建构过程,报道的框架亦即建构风险的框架。那么,这个能够让我们看到"中国制造"风险的窗框又是什么样的呢? 比如,它的大小如何? 它的朝向、形状、位置等又是如何? 这就是本章所要探讨的问题:《纽约时报》报道"中国制造"的框架是什么? 它是如何建构"中国制造"这一风险图景的?

---

　　[*] 由于《时代周刊》所报道的"中国制造"的数量相对较少,代表性较差。因此,本章所作分析主要依据《纽约时报》的报道。

　　[①] [美]盖伊·塔奇曼:《做新闻》,麻争旗、刘笑盈、徐扬译,华夏出版社 2008 年版,第 30 页。

　　[②] [英]约斯特·房龙:《人工智能复制时代的虚拟风险》,见芭芭拉·亚当、乌尔里希·贝克、约斯特·房龙编著《风险社会及其超越》,赵延东、马缨等译,北京出版社 2005 年版,第 250 页。

第一节 框架理论梳理

一 框架 (frame)

框架理论发端于社会学与心理学。"它的起源分为两条线索：一是源自认知心理学，另一条线索是溯至社会学家对现实的解释。"①

"框架"一词来源于1974年著名社会学家戈夫曼发表的著作《框架分析：关于经验组织的一篇论文》（Frame analysis：An essay on the organization of experience）。然而，戈夫曼指出他所运用的这一概念与加拿大人类学家和心理学家贝内森对该词的使用最为接近。

1955年，贝内森发表了《一个关于游玩与梦幻的理论》②，探讨了动物和人类为什么可以在不同的情况下将同样的物化记号理解为不同的交往互动这一问题后，贝特森提出了"元传播"（meta - communication）的概念。他认为，任何一个传播活动，同时都在传递着由三个元素构成的信息组合：感官刺激的记号；此记号的指代；区别此指代与其他指代以及参与者因此而采取行动的规则。第三个元素就是元传播的内容。"框架"就是元传播层面的信息，是传者提供给受者理解符号的诠释规则。

戈夫曼在《框架分析》里将这一概念引入文化社会学。他认为，对一个人来说，真实的东西就是他或她对情景的定义。这种定义可分为条和框架。条是指活动的顺序，框架是指用来界定条的组织类型。他提出："所谓框架，指的是人们用来阐释外在客观世界的心理模式（schemata of interpretation）；所有我们对于现实生活经验的归纳、结构与阐释都依赖一定的框架；框架使得我们能够确定、理解、归纳、指称事件

---

① Pan, Z and Kosicki, G M. (1993). Framing analysis：An approach to news discourse Political Communication, 10, 55 – 75.

② Bateson, G. (1955). A theory of play and fantasy. In Steps to an ecology of mind (pp. 177 – 193). New York：Ballantine Books (1972).

和信息。"① 也就是说，框架是人们解释外在真实世界时的心理认知的基础模式，是用来作为了解、指认以及界定行事经验的基础。人们依赖主观认知中的框架来组织经验，调整行动，否则行无所据，言无所指。可见，戈夫曼所说的"框架"类同于心理学上的"图示"，通过这个图示，每一个人可以发现、了解、确认和区分信息或事件。② 戈夫曼的框架理论关注人们建构某特定社会现实所遵循的规则，所要解决的核心问题是人们如何建构社会现实。

1979 年，心理学家凯尼曼和特威尔斯基在心理实验中发现，本质相同而陈述框架不同的决策方案会影响人们对决策方案的认知，从而导致不同的选择。③ 这个实验所发现的问题与戈夫曼阐述的原理基本相同：人们采用不同的认知框架体验现实，并据此行动，建构出特定的现实。

此后，这一由社会学与心理学相互建构与共享的框架理论很快被学者引入新闻学与传播学领域，开始研究新闻媒体如何使用框架呈现社会真实。

二 新闻框架分析（framing analysis）

在戈夫曼之后，1980 年，吉特林就把框架概念引用到媒介研究中，提出框架是"一种持续不变（over time）的认知、解释和陈述框式，也是选择、强调和遗漏的稳定不变的范式。通过这样的框架，符号的处理者按常规组织话语"④。按照这一框架，符号处理者挑选客观现实的图像来生产新闻。有学者指出，"当吉特林强调惯例、常规和持续性

---

① Erving Goffman. Frame Analysis ［M］. Philadelphia：University of Pennsylvania Press, 1974：10 – 11.

② Erving Goffman. Frame Analysis ［M］. Philadelphia：University of Pennsylvania Press, 1974：21.

③ Kahneman, D., & Tversky, A. Choices, values, and frames American Psychologist, 1984：39, 341 – 350.

④ T. Gitlin. The Whole World Is Watching：Mass Media in the Making and (Un) making of the New Left ［M］. Berkeley：University of California Press, 1980：6 – 7.

时,他所谓的框架就超越了任何特定的报道,而是一种经过了抽象并且具有一般规律的处理方式。"① 这种框架更易在媒体组织内部成为被普遍接受的一套准则。

1983 年,《传播关键词》中"框架"的定义是:"媒介的框架就是选择的原则——刻意强调的、阐释的和呈现的符码。媒介生产者惯常于使用这些来组织产品和话语。在这样的语境中,媒介框架能够帮助新闻从业人员很快并且能按常规处理大量不同的甚至是矛盾的信息,并把它们套装在一起。由此,这一些框架成为大众媒介文本编码的一个重要制度化了的部分,而且可能在受众解码的形成中发挥关键作用。"② 此后,这一理论被学者们广泛应用于新闻生产的实践研究之中。

1989 年,最重要的框架研究学者甘姆森对框架做了进一步的诠释,认为框架不仅是筛选手段,更是积极的意义生产过程。框架是新闻内容中心的组织意旨(central organizing idea),能赋予相关事件意义,藉由选择、强调、排除、细密化等方式,指出事件争论所在,并提供解释的情境。③ 在他看来,框架的定义可以分为两个层次,"一是指'框限'(boundary),指涉人们观察世界的镜头,代表观察事物的取材范围;一是指'架构'(building frame),指涉人们由框架建构的内容,代表一种意义联结,是一种观察事物的世界观"。④

1993 年,恩特曼则认为,新闻生产者通过主动强调某种定义、因果解释、道德评判或推荐某种解决办法,以选择和凸显事物的某些方面,让受者自觉不自觉地接受传播者的框架去解读新闻文本。"框架牵涉了选择与凸显两个作用。框架一件事件的意思是,将这件事所认知的某一部分挑选出来,在沟通文本中特别处理,以提供意义解释、归因、

---

① 黄旦:《传者图像:新闻专业主义的建构与消解》,复旦大学出版社 2005 年版,第 231 页。

② 转引自黄旦《传者图像:新闻专业主义的建构与消解》,复旦大学出版社 2005 年版,第 231 页。

③ Gammson, W. A. & Modigliani, A. (1989). Media discourse and public opinion on nuclear power: A constructionist approach American Journal of Sociology, 95 (1), 1 – 37.

④ Gammson. W. A., Media imagines and the social construction of reality, Annual Review of Sociology. 1992: 183, 73 – 393.

推论、道德评估以及处理方式的建议。"①

1994 年，美国社会学家塔奇曼在其《做新闻》（Making News）一书中指出，新闻是人们了解世界的窗口，透过这个窗框（frame），人们看到并了解自己以及周围的世界。"新闻就是框架"。② 黄旦教授分析指出，塔奇曼延续了戈夫曼的思路，"框架是编辑、记者在新闻生产中必不可少并坚持运用的东西。是框架，使一个偶发的事实变成了一次事件，事件又变成了一则新闻报道。由于新闻天然所具有的公共性特征，它随之又成为人们理解、认识世界不可少的依据（框架）。借此，新闻框架不仅组织新闻生产，而且还起着组织生活现实，并赋予其秩序的作用"③。

2001 年，格兰特在《框架大众生活：关于媒介与社会理解的一种观点》一文中指出，大众更多的是依靠媒介提供的环境去形塑世界，形成自己的个人解释的图式，所以媒介框架对我们理解日常社会生活具有更重要的作用。④

西方学者将新闻架构分析分为三大范畴：话语（文本为再现的体系），话语的建构（框架建构的行动及过程），话语的接受（效果及其心理机制）。每个范畴都是动态的过程，都以行动和场景为构成元素。

黄旦教授总结了这一领域框架理论的特点：首先，框架理论的中心问题是媒介的生产，即媒介怎样反映现实并规范了人们对其的理解。其次，文本建构、诠释或话语生产分析是框架理论的重点。最后，框架理论关注媒介生产，但并不把生产看成一个封闭孤立的过程，而是把生产及其产品（文本）置于特定语境——诸种关系之中。⑤

---

①　Entman. R.（1993）Framing：Toward clarification of a fractured paradigm. Journal of Communication，43（3）：51-58.

②　[美]盖伊·塔奇曼著：《做新闻》，麻争旗、刘笑盈、徐扬译，华夏出版社 2008 年版，第 30 页。

③　黄旦：《传者图像：新闻专业主义的建构与消解》，复旦大学出版社 2005 年版，第 2 页。

④　Grant，Jr. A. E.（EDS）. Framing Public life：Perspectives on Media and Our Understanding of the Social World，Mahah，NJ：Lawrence Erlbanum Associates. 2001：95-106.

⑤　黄旦：《传者图像：新闻专业主义的建构与消解》，复旦大学出版社 2005 年版，第 231—232 页。

潘忠党教授指出新闻架构分析形成了多学科和多取向交叉的领域,将其基本观点归纳为5个:(1)意义在传播的过程中得到建构;(2)传播活动是使用表达载体的社会行动,构成一个社会的符号生产领域;(3)但是它发生在由物质生产构成的实体领域;(4)因此受到该领域的公共利益原则以及政治与经济的逻辑之间的张力制约;(5)位处特定历史、经济和政治坐标点的社会个体或团体达成其特定理解或意义所遵循的认知和话语的组织原则,就是他们的框架。[①]

三 框架的确认与机制

1991年,坦克德在《媒体框架:概念和测量的方法》一文中,为框架的概念及测量方法整理出三种研究取向,包括"媒介套装取向"(The "Media Package" Approach)、"媒介之多面向概念取向"(The "Frameing as Multidimensional Concept" Approach)和"框架清单取向"(The "List of Frame" Approach),并发展了一套"框架机制"和"框架表格",以试图测量"框架"及其特性。

2006年,潘忠党梳理了新闻架构分析领域中的文献,归纳出四种框架确认的路径:(1)美国政治学家阿岩伽(Iyengar)根据新闻报道文本组织手段,区别"主题式"框架与"片段式"框架。但其研究缺乏理论内涵,研究结果单薄,该思路的研究前景不佳;(2)侧重架构法(或特征架构法)。即依据叙述或讨论某一议题或现象所强调的相面来确定不同框架的使用。如新闻媒体在报道竞选或政策讨论时,可以根据报道的侧重点,分为"策略框架"和"议题框架"。但是,这一思路虽会产生有意义的媒介批评,并不构成新闻架构分析的主流;(3)依据言说者在组织材料时所倚赖的基本价值观念或原则,或对所呈现材料在原则层面所作的概括来确定框架。所依据的基本价值观念或原则又可分为两类:一为政治价值观,二为基本新闻价值观。前者主要关注利益或政治观点的表达者,后者主要关注假定应超越特殊利益的新闻专业人

---

① 潘忠党:"架构分析:一个亟待澄清的领域",《传播与社会学刊》2006年第1期,第26页。

士。目前这一类是框架确认采用最多的；（4）以不同隐喻所建构的思路，是架构分析领域最引人注目的发展。这种分析路径将隐喻构成稳定的思维格式，研究如何将个体自己熟悉的现象嫁接到所不熟悉的领域。这种不同，导致思路、认识以及交往行动（包括采用语言）的不同。①

关于框架的机制（mechanisms），众说纷纭而又彼此重叠。戈夫曼指出，真实的片段透过"一只看不见的手"重新塑型，这只手经常选取真实的部分片段并加以重新排列组合，以达到再现真实的目的。即选取与排列组合就是框架的机制。吉特林认为是选择、强调和排除这三者；恩特曼认为是选择与凸显；甘姆森又提出组织一项；臧国仁使用的是选择与重组，指从诸多事物中撷取少数特殊项目，转换为有意义的结构，重组则是将撷取的项目按重要性排列，藉以显示重视程度。选择机制包含排除作用，显示了对事件的分类效果。重组机制则包括排序，显示对事件强调的部分；另外还有人提出集中、排除或取代的机制，次序与完整性的内涵等。②

综上，本章中所研究的框架是新闻文本中存在的框架。依据第三种路径，即根据言说者在组织材料时所倚赖的基本价值观念或原则，将《纽约时报》报道"中国制造"框架分为两类：健康安全的框架与国家利益的框架。这两种框架的确定，既不完全倚赖政治价值观、也不完全倚赖于基本的新闻价值观，而是这两种确认的路径兼而有之，这主要是因为所研究的对象是处于国际传播的语境之下，不同国家的经济、政治、文化等因素的差异更易于在新闻报道之中显现出来。

对新闻文本框架的分析，将依据台湾学者臧国仁所提出的三个层次进行。臧国仁将框架的内在结构分为高层次结构（global）、中层次结构和低层次结构（local）。框架的高层次结构，是指对某一事件主题的定性，即戈夫曼所说的"这是什么样的事（What's it that's going on there）"；高层次的意义常以一些特定的形式出现，如标题、导言或直

①　潘忠党："架构分析：一个亟待澄清的领域"，《传播与社会学刊》2006年第1期，第26页。

②　臧国仁：《新闻媒体与消息来源——媒介框架与真实建构之论述》，台北三民书局1999年版，第45页。

接引语；框架的中层次结构包括主要事件、先前事件、历史、结果、影响、归因与评价等。"主要事件"由角色与行动组成，是新闻事件的主要内容。"先前事件"是指距离主要事件较近而与主要事件有间接关系的背景。"历史"指的是发生在主要事件之前一段时间但与主要事件有间接关系者。"结果"与"影响"则是指由主要事件引起的后果，包括直接（结果）与间接（影响）的效应。"归因"则是对事件发生的因果推论。"评价"是指对事件现象的好恶或赞成或反对的态度。框架的低层次结构，是指框架通过语言或符号所呈现的具体表现。[①] 这三个框架层次形成了一个立体的分析架构，有助于对风险建构过程进行组合的、全面的、多层次的分析。

第二节　健康安全框架下的风险建构
——二甘醇牙膏事件报道

对人类而言，健康安全是人类社会存在和发展的基本条件，是人类最宝贵的财富和共同追求的永恒主题。这一点在现代社会中变得尤为重要，这是因为个体化的生活方式，使健康的意义和价值获得了一种"先验的重要性：没有了健康，一切都失去了价值"[②]。健康成为一种个体的使命。早在发表"独立宣言"时，就表达了美国人的基本理想，那就是"生命权、自由权和追求幸福的权力"。在美国人的思维方式中，尊重每一个个人的生命，是人生存最基本的出发点。"生命权"在美国是无处不在的一个重要概念，它已经融化在人们的血液里。

德国社会学家贝克指出，在晚期现代性中，个体化是劳动市场的产物。人们从传统的阶级、阶层和性别角色中脱离，日益展现个

---

①　臧国仁：《新闻媒体与消息来源——媒介框架与真实建构之论述》，台北三民书局1999年版，第45页。

②　［英］伊丽莎白·贝克—格伦歇姆：《健康和责任：社会变迁与技术变化之间的往复》，见芭芭拉·亚当、乌尔里希·贝克、约斯特·房龙编著《风险社会及其超越》，赵延东、马缨等译，北京出版社2005年版，第185页。

体化倾向，而现代社会的制度设计也是以"个人"为执行单位的，这种制度对个人的关注也使得人类不知不觉中采取了"个体化"的生活方式。① 而个体化使原有的社会关系（如家庭、邻里、朋友、伙伴）变得松散和不稳定，个人失去了来自家庭、邻里、朋友的保障和支持，不得不以自己单薄的力量去面对社会。人们面临的各种社会风险的可能性也在增大，危机和不安全感时时侵袭着个人。② 个人的健康成为负责任的公民的任务和职责。"如果健康受到损害，个人在劳动力市场上的机会就会减少，甚至会完全丧失机会。这是威胁着每一个人的潜在危险。它创造了一种潜在的但却广泛传播的不安全感，这种不安全感反过来使健康在公众舆论和媒体中获得了一个优先的地位"。③

因此，当周围环境发生变化，如产生自然灾害、出现偶发事故、产品质量问题，等等，威胁到人类健康安全时，必将成为新闻从业者关注的焦点，从而就形成了健康安全框架下的新闻报道。在有效样本中，《纽约时报》有关健康安全的文章占其总报道的 59.7%，而《时代周刊》占 65%。因此，安全是美国媒体报道的一条主线。下面就以二甘醇牙膏事件为例展现其在健康安全框架下的建构过程。

一　"二甘醇牙膏"事件始末④

二甘醇牙膏事件事发于巴拿马，其源起要追溯到更早些该国发生的"有毒糖浆"事件。2006 年，该国发生数百名巴拿马人糖浆中毒事件。

---

① 参见刘维公："布尔迪厄与生活风险社会学研究：兼论现代社会中的社会学危机"，《社会学理论学报》1999 年第 2 期，第 349—351 页；Beck, U. Risk Society: Towards a New Modernity [M]. Trans M. Ritter. London: Sage 1992: 12—13。

② Beck, U. *Risk Society: Towards a New Modernity* [M]. Trans M. Ritter. London: Sage, 1992: 95 – 99.

③ [英] 伊丽莎白·贝克—格伦歇姆：《健康和责任：社会变迁与技术变化之间的往复》，见芭芭拉·亚当、乌尔里希·贝克、约斯特·房龙编著《风险社会及其超越》，赵延东、马缨等译，北京出版社 2005 年版，第 185 页。

④ 资料的收集参考了胡百精主编《中国危机管理报告 2007》，中国人民大学出版社 2008 年版。

调查显示,糖浆中含有工业用原料二甘醇,引起了一项全国性的停止使用糖浆的运动。根据航运记录,从巴拿马的科隆港口横跨三大洲,追踪到西班牙巴塞罗那的两家公司和一家北京贸易公司,最后,确定供货源头为江苏省某一企业生产的"TD甘油"。其间,供货商名称和产品证书经过了多次改动。

2007年5月5日,一名巴拿马公民发现牙膏标签上注有"二甘醇"字样,报告给卫生部门。5月8日,巴拿马最高卫生官员宣布,牙膏含有二甘醇,目前尚无人因使用此牙膏而致病。5月18日,巴拿马海关查出共约6000支的ML Cool(酷先生)和Excel(卓越)两种品牌牙膏分别含有4.6%和2.5%的二甘醇。

5月23日,美国食品与药品管理局表示将对所有来自中国的牙膏进行扣检。

同日,中国国家质检总局、商务部、海关总署、食品药品监督管理总局联合调查组赴江苏调查出口牙膏和巴拿马药品中毒事件。

5月31日,国务院新闻办召开新闻发布会,向媒体通报二甘醇牙膏问题的调查结果。通报称,出口牙膏的公司为合法企业,产品均按照公司与外贸代理公司签订的合同约定生产,并按外贸代理商要求在产品包装上标注了包括二甘醇在内的原料成分。卫生部专家分析结果表明,二甘醇属于低毒类化学物质,进入人体后由于代谢排出迅速,无明显蓄积性,迄今尚未发现有致癌、致畸和诱变作用的证据,但大剂量摄入会损害肾脏。欧盟食品科学委员会制定的标准规定,每人每日摄入量以不超过0.5mg/kg(千万分之五)体重为限。长期使用二甘醇含量低于15.6%的牙膏不会对人体健康产生不良影响。目前没有资料显示,因使用二甘醇牙膏而直接导致人体中毒的案例。[①] 中国将强化对牙膏产品中二甘醇含量的监督管理,制定牙膏中二甘醇含量的限量标准。

6月1日,美国食品与药品管理局发布进口警报:美加净、田七特效中药牙膏和三七高级药物牙膏被检测出含二甘醇,最高含量达4%,

---

① 参见新闻办举行发布会通报巴拿马牙膏问题的调查结果 [EB/OL]:中央政府门户网站见中国质量新闻网 http://www.gov.cn/xwfb/2007-05/31/content_632330htm。

警告消费者不要使用中国制造的牙膏。随后 FDA 对中国牙膏采取了扣留措施。

6月2日，中国国家质检总局对外发布声明，重申"二甘醇属低毒类化学物质，进入人体后由于代谢排出迅速，无明显蓄积性，迄今尚未发现有致癌、致畸和诱变作用的证据"。

6月3日，国家质监总局向美方提出交涉，要求其以科学的态度尽快澄清事实，并妥善处理。总局称，中国所有出口到美国的牙膏均在出口前由美国进口商向 FDA 提供配方，配方中含二甘醇的都标明了含量。这些牙膏均获得了 FDA 的标签注册，允许在美进行销售。FDA 警告消费者不要使用中国产牙膏，并扣留中国产品的做法既是不科学、不负责任的，也是自相矛盾的。

6月5日，新加坡卫生署发出警示：黑妹、黑妹含钙牙膏以及美加净牙膏二甘醇含量分别为2.7%、3.9%和0.8%，该机构对消费者发出警示，不要继续使用上述牙膏。

6月11日，香港特区海关发布警告称，从来自内地的美加净牙膏（含氟）、田七特效中药牙膏和三七高级药物牙膏中检出二甘醇，含量从0.21%到7.5%不等，呼吁消费者停止使用，通知经销商回收这3款产品。

6月14日，中国国家质检总局要求中国香港海关提供对内地3款牙膏采取措施的详细情况以及所采取措施的科学和法律依据。希望中国香港海关妥善处理内地3款牙膏被要求回收事件，尽快恢复3款牙膏在中国香港的销售。

同日，美国食品药品管理局宣布，在美国东北部包括纽约、新泽西在内的四个州回收四款标注"高露洁"商标的牙膏，怀疑这些牙膏含有有毒化学物质二甘醇。

6月15日，中国国家质检总局强化对牙膏产品中二甘醇含量的监督管理。采取三项措施：制定牙膏中二甘醇含量的限量标准，对企业生产提出要求；将二甘醇纳入牙膏产品质量安全市场准入制度的监管项目，对其生产、销售进行监督管理；将牙膏产品纳入出口法定检验目录，进行强制检验。

6月19日，日本新潟县宣布，他们从中国生产的一次性牙膏中检测出了有害物质二甘醇,已经开始回收。

7 月 10 日,欧盟委员会向其成员国发出警示建议,称中国出口到西班牙的两种牙膏被检出含有有毒物质二甘醇,建议各国对市场上的相关产品进行检查和回收。

7 月 11 日,西班牙当局决定自市场收回两种源自中国的牙膏品牌 "Spearmint" 与 "Trileaf Spearmint"。

同日,中国国家质检总局在其官方网站上发布《关于禁止用二甘醇作为牙膏原料的公告》,明令禁止国内厂家在牙膏生产中添加二甘醇。

7 月 18 日,美国 FDA 再次宣布召回中国产含氟薄荷牙膏,这种 9 盎司装牙膏可能含有化学物质二甘醇。

7 月 21 日,美国 FDA 发布最新公告称,发现中国造的高露洁含氟薄荷牙膏可能含有二甘醇,要求美国经销商召回该款牙膏。

至此,牙膏风波告一段落。

二 "二甘醇牙膏"报道:社会理性的选择

《纽约时报》"二甘醇牙膏"报道以 2007 年 5 月 19 日的《巴拿马有毒牙膏被认为来自中国》为始,最后一篇报道为 2008 年 3 月 7 日的《4 名公司官员因有毒牙膏受到指控》,共计 19 篇(见表 3—1),其中,包括 1 篇读者来信。

表 3—1　　　　　　　　"二甘醇牙膏"新闻标题一览表

时间	新闻标题
2007 年 5 月 19 日	巴拿马有毒牙膏被认为来自中国
2007 年 5 月 22 日	中国调查污点牙膏
2007 年 5 月 23 日	多米尼加共和国禁止 2 种牙膏
2007 年 5 月 24 日	FDA 要测试从中国进口到美国的牙膏
2007 年 5 月 26 日	哥斯达黎加警方查获从中国进口的污点牙膏
2007 年 5 月 28 日	尼加拉瓜警方查获中国牙膏
2007 年 5 月 29 日	监管者被宣判死刑
2007 年 6 月 2 日	在美国发现了中国制造的有毒牙膏

续表

时间	新闻标题
2007 年 6 月 4 日	中国抵制牙膏警告
2007 年 6 月 9 日	中国说美国的一些产品不符合安全标准
2007 年 6 月 14 日	在化学品恐慌中召回牙膏
2007 年 6 月 23 日	"中国制造"是一个警告标签吗？
2007 年 6 月 28 日	中国污点牙膏在大范围销售
2007 年 7 月 10 日	在康涅狄格州查获 700 管牙膏
2007 年 7 月 10 日	怀疑来自中国的牙膏被查封
2007 年 7 月 12 日	中国禁止在牙膏中使用有毒工业溶剂
2007 年 7 月 15 日	贿赂和处罚
2007 年 10 月 1 日	公民揭露污点牙膏
2008 年 3 月 7 日	4 名公司官员因污点牙膏受到指控

1. 报道主题的凸显与风险

从历时的角度来看，新闻标题中，反复出现了"Poisoned"、"Toxic"、"Tainted"、"Contaminated"等词语，这些词语的使用显示了《纽约时报》对事件的定性：二甘醇牙膏是威胁健康的风险。

《纽约时报》对二甘醇牙膏的报道可以分为五个主题：有毒牙膏扩散、有毒牙膏来源、企业措施、中国政府态度与措施、美国的措施。这五个主题在报道中前后勾连，形成了一个基本模式："事件发展—中方应对—美国应对"。按照这一模式，事件进程可分为三个阶段：事发阶段（5 月 19 日—5 月 24 日），巴拿马发现毒牙膏，中、美分别应对；事态扩大阶段（5 月 26 日—6 月 9 日），毒牙膏在美国发现，中国否认牙膏问题；事件高潮—结局阶段（6 月 14 日之后），毒牙膏由美洲扩散到欧洲，中国禁止使用二甘醇，美国对两公司提起诉讼。每一次牙膏扩散范围的增大推动事态向新一阶段发展，每一阶段中的中方措施成为关注的焦点。最后，以评论为画龙点睛之笔，呈现《纽约时报》对事件的态度。

从主题上来看，《纽约时报》对牙膏的报道比例最多的是有毒牙膏的扩散（见表 3—2）。其扩散路径为：巴拿马—多米尼加—哥斯达黎加—尼加拉瓜—美国—西班牙和意大利，有毒牙膏横跨三大洲到达七个国家，分布范围极广。这一主题的突出，显示出了问题的严重性。其次，是中国和美国所采取的措施。从报道数量上来说，中国的比例高于美国比例，分别为 26.3% 和 15.8%，但是，对中方所采取措施的 5 篇报道中有 3 篇是持否定态度的。再次，是牙膏来源与事件评论，均为 10.5%。

表 3—2　　　《纽约时报》报道"二甘醇牙膏"主题分布表

主题	数量	百分比（%）	新闻标题
牙膏扩散	6	31.6	《多米尼加共和国禁止 2 种牙膏》《哥斯达黎加警方查获中国进口污点牙膏》《尼加拉瓜警方查获中国牙膏》《在美国发现了中国制造的有毒牙膏》《中国污点牙膏在美国大范围销售》《怀疑来自中国的牙膏被查封》
牙膏来源	2	10.5	《巴拿马有毒牙膏被认为来自中国》《公民揭露污点牙膏》
中国政府态度、措施	5	26.3	《中国调查污点牙膏》《中国监管者被宣判死刑》《中国抵制牙膏警告》《中国禁止在牙膏中使用有毒工业溶剂》《中国说美国的一些产品不符合安全标准》
美国政府措施	3	15.8	《FDA 要测试从中国进口到美国的牙膏》《在康涅狄格州查获 700 管牙膏》《4 名公司官员因污点牙膏受到指控》
企业措施	1	5.3	《在化学品恐慌中召回牙膏》
事件评论	2	10.5	《"中国制造"是一个警告标签吗?》《贿赂和处罚》

可见，《纽约时报》在主题的建构上强调事件造成的巨大影响与相关方面的处理措施。这两个主题的凸显使牙膏事件的巨大的影响与中国应对不力形成鲜明对比。2007 年 10 月 1 日《公民揭露污点牙膏》一文里说："健康警报现在已在 34 个国家发出。从越南到肯尼亚，从太平洋的汤加到加勒比地区的特克斯和凯科斯群。加拿大发现了 24 个被污染的品牌，新西兰发现 16 个。日本有 20 万支。美国官员无意中将牙膏给了囚犯，精神残疾人和困难青少年。医院把它给了病人，而高端酒店把它给了富人。世界各地的人们已经把防冻剂的成分放到自己的嘴里。"同时，报道中国对此事的回应，在《中国抵制牙膏警告》一文里

说:"中国政府网站周末公布了美国食品与药物管理局的警告,称美国政府警告美国消费者以避免潜在的危险是'不科学,不负责任,自相矛盾'的。"牙膏的扩散形成了风险的不断扩大的态势,中国政府的态度引发了媒体的谴责:产品的制造者不承认风险的存在,二甘醇牙膏的风险不断扩大的直接责任人就是中国政府。由此,媒体矛头直指中国政府,对中国政府的不信任直现报端。

此期间中国对自美国进口的产品的检验也被放在这一事件中进行解读,称其为报复性行为。6月9日《中国说美国的一些产品不符合安全标准》一文中说:"在美国对中国危险产品的日益增长的焦虑中突然出现了局面的扭转。星期五,北京说美国的一些添加剂和葡萄干不符合中国安全标准,要被退回或是销毁。""美方向中方寻求更多的信息,包括他们是否'是真实地以科学为依据的发现'或是针对美国行动的报复。"更有甚者,中国对腐败的监管机构官员的制裁也从反面进行了解读。2007年5月29日《监管者被宣判死刑》发表评论说:"这一发展是北京应对国内和国际上对假冒商品和不安全商品所公开采取的措施中最戏剧化的一幕",并称之为"异乎寻常的重判",把中国政府在产品问题上的努力视作是中国政府的作秀,说:"目前还不清楚是否或何时郑先生将被执行。在某些情况下,官员的死刑会缓期执行。"

这种对中国政府的不信任进一步上升为对所有中国产品——"中国制造"的质疑。读者评论在报道中起到了不可忽视的作用。虽然在所有报道中,读者评论只有2篇,占总数的10.5%,但是在报道上起到了风险放大的关键作用。2007年6月23日《纽约时报》刊登七封读者来信,以"'中国制造'是一个警告标签吗?"为标题,以讨论的方式,借读者之口表达了这样一个中心思想:"中国制造"就是一个警告标签,"中国制造"就是"危险"的代名词。这七封读者来信分别是①中国进口规章是危险的;②"中国制造"不仅对美国消费者者,还对产品制造者形成了伤害;③"中国制造"进入美国,美国企业负有主要责任;④自由贸易和经济全球化是罪魁祸首;⑤抵制"中国制造";⑥反对将美国行业扯入"中国制造"的问题里;⑦产品进口前应当通过独立组织的检测。这七封来信尽管展现了读者对"中国制造"问题的不同角度的认识,但是,它所有的讨论都存在着一个共同的预设:

"'中国制造'是危险标签"。换句话说,报纸是在已经确认"'中国制造'是危险标签"这一大前提下来呈现读者的意见的,对"'中国制造'是一个警告标签吗?"这个问题未进行讨论便已然有了明确的回答。

风险在呈现中,由某一产品带来的对人们身体健康的一种直接伤害的威胁直接抽象为"中国制造"的威胁,对风险的呈现部分是现实的风险,部分是概念的建构。概念的抽象化必然导致风险的放大效应。这种风险的放大再通过媒体的公共性,随之又成为人们认识、辨析风险不可少的依据。公众以此作为行动的依据,将媒介化的风险现实化,风险的预警变成了风险的预言,而风险也就在媒体与社会行动者的互动间不断地建构与再建构。"有毒牙膏"的风险就这样被建构出来。

综上所述,报纸通过主题的凸显,将牙膏问题的严重性与中国应对措施的反面解读形成鲜明对比;通过主题的组合,将牙膏问题等同于"中国制造"的问题。从而在二甘醇牙膏事件报道上呈现了这样一个风险景象:有毒牙膏在越来越多的国家中被发现,它对消费者的健康安全构成了极大的威胁;在人们越来越大的恐慌中,中国不关心各国消费者的健康安全,在此事上反应迟钝,应对不力,在各国纷纷查处中国牙膏的压力下,才最终以修改牙膏生产安全标准作为最后解决方法。二甘醇牙膏事件再次证明"中国制造"是危险的,不可信的。言外之意显而易见:"中国制造"的风险实质上就是"中国政府制造的风险"。

到这里,我们会追问,二甘醇牙膏究竟是何方神圣,它究竟有何危害?为什么在这样一个安全健康框架里缺失了两个最重要的主题——引起恐慌的二甘醇牙膏造成了什么样的损害?进口国为什么会允许有毒牙膏进入本国之内?

2. 有毒、无毒:两种事实的选择

这一疑问让我们又回到了标题里的几个关键词:"Poisoned"、"Toxic"、"Tainted"、"Contaminated"之上。标题里对牙膏的修饰语既有"Poisoned"、"Toxic",又有"Tainted"、"Contaminated"。这四个词尽管都可理解为"有毒的",但它们所强调的侧重点不同。"Poisoned"和"Toxic"都是指有毒的,能够造成伤亡或伤害的,前者有明显恶意倾向,而后者侧重通过化学方法。"Tainted"、"Contaminated"程度上较前两个词语程度较轻,都指受过污染的,两者皆不强调是否为有意的或无意的。出现最多的修饰语是"Tainted"和"Contaminated"一词，而"Poisoned"和"Toxic"都只出现 1 次。"Poisoned"见于最早对牙膏事件的报道 5 月 19 日《巴拿马有毒牙膏被认为来自中国》（Poisoned Toothpaste in Panama Is Believed to Be From China）一文中，导语中说："二甘醇是一种用在防冻剂的有毒成分，在巴拿马发现 6000 支牙膏中含有该物质。海关官员昨日表示，该产品似乎起源于中国。"可见，使用"Poisoned"一词，是因为牙膏中所含物质二甘醇已经对消费者造成伤害，它毫无疑问是"有毒的"。"Toxic"见于 6 月 2 日的《在美国发现了中国制造的有毒牙膏》一文里，其导语是："昨天消费者考虑扔掉所有中国制造的牙膏，这发生于联邦卫生官员说他们发现中国制造的牙膏含有一种用于防冻剂的有毒物质之后，这种牙膏在迈阿密、洛杉矶港口和波多黎各三个地区被发现。"因发现有毒物质，所以使用了"Toxic"一词。

那么，究竟报纸是如何认识这种牙膏的？我们使用词频统计方法，对新闻标题和导语作了一个统计。结果，19 篇报道中的标题和导语共含单词 350 个，总频次为 847 次，其中"Tainted"和"Contaminated"共计 11 次，"Toxic"3 次，"Poisoned"1 次。由此可见，《纽约时报》认为牙膏是"受污染的"，是有害的。

分析报道内容，我们发现，对牙膏危害性认识的不统一，与事件报道的几个环节有关。

我们首先来看主要事件。中国牙膏中含有二甘醇是此次报道中的主要事件。2007 年 5 月 19 日的新闻报道《巴拿马有毒牙膏被认为来自中国》中说："二甘醇是一种用在防冻剂的有毒成分，在巴拿马发现 6000 支牙膏中含有该物质。海关官员昨日表示，该产品似乎起源于中国。"此后，所有的新闻报道必以此为报道内容，反复强调二甘醇，几乎所有的新闻都有这样的句子："化学成分二甘醇，类似于甘油，味甜，会导致肝脏和肾脏受损。"

对二甘醇的这种认识是由先前事件而来的。2006 年，巴拿马发生糖浆中毒事件，数百名巴拿马人因此生病或死亡。调查显示，糖浆中含有工业用原料二甘醇，而原料供应商为中国企业。这一事件成为牙膏报道的新闻背景，被反复提及，在非评论性的 17 篇报道中共出现 11 次。

如,2007 年 6 月 22 日的《在美国发现了中国制造的有毒牙膏》里说:"巴拿马去年将中国制造的毒药混入制成的 26 万瓶感冒药中,造成至少 100 人死亡,"事实说明二甘醇的危害性是极大的。

这一先前事件的发生,直接导致了二甘醇牙膏的发现。2007 年 10 月 1 日的新闻报道《公众揭露污点牙膏》讲述了牙膏被发现的过程:

> 5 月的一个星期六上午,爱德华多·阿里亚斯做了一件引起六大洲巨大反响的事。他读了价格为 59 美分的牙膏标签上的字。标签上有两个曾经由政府和在几十个国家卫生部门检查过的单词:二甘醇"diethylene glycol"。阿里亚斯先生汇报了他的发现,掀起了对中国制造的牙膏的全球搜寻。

主要事件与先前事件紧密的联系,显示出了这样一个因果链:因为含有二甘醇的糖浆令人死亡,所以含有二甘醇的牙膏也有对人体损害的可能。

同时,报道还显示了一个事实:未见到牙膏所产生的损害。在非评论性报道 17 篇中有 9 篇报道都提到还未见到消费者受到损害的报告。如:2007 年 5 月 23 日《多米尼加共和国禁止 2 种牙膏》中说:"没有因有毒牙膏而出现身体不适的报告。"2007 年 7 月 12 日《中国禁止在牙膏中使用有毒工业溶剂》里说:"有些消费者声称受到有毒牙膏的损害,但都没有得到证实"。这与中方对牙膏的反应一致。2007 年 6 月 4 日《中国抵制关于牙膏的警告》一文报道说:"中国国家质量监督检验检疫总局周六晚发表声明,该种化学物质低水平使用是安全的,而且牙膏成分名单早已提供给美国食品药品管理局。中方机构说,欧洲联盟安全标准允许的含有一定量的化学成分,并引用中国 2000 年的一项研究,发现牙膏中二甘醇含量不超过 15.6% 的是无害的。"可见,牙膏的生产、出口是符合各国进口的安全标准,它未造成事实上的伤害也是一个不争的事实。这也就解释了为什么在新闻报道里没有出现牙膏危害性这一主题,也同样说明了为什么标题里对牙膏毒性认识的不统一,为什么这么多的国家会允许进口此类牙膏。

显然，两个事实——二甘醇有毒，二甘醇牙膏未造成伤害——新闻报道选择了前者。这种选择一方面说明了风险的特征，风险在爆发前是无法感知的。它们超出了人类自然感知的范围。我们无法看见它们，它们也不是独立存在，除非是在它们爆发的那一瞬间。[①] 一方面又直接体现了健康安全报道框架的原则：健康优先。只要是对健康的威胁，无论是已显现的，还是潜在的，都要尽可能避免。与健康安全相关的问题，"宁可信其有，不可信其无"。这种选择的倾向性导致了媒体在健康安全框架下所呈现的风险必将是扩大的风险。

3. 权威消息源：风险呈现的机制

风险的不可见性，使风险的认知伴随着一个反思、论证、解释、界定和认可的过程。在健康安全报道框架下，对二甘醇牙膏的风险已经得到了确认。那如何呈现这一事实就显得极为重要。

塔奇曼说："如果要让一个假定的事实成立，那么必须建构一系列的假定事实来支持这一个假定事实，而这些所谓的事实，还必须能自己证明自己，不论是从整体上来看，还是从个体上来看。"[②] 塔奇曼所说的一系列假定事实就是消息源。贝克认为，如果风险预示着决定，而我们因此"更加依赖专家"，那么那些"公认的"和"权威的"机构发言人[③]对风险的认定就显得极为重要。在二甘醇牙膏的报道中那些"公认的"和"权威的"机构发言人就成为必选的新闻源。也就是说，二甘醇牙膏给人们带来了风险这一事实必须得到验证，才能成为新闻。由此，权威的消息源就成为风险呈现的机制。

经统计，在非评论性的 17 篇二甘醇牙膏的报道中，共有 71 个消息

---

① ［英］芭芭拉·亚当、约斯特·房龙：《重新定位风险：对社会理论的挑战》，见芭芭拉·亚当、乌尔里希·贝克、约斯特·房龙编《风险社会及其超越》，赵延东、马缨等译，北京出版社 2005 年版，第 4 页。

② ［美］盖伊·塔奇曼：《做新闻》，麻争旗、刘笑盈、徐扬译，华夏出版社 2008 年版，第 96 页。

③ Beck, U. The Reinvention of Politics: Towards a Theory of Reflexive Modernization [A]. In U. Beck, A. Giddens and S. Lash, *Reflexive Modernization* [M]. Cambridge: Polity 1988: 30.

源（见表3—3）。从国别上来看，来自美国的消息源最多，为34个，占总数的47.9%；其次为其他国家的消息源，为23个，占总数的32.4%；来自中国的消息源最少，为14个，占总比的19.7%。从消息源性质上来看，政府/官员类最多，为54个，占总比的76.1%，普通民众的最少，仅为1.4%。其余依次为企业、大众媒体、专业人士，分别占12.7%、5.6%和4.2%。

表3—3　　　二甘醇牙膏报道消息源国别 ＊ 消息源性质 交叉表

国别	数量	消息源性质					总计
		政府/官员	专业人士	大众媒体	企业	普通民众	
中	篇数	9	0	2	3	0	14
	%	12.7%	0	2.8%	4.2%	0	19.7%
美	篇数	26	2	1	5	0	34
	%	36.6%	2.8%	1.4%	7.0%	0	47.9%
其他	篇数	19	1	1	1	1	23
	%	26.8%	1.4%	1.4%	1.4%	1.4%	32.4%
总计	篇数	54	3	4	9	1	71
	%	76.1%	4.2%	5.6%	12.7%	1.4%	100%

权威的消息源一方面表明"二甘醇牙膏有风险"这一新闻事实是有根据的，增强新闻的可信度；另一方面也看到《纽约时报》对不同消息源的选择。

从观点上来看，美国消息源与其他国家消息源高度一致，皆认定二甘醇牙膏是有风险的；只有中国官方的消息源持不同观点，认为含有少量的二甘醇对消费者不会造成伤害。表面上美国、中国、其他国家分布似乎较为平衡的消息源，实际上形成了两个观点对立的消息源，其实际比例分别为63.4%与12.7%。这说明，在消息源的采用上，《纽约时报》更倾向于使用与自己"政见一致"的消息源。这种失衡的状态自然会使公众在接受信息时更多地受到占绝对优势消息源的影响。

而在消息源的引述上，这种失衡也表现得很为明显——中国政府的消息源总是处于新闻报道最末端。对美国新闻而言，记者"既可以根据传统的倒金字塔结构来安排报道的内容，在导语之后依照重要性的大小降级排列事实；也可以选择并列式结构……每一种结构都是以事实为基础，而且每一种结构的事实排列都是从重到轻。①"这种新闻惯例早已被美国受众所接受，列在最末端的消息源只成为装饰"客观、中立、平衡"的幌子，在观点的传播上实在没有什么实质性作用。

分析到此，对二甘醇牙膏风险的定义者已然明晰，他们就是美国媒体与"公认的"、"权威的"官方机构。这些定义者对中国政府观点的否认，实际上是对早先确定的安全标准的否认。二甘醇牙膏的报道也就显示出这样一个健康安全框架下建构风险的途径：权威确定风险，社会理性取代科学理性。正如贝克所说，不断增长的风险意识作为各种理性要求不断地斗争与重构，它使科技理性的失败逐渐发展至完全可见。②健康安全报道框架下对社会理性的遵循，与权威同一性的保持，让我们不得不警惕风险扩大的后果及其背后可能存在着的各种各样复杂的因素。因为，"没有社会理性的科学理性是空洞的，但没有科学理性的社会理性是盲目的"。③

4. 转换、替代与反复：风险话语策略

与上述确认风险、呈现风险的思路相一致，新闻报道在语言的使用上也与它表达的主题相契合，运用一些话语的策略来使新闻的报道更加真实。

第一，是转换策略。这一般用于消息的引用上。如2007年6月4日《中国抵制牙膏警告》一文称："中国政府网站周末公布了美国食品与药物管理局的警告，称美国政府警告美国消费者以避免潜在的危险是'不科学，不负责任，自相矛盾'的。"而中国原文如下："中国所有出口到美国的牙膏均在出口前由美国进口商向FDA

---

① ［美］盖伊·塔奇曼：《做新闻》，麻争旗、刘笑盈、徐扬译，华夏出版社2008年版，第108页。

② ［德］乌尔里希·贝克：《风险社会》，何博闻译，译林出版社2004年版，第68—69页。

③ 同上书，第30页。

提供配方，配方中含二甘醇的都标明了含量。这些牙膏均获得了FDA 的标签注册，允许在美进行销售。FDA 警告消费者不要使用中国产牙膏，并扣留中国产品的做法既是不科学、不负责任的，也是自相矛盾的。"

在中国的原文中，我们看到，所称的"不科学、不负责任、自相矛盾"是美国对待中国产品前后不一的态度。中国牙膏配方明确标明了二甘醇的含量，进入美国之前得到了 FDA 的认可，而之后FDA 又对产品进行扣留，这种对待中国产品的行为是前后矛盾，不科学，不负责任的。而《纽约时报》在转述的过程中，将原文中的上下文舍去，故意删去这一论点的具体语境，断章取义，将之转换为中国称"警告美国消费者以避免潜在危险"是不科学、不负责任、自相矛盾的。"警告消费者避免潜在危险"是一个常识，中国政府怎么可能称此为不科学、不负责任、自相矛盾呢？由此，媒体在报道中转换话语，塑造了一个极为不负责任的中国政府形象。

第二，是替代策略。在巴拿马糖浆事件中，中国供应商将标示错误的二甘醇出售，中间经过几个环节，最终进入巴拿马的制药环节，导致了糖浆中毒事件。从原料到制成药品，环节复杂，多种因素导致了糖浆中毒事件的发生。但是，作为二甘醇牙膏的新闻背景，往往将责任直接归之于中国。如 2007 年 6 月 22 日的《在美国发现了中国制造的有毒牙膏》里说："巴拿马去年将中国制造的毒药无意混入了感冒药中，造成至少 100 人死亡"。这里既看不到复杂的供应链问题，又将本来就是用于化学工业的原料二甘醇称之为毒药。报道的倾向性由此可见。

第三，是反复的策略。毒糖浆作为牙膏事件报道的新闻背景，被反复提及，在非评论性的 17 篇报道中共出现 11 次。而 "diethylene gly-col" 一词在这一事件报道中共出现了 85 次，且有 15 篇报道对这一化学成分的介绍："化学成分二甘醇，类似于甘油，味甜，对儿童和成人的肾和肝脏有一种低微的但是长期的风险。"毒糖浆事件一次次地提及，"二甘醇"一词一遍遍的重复，在不断加深读者印象的同时，也引起了消费者对中国牙膏的恐慌。

"特定句式或词语的选择代表了记者如何认知或了解事件，也暗示了记者希望受众对事件如何认知与了解"①。二甘醇新闻报道中话语策略的使用既从微观的层面上反映了风险，又重新建构了风险，产生了污名化效应，引起消费者对中国政府和中国产品的负面感知，从而导致消费者在现实中采取行动，产生了新的风险。

三 健康安全框架下的风险建构

通过对"二甘醇牙膏"报道的分析，我们可以看到报道所建构的几个意义的层次：首先，是最高层次的意义。它主要由标题和导语构成，运用凸显和组合、排除的方式，建构了有毒牙膏风险的景象。有毒牙膏分布极为广泛，各国纷纷行动，搜查这一产品，以最大可能地避免消费者受到伤害。中国政府对危险视而不见，行动迟缓，不能保证"中国制造"的安全性。"中国制造"就是危险的代名词，"中国制造"的风险实质上是"中国政府制造出来的风险"。其次，是中观层面的意义。它由主要事件、先前事件等组成。报道以毒糖浆事件为新闻背景，以"二甘醇"这一化学成分的认识为基础，选择权威消息源，确定"二甘醇"牙膏所存在的风险，重新定义并建构了"有毒牙膏"的风险。最后，则在微观层面上通过语言或符号，使用转换、替代、反复等策略表达风险。在每一层次意义建构中分别使用了不同的机制，最高层次的意义建构使用了凸显与组合的机制，在中层的意义建构中使用了选择与排除的机制，在微观的语言符号层面则使用了替代、转换等机制。这些机制进一步构成了健康安全报道的框架。这一报道框架形成了以下特点：

1. 健康健全价值观是其选择事实、界定风险的根源

现代社会的个体化生存方式凸显了健康安全的意义的价值。将健康作为一种主要的价值，保护自己的健康，以最大可能避免任何对健康的威胁，成为风险社会里的一种社会理性。这种不断增长的风险意识，对科学理性提出了挑战。因为，"在某些领域，科学已经确立了一些重要的理论，它们使我们洞见到了某些现象的一般特征，但是它们却永远不

---

① 黄敏："再现的政治：CNN关于西藏暴力事件报道的话语分析"，《新闻与传播研究》2008年第3期，第22—23页。

可能使我们拥有预见特定事件的能力，也不可能就特定事件给出一种充分的解释——这完全是由于我们决不可能知道所有的特定事实所致"，[①]因此，在风险的界定中，科学对理性的垄断被打破了。在这一前提下，随着对科学与风险关系的逐步认识，健康安全价值观便作为一种社会理性成为健康安全报道选择事实、认定风险的框架，风险和风险行为的避免比以知识为基础的辨别和理性反应更为重要。

2. 风险的定义是由媒体与权威机构协商的结果

风险的不可见性使人们对危险的认识依赖于外部知识，依赖于外部知识生产者。媒体在这种情况下获得了界定风险的权力。因为"从大量的假设性调查结果中，大众媒介选择发表具体的例子，它们由此获得了作为纯粹的科学结果已经无法再获得的熟悉性与可靠性"[②]，媒体的公开性使它拥有了这种界定权力。

而新闻生产中，要求所提供的是真实无误的事实。这种事实"通过专业的而且是可靠的方式所收集相关信息，信息的内容、获得信息的方式，以及二者之间关系都能够被明确说明。"[③] 无疑，制度内的信息源，如权威机构自然就成为最可靠的信息源。

两者相加，就使得媒体在定义、建构风险时会提供一个封闭的文本圈——"公认的"和"权威的"机构发言人。而在健康安全框架下的这一封闭文本更倾向于对产品不安全性的报道。由此，风险就在新闻媒体与权威机构的互动协商中被定义、被建构。

然而，贝克认为，"风险评估官僚机构"有一种陈腐的否认常规。通过利用潜在冲突与知识之间的缺口，事实可能会被隐藏、否认或歪曲，而流行的可能是相反的观点。[④] 这种媒体与权威机构协商使得健康安全框架下的新闻报道本身就存在着风险。

---

① ［英］弗里德利希·冯·哈耶克：《法律、立法与自由第 1 卷 规则 秩序》，邓正来等译，中国大百科全书出版社 2000 年版，第 14 页。

② ［德］乌尔里希·贝克：《风险社会》，何博闻译，译林出版社 2004 年版，第 243 页。

③ ［美］盖伊·塔奇曼：《做新闻》，麻争旗、刘笑盈、徐扬译，华夏出版社 2008 年版，第 93 页。

④ 薛晓源、周战超主编：《全球化与风险社会》，社会科学文献出版社 2005 年版，第 146 页。

3. 风险放大效应的必然性

在以社会理性为基础的健康安全报道框架下，对风险的感知和现实的风险之间"并不存在简单关系。事实上，由于对风险的排斥将导致人们采取措施来避开高风险情境"①，于是，新的风险就在行动中产生，风险被逐步放大。例如，面对有质量问题的产品，行动者会因对产品质量的高度不安全感形成对产品的不良的持续的心理认知，对环境或风险管理者的污名化，甚至会采取极端的行为，等等。就如同"二甘醇牙膏"事件一般，报道就犹如投入池塘里的石头，引起的涟漪向外扩展，先包围直接受影响的受害者，接着是就对此负有责任的企业，最后波及整个行业乃至整个国家的所有产品。有害牙膏引发了对整个中国产品的不信任，并被归之为"中国政府制造的风险"。

第三节　国家利益框架下的风险建构
——贸易制裁报道

美国媒体认为自己拥有宪法所保障的新闻自由，是独立于立法、司法和行政之外的"第四权力"，有责任站在公众的立场上监督政府，对政策及官员提出批评。因此，美国媒体总是注意搜寻政府管理不善、腐败无能、官员渎职等方面的事例，加以揭露。这是因为在媒体看来，政府只是国家的管理机构，对其工作的监督正是以国家利益为基准。同样，在对外传播中，国家利益也常常是报道国际新闻尤其是对世界有影响力的事件中最关键的因素。国家利益超越了任何的派系分歧和组织间隙，将所有人——包括政府、各种组织和媒体等——凝聚在一起。简言之，国际新闻是经过国家利益过滤后的社会建构的产物。②

---

① ［英］阿兰·斯科特：《风险社会还是焦虑社会？有关风险，意识与共同体的两种观点》，载芭芭拉·亚当、乌尔里希·贝克、约斯特·房龙编著《风险社会及其超越》，赵延东、马缨等译，北京出版社2005年版，第58页。

② 孙彦殊："论国家利益在国际新闻构架中的重要作用"，《科技风》2009年第15期，第249—250页。

有学者分析了具体的新闻报道后，指出，《纽约时报》作为美国最具权威的主流大报，对某些问题的报道直接代表了美国政府的态度，其所预设的议题以及报道的框架不论是在战时还是在平时都自觉地以国家利益为基准。[1] 同样，在本研究中发现，《纽约时报》在报道"中国制造"时，也运用了国家利益的框架来对"中国制造"进行了建构，其主要表现在以美国对中国的贸易制裁为议题的报道上。

在本研究的样本中，以美国对中国贸易制裁为议题的报道共计23篇，其中，2005年和2007年最多，均为3篇，1994年、1996年、2003年、2009年均为2篇，其余各年为1篇（见表3—4）。

表3—4 　　　　　　　　　　　制裁报道分布

年份	1993	1994	1995	1996	1997	1998	2000	2001	2002	2003	2004	2005	2006	2007	2009
篇数	1	2	1	2	1	1	1	1	0	2	1	3	1	3	2

一　制裁背景简介

在所选样本中，美国对中国进行制裁的报道最早可见1994年12月28日的《美国准备对中国实施关税》，这与中美双方在贸易中的地位变化相关。

中美两国的直接贸易关系始于1784年美国建国初，[2] 新中国成立后中美两国彻底断交。1972年，中美贸易随着尼克松的访华、中美关系的恢复而恢复，当年两国贸易额为1288万美元；到1978年，中美双边贸易总额为9.9亿美元。1979年1月中美两国正式建立外交关系，7月两国签署《中美贸易关系协定》，承诺从1980年2月1日起相互给予对方最惠国待遇，中美贸易全面正常化。1997年和1998年两国领导人实现互访，中美两国确立面向21世纪的建设性合作伙伴关系，1999年11月15日中国加入世界贸易组织的中美双边谈判结束，双边贸易发展

---

① 杨斌、吴朝美、吴世勇："国家利益视角中的国际传播——从《纽约时报》对中国人权问题的报道谈起"，《贵州师范大学学报》（社会科学版）2007年第6期，第41—45页。

② 王勇：《中美经贸关系》，中国市场出版社2007年版，第407页。

迅速。2001 年，伴随着中国加入 WTO，两国贸易额迅速扩大。2003
年，中国已经上升为美国的第四大贸易伙伴，仅次于加拿大、墨西哥和
日本，而美国成为中国的最大贸易伙伴。2007 年，中美双方贸易总额
达到 3867.5 亿美元，中国已经成为美国第二大贸易伙伴，并超过日本
成为美国的第三大出口市场。

　　中美贸易发展中，贸易不平衡的状况日益增强。据中国相关数据统
计①，1984—1992 年近 10 年的时间里，美国均处于贸易顺差国的地位，
最高差额是 1989 年的 38.5 亿美元。1993 年开始，美国处于贸易逆差
国状态，差额为 62.7 亿美元。1994 年 6 月，美国声称中国对保护知识
产权不力、侵权行为失控，造成美国企业每年数十亿美元的损失，要求
对中国进行 6 个月的特别 301 调查。12 月 31 日，美国贸易代表坎特公
布了价值达 28 亿美元的对华贸易报复清单，涉及中国出口美国的电子、
发电机、自行车、鞋、玩具等商品。

　　而据美方统计资料显示，1993—2007 年，美方贸易逆差差额由
227 亿美元上升到 2563 亿美元，15 年间增长了 10 倍（见图 3—1）。

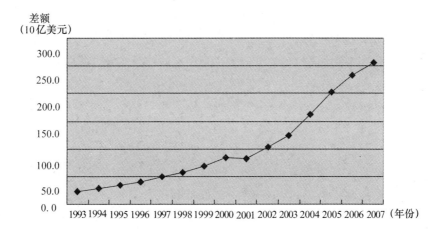

图 3—1　1993—2007 年美中贸易逆差

（资料来源：美国商务部统计资料）

---

　　①　数据转引自丘杉《中美贸易摩擦的战略考察》，暨南大学博士论文，2007 年，第 28
页。

1990 年中国开始进入美国前 3 位逆差国行列, 1991 年中国成为仅次于日本的第二大逆差对象。2000 年以后, 中国超过日本, 成为美国最大的贸易逆差国。

随着美中之间的贸易逆差差额逐渐扩大, 美国对中国的制裁之声连续不断, 几乎每年都会有针对中国产品的制裁。

1995 年 2 月, 美国贸易代表宣布对中国输美的 10.8 亿美元的货物按价征收 100% 的关税, 包括塑胶制品、电话与录音机、体育用品、家具、自行车等。1996 年 5 月, 美国贸易代表建议对来自中国的纺织品、服装、电子等产品征收惩罚性关税, 价值 30 亿美元。1990 年到 1999 年 10 年间, 美国对华制裁案 54 起, 年均 5.4 起。

2000 年后, 美国对华反倾销数量逐年增多, 从纺织、轻工、土畜等领域逐步蔓延到化工、钢铁、机电以及高新技术产品领域。2002 年美国从中国的进口额占其总进口额的 8%, 但对中国的反倾销案件却占美国反倾销案件的 20%。2003 年 5 月初, 美国商务部做出初步裁定, 中国家具厂商的行为已构成倾销, 决定对中国的木制家具征收高达 15.8% —44.0% 的高关税, 涉案金额 10 亿美元。11 月, 美国商务部所属纺织品协议执行委员会宣布对从中国进口的针织布、胸罩、袍服 3 个类别实施特殊保障措施, 设定 7.5% 的增长限额。2004 年 10 月美国商务部所属纺织品协议执行委员会裁定对中国的袜子实施过渡期纺织品保障措施限制。2000 年至 2004 年 6 月底美国对华反倾销案件高达 38 起, 平均每年 10.9 起。

2005 年 5 月美国商务部宣布对从中国进口的棉制针织衬衣等 3 种纺织品采取特保措施。后又宣布, 对从中国进口的化纤制针织衬衣等 4 种纺织品采取特保措施。2007 年 6 月, 美国突破不向非市场经济国家征收反补贴税的惯例, 宣布向中国输美印刷纸征收 90% 的关税。

综上所述, 伴随着贸易逆差的大幅攀升, 自 1994 年以来, 美国对中国的制裁以 2001 年为分界线经历了大约两个阶段:第一阶段, 以禁运、配额、反倾销等手段, 以保护知识产权为名对以纺织品为主的产品进行制裁;第二阶段, 以配额、反倾销、反补贴为手段对中国的多种产品, 如纺织品、钢铁、家电等产品进行制裁。

二　风险话语策略："战争"隐喻（metaphor）里的美国经济入侵者

1993 年 3 月 21 日，《纽约时报》在《亚洲的商品中国生产，美国买》一文开头便说："150 年来西方人梦想打入中国的消费市场，英国人在很早前就计算过，哪怕每个中国人只添置 1 英寸的衬衫，兰开夏郡的工人就要为此忙碌一生。所有人都懒得反过来看：如果每个美国人和欧洲人开始购买中国制造的衬衫，兰开夏郡的工人可能会一生无事可做。"随后，文章指出，自 1985 年以来，美国与中国的贸易逆差以每两年增长一次的速度不断上升。并与日本对比说："与日本的贸易逆差从 1987 年到达高峰后一直下降，而与中国的贸易逆差在这一期间上升了 50.0% 还多。"尽管文章引用经济学家的观点最后分析说，中国对美国而言，不是像日本和欧洲这样的贸易威胁者，它不会损害美国的大量就业机会。这是由于生产模式发生转变，劳动密集型制造业生产转移至中国的工厂，从而导致贸易赤字转移至中国的内地。但是开篇英国人美梦破灭的比喻却振聋发聩，令人深省，下文的分析更像是新闻记者从专业主义的报道平衡角度出发的一种惺惺作态，中国作为经济入侵者的形象已然深入人心。

我们不得不追问：这是如何形成的？

1."战争"的隐喻

美国著名学者莱考夫和约翰逊提出，隐喻不只是语言现象，更是一种认知现象，是人类抽象思维的最重要特征，是人们认知、思维、语言，甚至行为的基础。隐喻的本质是通过另一种事物来理解和体验某一种事物，它是我们探索、描绘、理解和解释新事物的有力工具。隐喻表达的是跨域映射，其中包含两个域：源域和目标域。前者通常是人们较为熟悉、形象的概念，后者是人们不太熟悉的、抽象的概念，通过将源域映射到目标域上，目标域从而得到理解。源域和目标域之间建立起映射的基础就是两类事物之间的相似性，这种相似性可以是常规性的,也可以是创造性的。① 换句话说,在日常生活中,人们往往参照他熟知的、有形的、具体的概念来认识、思维、经历、对待无形的、难以定义的概念,形成了一个不同概念之间相互关联的认知方式。②

在制裁报道中,出现了"war, fight, lose, winner, rival"等大量与战争有关的词语,如:

(1) "We don't want to see a trade **war**," the official news agency quoted an unidentified spokesman for the Ministry of Foreign Trade and Economic Cooperation as saying. (1995 年 12 月 9 日《中美贸易裂痕加深》)

(2) Beijing and Washington twice went to the brink of a trade **war** over intellectual property protection, in 1995 and in 1996, and then negotiated two agreements on enforcement. (2000 年 11 月 10 日《中国在假冒产品上受到批评》)

(3) China: Partner, **Rival** or Both

China will **destroy** American anufacturing. (2003 年 3 月 2 日《中国是伙伴还是对手》)

(4) U. S. Preparing Trade Sanctions **Against** China (1994 年 12 月 31 日《美国准备对中国实施贸易制裁》)

(5) China will defend itself against **contentions** that protective measures by other countries are justified. (2005 年 5 月 31 日《中国结束对美国和欧洲出口纺织品的报复性关税》)

(6) But the announcement on Monday suggested that the trade **fight** over clothing was far from over if you place limits on Chinese products. (2005 年 5 月 31 日《中国结束对美国和欧洲出口纺织品的报复性关税》)

(7) China's market share in coated paper is still small, but rather than wait until Chinese producers **dominate** the business. (2007 年 3 月

---

① Lakoff, G. & Johnson. M. *Metaphors We Live By* [M]. Chicago: Chicago University Press, 1980: 10.

② Mio, Jeffery S. Metaphor, politics, and persuasion [C]. In J. S. Mio and A. N. Katz eds. Metaphor: mplications and applications. Mahwah, NJ: Lawrence Erlbaum, 1996.

2 日《麻烦重重的造纸厂大声呼喊限制中国进口集团》)

（8）But the medical device industry is one of several that seems to have been the **target** recently. （2007 年 11 月 16 日《中国坚拒美国的反输入》)

（9）But the United States would also **lose** American consumers and companies would have to pay more for Chinese goods. （2009 年 9 月 18 日《轮胎保护主义》)

（10）A trade **war** would have no real winners and millions of losers in both countries. （2009 年 9 月 18 日《轮胎保护主义》)

（11）Neither side can **claim the high ground**. （2009 年 9 月 18 日《轮胎保护主义》)

可见，在制裁报道中，运用了"战争"的隐喻。"BUSINESS IS WAR"作为一种认知模式，成为《纽约时报》国家利益框架下制裁报道的主要建构方法。

战争自人类文明伊始便出现了。据文字记载，国外最早的战争见于公元前 1469 年发生于麦吉多的埃及法老图特摩斯三世平定巴勒斯坦和叙利亚诸部落反叛的战争。而我国则在约四千年前就发生过黄帝蚩尤涿鹿之战。有学者研究统计，在近五千年的人类历史中，共发生战争14500 次。战争弥漫于古今中外的历史进程并且改变着人类社会的发展，对于人类而言有着极为深刻的社会作用，它作为一个具体的历史概念范畴已深深扎根于人们的认知之中，并在语言中留下了深深的烙印，成为人们认知有着冲突、争斗等特征的与战争相类似的事件的一种有形的熟知的基本模式。因此，在现代生活中始源于战争的隐喻普遍存在。[1]

德国军事理论家克劳塞维茨认为，"战争是迫使敌人服从我们意志的一种暴力行为"[2]，战争的意图是要把自己的意志强加于敌人。在这

---

① 袁影："论战争隐喻的普遍性及文化渊源"，《外语研究》2004 年第 4 期，第 36—39页。

② ［德］克劳塞维茨著：《战争论》，中国人民解放军军事科学院译，北京出版社 2005年版，第 4 页。

一意图中总是带有着敌对的感情。由此，《纽约时报》将"WAR"作为源域，将"BUSINESS"作为目标域，建构出了制裁与反制裁之战的敌对双方——中国与美国。攻方是高举正义之旗的美国，守方是侵犯了美国经济体系的中国；战争意图则是维护自己的权利不受侵犯。于是，以国家利益为基点，在"战争"的认知图示下，美国被建构成为一个保护自己利益的宣战者，而"中国制造"被建构成为一个侵犯美国经济利益的非正义者，中国政府是其背后的推手。

2. 美国经济体系的入侵者

在《纽约时报》的制裁报道中，"中国制造"对美国经济的入侵主要表现在两个方面：

第一，侵犯知识产权。自 20 世纪 90 年代以来，"中国制造"就由于知识产权问题而被不断质疑、诟病。

1993 年 3 月 21 日《亚洲的商品中国生产，美国买》报道说，"布什总统的自传至少在中国有 4 个不同的盗版版本。"由于中国政府未能认真执行 1992 年与美国签订的防止侵犯知识产权协议，中国的盗版问题愈演愈烈。

1994 年 12 月 31 日《美国准备对中国实施贸易制裁》报道说，中国有 26 家工厂生产盗版光碟。这些工厂每年生产 7000 万张非法光碟和非法盗版产品，其中许多产品销往亚洲其他地区。这些光盘至少使美国音乐制作损失 34.5 亿美元。再加上盗版电脑软件、电影光碟等产品，美国公司每年因此遭受 8 亿美元专利和版权滥用的损害。到了 1995 年，这一损失达到 10 亿美元，12 月 9 日的《中美贸易裂痕加深》说，在北京的大街上，美国谈判代表们就能买到美国软件包的盗版，价值 1 万美元的软件只售 100 美元。他说，他认为"有点惊人"，在中国甚至政府部门也使用盗版软件。1996 年 5 月 10 日《中国表示将采取报复行动，如果美国要求贸易制裁》，美国官员又发现 13 个中国工厂生产盗版的美国电脑软件、音乐、电影的证据，加起来有 31 家公司涉嫌生产盗版光盘。2000 年 11 月 10 日《中国在假冒产品上受到批评》，尽管关闭了一些造假工厂，但假冒名牌商品，从药品到汽车配件、运动服装仍随处可见。

第二，抢夺就业市场。自 20 世纪 90 年代末，《纽约时报》里的

"中国制造"又成为抢夺就业市场的罪魁祸首。

1997 年 4 月 1 日《涂改标签，不要中国避开贸易限制的服装》一文报道说，中国利用香港的配额进行非法出口。至少有 90% 销往美国的"香港制造"的纺织品和服装实际上是中国内地生产的。非法出口损害了美国工人的利益，减小了国内纺织工业的规模。2003 年 11 月 20日《纺织城市求助，但是配额不能解决问题》一文报道了中国纺织品对美国本土纺织业的冲击。"这里是北卡罗莱纳州的纺织王国的心脏，中国已成为一种恐惧和困扰。在过去的三年里，国家已经失去了 14.7万个职位，其中 3.75 万个在纺织工业。去年，柏灵顿周围至少有 12 家纺织工厂关闭。在科普兰，高级管理人员说，去年作为与中国和其他国家的竞争结果，生产突然跳水了 45%。"

随后，就业市场的争夺又转向了造纸业、轮胎业。2007 年 3 月 2日《麻烦重重的造纸厂大声呼喊限制中国进口》中说："多年来，这个阿巴拉契亚山脉经济空白区的居民们看着纺织厂、玻璃厂和轮胎厂一家跟着一家关闭。现在唯一保留下来的大工厂——'唯一站着的人'，——随时会受到由中国制造的便宜进口纸的威胁"。2009 年 9 月11 日《美国将增加中国造轮胎关税》报道说，从中国进口的轮胎损害了美国公司或工人的利益，"扰乱了市场。"

这个入侵者越来越具有威胁性。《纽约时报》在 2005 年 4 月 9 日的《中国制造到处都可以买到；亚洲贸易顺差激增，那么是否该讨论贸易保护主义？》中说，"中国正在进入它先前只扮演小角色的全球市场，变成一个日用品的出口大国，如钢铁和化学制品。同一年前相比，2005年前两个月的钢铁出口增加了 4 倍，中国正在出口少量的汽车和重型机械等更多的'中国制造'，企业计划出口更多的这类产品"。"德国，多年来在对中国出售机械和制造业设备上受益颇多，上一年的前两个月对中国的贸易顺差就达到 124 亿美元，而在 2005 年的前两个月转为逆差3.16 亿美元。中国的电脑、服装和办公家具正在德国和意大利畅销。对荷兰是合成染料，对加拿大是铁路机车，这两类产品都增加了两倍"。

2005 年 11 月 9 日《配额重现，限制会推动中国向高端产品发展》报道说，"正如 20 世纪 80 年代对日本汽车配额引起了丰田和本田等日本制造商引进豪华生产线，挑战更加有利可图的底特律市场，中国企业已经把目光更多地投向时装，预计向欧洲和美国生产商的挑战几年内就会出现"。2007年3月2日的《麻烦重重的造纸厂大声呼喊限制中国进口集团》中说，今日的中国已经和15年前的中国判若两人。

美国媒体对这一经济入侵者的形成追根溯源，认为，在"中国制造"的背后，有中国政府作为推手，采用了一系列的非法手段，构筑贸易壁垒。这些手段包括：低息贷款、低成本土地使用、操纵汇率、报复性关税，等等。

2004年6月12日《印度制造与中国制造》报道了外国企业在中国投资的窘况，"企业在中国开店，面临着中国本土几乎没有建厂成本的制造商始终如一地廉价销售，国家银行的贷款利率低，以及各种各样的减免税。更糟的是，许多百货公司的土地还是市政府或省政府让出的面积，用本地产品抵御国外品牌的销售。免息贷款使中国工业制品价格仍在下降，比如，中国冰箱的价格，在2004年4月之前一年里下降了2.2%。"

2005年5月31日《中国结束对美国和欧洲出口纺织品的报复性关税》报道了中国对美国制裁的反报复：1月1日，中国推出148种纺织产品的进口关税，这是针对中国出口的一个先发制人的对抗性反应。5月20日中国再次提高这些产品中74种产品的税收。报道援引中国商务部部长的发言："如果你对中国产品设限，我们会调整我们的政策。如果你向我们的企业施加5盎司的压力，我们将为它们取消8盎司的负担"。

2007年11月16日《中国坚拒美国的反输入》报道中国颁布了一系列歧视国外投资者的产品标准和法律，认为标准和反垄断法对外国投资者和进口商不利。无线技术、移动电话和移动电话电池的标准是有利于中国企业的标准，而中国的产业政策多年来就倾向于国内的航空航天、造船等产业。并引用研究报告说，中国在斡旋中"在产业政策的发展和运用上越来越老练"。

2009年9月11日《美国将增加中国造轮胎关税》说，中国有自己非常令人担忧的贸易纪录。它对铁矿石原供应商和铝制造商征收出口关税，规定其他限制。它拒绝执行知识产权协定。它继续其可疑的对美元的低值兑换，人为压低出口到美国的价格，等等。

由是，在《纽约时报》以国家利益为基点的"战争"隐喻之中，"中国制造"这个入侵者越来越强大，在这个不断成长着的入侵者背后是中国政府，"中国制造"对美国经济的威胁这一风险是由中国政府制造的。

3. 谁在发言：政府是风险定义者

消息源是构建新闻框架的一个重要指标。我们可以通过媒体对消息来源的选择，考察媒体所隐含着的态度和立场。

据统计，《纽约时报》在制裁报道中共使用了 84 个消息源。从国别上来看，来自美国的消息源共计 65 个，占比 77.4%；来自中国的消息源共计 10 个，占比 11.9%；其他类为 9 个，占比 10.7%。可见，制裁报道在消息源选择上几乎完全倾向于美国，这成为《纽约时报》在此类报道上形成的国家利益框架的最充分证明。

从消息源性质来看，数量最多的类别是政府/官员类，占比 47.6%，其次是企业类，占比 31.0%，再次是经济专家，占比 17.9%。数据说明，此类报道更倾向于选择政府/官员类的消息源。这也与国家利益框架报道相一致（见表 3—5）。

表 3—5 制裁报道消息源国别 * 消息源性质 交叉表

国别	数量	消息源性质					总计
		政府/官员	经济专家	企业	大众媒体	其他	
中	篇数	7	1	0	1	1	10
	%	8.3%	1.2%	0	1.2%	1.2%	11.9%
美	篇数	30	14	20	0	1	65
	%	35.7%	1.7%	23.8%	0	1.2%	77.4%
其他	篇数	3	0	6	0	0	9
	%	3.6%	0	7.1%	0	0	10.7%
总计	篇数	40	15	26	56	2	84
	%	47.6%	17.9%	31.0%	1.2%	2.3%	100%

从消息源所提供的观点来看，大致可分为四种。一是来自中国的消

息源，其观点主要是对美国制裁的对抗性声明；二是来自美国政府的消息源，主要观点是对中国进行经济制裁及制裁原因；三是来自美国企业的消息源，为"中国制造"损害美国经济利益提供证据；四是来自美国经济学家的观点，认为"中国制造"并未对美国的就业造成威胁，不断增长的美中贸易逆差也是全球经济生产模式发生变化后的一种扭曲反映。

很明显，美国的经济学家与其政府的观点不一致。根据样本分析，经济学家对中美贸易所持观点大致可分为以下几个方面：

第一，美中之间不断增长的贸易逆差，是全球化生产模式转变的结果。亚洲的日本、韩国、中国台湾和中国香港纷纷将工厂建在中国内地，导致了表面上两国间贸易逆差的增大。实际上，美国的贸易赤字是对"大中国"——中国内地、中国香港和中国台湾的赤字，而赤字整体上上升相对缓慢。（1993 年 3 月 21 日《亚洲的商品中国生产，美国买》）

第二，对中国的制裁并不能解决美国国内失业问题，它只能导致制造业向劳动力更为廉价的地区或国家的迁移。这是全球采购的本质。（1996 年 5 月 16 日《暂时性的价格上涨》）

第三，纺织业的失业问题由来已久，对中国纺织品实行配额不解决问题。20 世纪 90 年代末期，在中国超过当前的美国市场份额之前，纺织业已经淘汰了大多数劳动密集型工作。制造业部门的萎缩，在于其生产率的增长超过了整体经济增长。（2003 年 11 月 20 日《纺织城市求助，但是配额不能解决问题》，2003 年 3 月 2 日《中国，是伙伴还是对手？》）

第四，中国的经济增长，巩固了美国经济近期的经济史上最突出的趋势之一：从制造业转型为经济服务。中国促进了美国的这一"结构性变革"。美国正在向高劳动成本的工作发展，低技术工作和低资本密集的工作已在国外。中国的劳动力资源可以提高环太平洋地区发达国家经济先进的制造能力。（2003 年 3 月 2 日《中国，是伙伴还是对手？》）

第五，中国对美国就像美国对中国一样同等重要。一个新的庞大的中国消费市场的开放更为微妙，跨太平洋的成本和效益的关系比简单的贸易盈亏复杂得多。在极端情况下，失去了中国方面的利润，没有中国市场，美国公司不能生存。不过，中国虽然具有长期的潜力，但仍然不会超越美国。（2003 年 3 月 2 日《中国，是伙伴还是对手?》）

由上可见，新闻报道中提供了来自经济学家的观点，这些观点较为客观地分析了中美两国之间的关系：在经济全球一体化的背景下，中国与美国在经济上相互依赖，在大多数情况下，是伙伴关系而非对手的关系。

但是，在国家利益框架下，报纸在消息源的选择上明显倾向于本国政府，观点与政府保持了高度的一致，而其他不同的声音就被湮没在以政府为主导的论调之中了。

三　国家利益框架下的风险建构

通过对制裁报道的分析，我们发现：在国家利益的框架之下，《纽约时报》在最高层次的意义建构上运用了"战争"的隐喻，使用大量与战争有关的词语，以人类日常生活中这个最为熟悉的历史范畴概念，将"中国制造"建构为美国经济的敌对方，建构成为一个入侵美国经济体系、扰乱其经济正常运行的侵略者，视"中国制造"为美国经济风险的制造者。这一隐喻作为人类认知的基本模式，极易导致受众完全用战争的概念去理解那些目标域，而忽略掉目标域的其他特点，即使在报纸上出现其他不同观点，也会被这种具有绝对优势认知模式所过滤、屏蔽，从而对目标域产生认知上的偏差。除此之外，报道在消息源的选择上具有明显的倾向性，观点以本国政府为主导，形成了与政府的高度一致性。这两者结合起来，建构了"中国制造"是美国经济的威胁者这一风险景象。这一框架建构风险的特点是：

1. 从国家利益出发，以本国的立场建构相对立的双方——"我"和"他"。借用话语"我"受到来自"他"的严重威胁，将经济全球化的风险建构成为对立方所带来的风险。

经济学家 S. 奥斯特雷认为，经济全球化（Economic G1obalization）是指生产要素在全球范围内的广泛流动实现资源最佳配置的过程。在这一过程中，经济资源和要素在全球范围内重新配置，国际经济布局重新调整，国际分工形式发生深刻变化，进而完全改变了国际贸易方式。资本和商品的日益流动自由化一方面促进了世界经济的发展,另一方面也使各国不得不进行产业结构与布局的调整。这一过程必然会产生各种各样的风险。美国同样要经历这一过程,要面临诸如全球经济危机、因产业的转移和升级造成失业人数增加等风险。资本的全球性流动导致了地域性就业风险的产生,这种风险既没有哪一个国家自己可以改变流通来阻止其发生,也没有哪一个国家能够控制整个的全球市场风险。

在国家利益框架下,媒体将这一经济全球化过程所带来的风险,简单化为中美两国之间相互竞争的结果,建构出"我"与"他"的身份。意大利学者安娜·特里安达菲利多指出:国家身份的存在预设了"他者"(others)、其他国家和其他个人的存在。① 在国家利益的强化之中,这种"我"与"他"的身份进步又被建构成为敌对状态——"我"受到了"他"的严重威胁。于是,媒体就将经济全球化所面临的风险建构为中国产品和中国政府制造的风险。

2. 风险是政府定义的风险

在制裁报道分析里,我们看到,媒体将来自政府的消息源作为主要来源。在国家利益框架下,它自觉地将政府的观点"传递"出来,政府在这一框架之下成为风险的定义者。

将风险的定义权交给政府,容易导致另一种新的风险产生的可能,即风险认知的政治化倾向。正如斯图亚特·阿兰对"核万能主义"形成过程所做的分析那样,机构的代言人在阐述与核武器技术相关的风险时运用多种策略,建构了"核正常状态",把对核技术的"需求"当作日常事物来接受,而媒体曲解了这种话语及其核万能主义的预设,推动了"核威慑"的合法化。② 政府可以凭借国家利益的名义,为达成某种政治目的,建构或夸大某一种风险,而忽视另一种风险的存在。

综上,美国媒体狭隘的国家利益观造就了视野狭窄的地方主义媒介

---

① Triandafyllidou, Anna. National Identity and the "other" [J] . *Ethnic and Racial Studies*, 1998 (7): 599.

② [英]斯图亚特·阿兰:《"核万能主义"的风险与常识》,见芭芭拉·亚当、乌尔里希·贝克、约斯特·房龙编著《风险社会及其超越》,赵延东、马缨等译,北京出版社2005年版,第131—136页。

观，报道的视角完全以美国的利害关系为转移，从而使其在报道"中国制造"风险的同时也就重新建构了风险。

第四节　美国媒体建构"中国制造"风险的路径

在上述分析中，我们看到了美国媒体分别在健康安全框架和国家利益框架下对"中国制造"风险的不同建构。无论是在高层次意义的建构上，还是在话语策略上都存在着明显的不同。但是，仔细分析后，我们发现这二者在新闻生产的逻辑上存在着一些共性。

一　风险责任者的追究

不论是健康安全框架还是国家利益框架，对"中国制造"风险的建构总是遵循着一个内在的逻辑，即风险的责任者是谁？谁该为风险承担责任？以此为路径，这两个框架下所建构的风险最终指向中国政府，将"中国制造"的风险置换为"中国政府制造的风险"，即"中国制造"风险的责任者是不负责任的中国政府。

道格拉斯指出，"通常并不是从风险本身出发，而是从'谴责'开始的，是从要确定出谴责谁开始的"。而被谴责者"通常总是被认为来自于本国之外、本州之外和社会等级结构中的本等级之外"[1]。

从对报道的分析中可以看出，媒体报道也总是以原因和结果，策动者与受害者的方式去界定风险。在健康安全框架中，"中国制造"产品质量问题是原因，消费者健康受到损害是结果，策动者是监管无力的政府；然而，在产品质量安全问题上，产品安全标准往往是问题的关键。二甘醇牙膏事件中，中国政府做出了积极的努力，在第一时间就以调查行动对牙膏问题做出回应。但是，媒体强调的是消费者的健康安全，而

---

① ［英］斯科特·拉什："风险社会与风险文化"，王武龙编译，《马克思主义与现实》2002 年第 4 期，第 52—63 页。

中国政府强调的是产品符合生产标准。二者的对话根本不处于同一平台上。这是造成中国政府漠视消费者健康安全印象的最根本原因。

在国家利益框架中,"中国制造"大量涌入美国国内是原因,美国经济受到侵犯,受到影响是结果,策动者是中国政府,受害者是美国企业和制造业工人。美国政府对中国产品的制裁是正当的,符合国际贸易规则的,而中国政府对美国的制裁的回应则被视为强硬的贸易保护主义行为。以国家为立场的双重标准是造成中国政府违反贸易规定的主要原因。

然而,认识"中国制造"的风险不能脱离经济全球化这一大背景。它不同于早期发生的社会问题。早先社会问题的出现,一般总能找出致害的根源甚至直接的责任者——无论是某些人、某些集团还是某些制度规定。但在经济全球化背景下的"中国制造"处于复杂的风险社会系统中,它与经济体系里的各种因素有着错综复杂的联系,资本逐利的本性,跨国公司的全球化生产链、投资国、生产国,等等。在这一系统中,个别要素几乎无法单独抽离出来。高度专门化的现代化代理人,分布于商业、工业、农业、法律、政治诸多部门之中,具有系统的相互依存性,因此也就难以分离出单一的原因和责任。

结果,尽管"中国制造"风险的形成存在着各种各样复杂的因素,但是媒体在追究责任者这样的生产逻辑下,建构出一个单一的原因—结果关系链,把美国作为受害者一方,将风险的制造者指定为中国政府,将风险简单化。

二 两种框架相互影响、相互建构了"中国制造"风险的图景

在"中国制造"的报道中,制裁报道是一个持久不变的话题,报道中所使用的国家利益框架将"中国制造"建构成为一个长期的而又反复出现的入侵者形象。这一建构具有涵化的作用,它已成为媒体与受众认知"中国制造"的"前置因素"(Predisposition)或"预设立场",从而早已将"中国制造"放置在了一个不信任的位置之上。当中国产品出现质量问题时,依照责任追究逻辑行事的媒体并不是根据现实存在

的风险去寻找责任主体，而是以先入之见，首先把不信任者推出前台，至于这一风险中还有哪些因素，这个不被信任的人在风险中究竟扮演了何种角色，反倒不重要了。反过来，健康安全框架下的报道又再次巩固了原有的印象。由此，两个框架相互印证，循环往复。"中国制造"的刻板印象就如同一个"失衡的螺旋"不断扩大、升级。

贝克曾经指出："必须看到，风险绝不是具体的物；它是一种'构想'，是一种社会定义，只有当人们相信它时，它才会因此而真实有效"。[①] 正是因为风险是对不可见的、可能性的认知，新闻报道的框架在建构风险的同时，也为媒体自身，同时也为受众提供了认知风险、解释风险、规避风险的框架。而媒体报道框架本身所受到的社会、经济、历史、文化等各方因素影响，也同样影响了对风险的建构。

三 风险建构受到了媒体框架的制约

正如政治传播学家甘姆森所说，媒体框架是为构成特定的新闻意义而形成的一种理念或思考方式，它用于提示事物之间的关联性和问题所在。[②] 媒体对风险的报道，并非如镜子一般是一种平面的直观反映，它总是以某种特定的认识和判断标准为框架进行筛选和编制，这种框架既来自于媒体本身制作方式的常规和以往的制作经验，也来自多种社会要素，如国家或集团利益、社会权力、社会团体或组织、社会文化意识等因素的介入。消息来源以及风险信息的选择，也受到了这些因素的影响，从而直接影响了风险的建构。

有学者指出，大众传媒在采用消息来源以及为消息来源提供表达空间时存在着一定程度的"组织惯性"。它受制于新闻传媒的组织特殊性和生产逻辑，形成表达的路径依赖现象。对新闻媒体组织而言，消息来源的路径依赖的形成既取决于行政管控、市场取向以及组织价值观等因

---

① ［德］乌尔里奇·贝克、威廉姆斯：《关于风险的对话》，见薛晓源、周战超主编《全球化与风险社会》，社会科学文献出版社 2005 年版，第 12 页。

② Gammson. News as Framing［J］. *American Behavioral Scientist*，1989（2）：157.

素引致的自我强化机制，又存在于新闻生产的各种"常态"性过程。①媒体根据自身目的，对信息源进行选择，使新闻带有媒体预定的目标，把公众引向其预设的特定价值理念中。

在风险的建构中，媒体更加依赖体制内的消息源，对官方或官方机构的专家青睐有加。这一研究发现与早期研究美国媒体风险报道的结果相一致。据资料显示，20世纪60年代，大学教授、学者专家和政府官员，通常是媒体偏好采访、引用的消息来源，而到了80年代，发言人取代了学者或官员，成为媒体喜爱的受访对象。②发言人无疑就是国家的代表。布尔迪厄认为："国家的代表，乃是共识的贮藏所：官方任命与学术资格在所有市场上皆具有普适性的价值。最典型的'以国家利益为名的理由'的效果，乃是在诸如审批执照的日常作业过程里所发生的符码化效果：专家、医生或律师，是被指派去制造被认为是超乎特殊看法之观点的人。"③由此，媒体对风险的定义常常是与政府或权威机构协商的结果。正如斯图亚特阿兰所指出的："新闻媒体在提供意义的文本封闭圈方面扮演着重要角色"，通过这种文本封闭圈，"媒介经常会认可统治性的观点和支持现存统治关系"④。

---

① 章平：《大众传媒上的公共商议——对医疗体制改革路径转型期报道的个案研究》，复旦大学博士论文，2009年。

② 张依依：《公共关系理论的发展与变迁》，安徽人民出版社2007年版，第128页。

③ [法]彼埃尔·布尔迪厄：《社会空间与象征权力》，王志弘译，见包亚明主编《后现代性与地理学的政治》，上海教育出版社2001年版，第308页。

④ [英]芭芭拉·亚当、约斯特·房龙：《重新定位风险：对社会理论的挑战》，见芭芭拉·亚当、乌尔里希·贝克、约斯特·房龙编著《风险社会及其超越》，赵延东、马缨等译，北京出版社2005年版，第28页。

第 四 章

国内媒体的"中国制造"风险图景

本章的研究方法与第二章的研究方法相同，以我国媒体新闻报道的内容分析为基础，先对有关"中国制造"的报道议题、报道数量等方面作一个较为全面的描述，以统观我国媒体所呈现的"中国制造"景象；然后，在此基础上运用框架理论、话语理论等对中西新闻报道做历史、社会学的考察，归纳其建构规律，以揭示中西方媒体建构"中国制造"的不同路径。在样本的选择上：

（1）以《人民日报》为取样框架。《人民日报》于 1948 年 6 月 15 日创刊，是中国共产党中央委员会机关报，为中国第一大报，是中国最具权威性、最有影响力的全国性报纸。其最大的特点在于传播中国共产党和中国政府的方针、政策及主张，从而成为中国国情最敏感的风向标，备受海内外读者关注及外国政府和外国机构的高度重视。

（2）时段选取。为了与美国媒体相对应，以改革开放的时间为起点，同时根据《人民日报》对"中国制造"报道量的最终统计，将研究样本的截取时间确定为 1980 年 1 月 1 日至 2010 年 12 月 31 日。

（3）使用《人民日报》图文全文数据库为数据源，以"中国制造"为关键词，获得与"中国制造"有关的《人民日报》报道 879 篇，除去与"中国制造"主题相关性不大的报道（如 2002 年 9 月 28 日的《由日本胶水所想到的》只是单纯将"中国制造"作为一个比较对象）之后，最终获得的有效样本数为 787 篇。

第一节 《人民日报》之内容分析

《人民日报》"中国制造"报道概况

1. 报道数量以 2000 年为分界线，之前各年大致相同，之后快速递增

在有效样本中，《人民日报》于 1980 年至 2010 年关于"中国制造"的报道共计 787 篇。

其中，2000 年以前各年有关"中国制造"的报道数大致相当。1980—2000 年平均每年约 6 篇。其中 1980 年最少，为 1 篇；1990 年、1991 年最多，为 10 篇。

2000 年后，报道篇数逐年递增。2001 年 14 篇，2001—2004 年每年约 35 篇，2005 年 60 篇，2006 年 80 篇，2007—2009 年每年约 94 篇，2010 年为 120 篇。

综合来看，报道数最多的年份是 2010 年，占总样本量的 15%，主要关注的是由向外输出中国制造转向向外输出中国文化问题。其次是 2007 年，占样本总量的 12%，主要讨论了"中国制造"向"中国创造"的转变的问题。而报道量最少的年份是 1980 年，只占 0.1%（见图 4—1）。从样本分布的情况来看，样本量呈现阶段性增长的趋势。

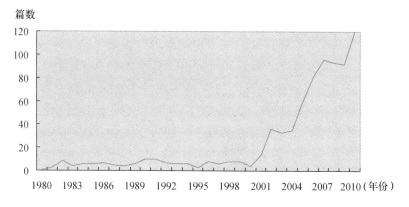

图 4—1 1980—2010 年《人民日报》报道量

2. 新闻体裁多样，消息、评论居多

《人民日报》在报道"中国制造"时体裁多样，除运用消息、通讯、特写、专访、读者来信、评论等多种体裁外，还出现了诗歌、报告文学等文学体裁。为便于统计分析，我们将其分为以下几类：消息（含简讯）、专访或对话、评论、读者来信或网友发言、专稿（含通讯、综述、深度分析等）、讲话及公告、其他。

其中，消息类最多，共计366篇，占46.5%；其次为评论类，共计316篇，占40.2%；第三是专稿类，共计72篇，占9.1%；其余依次为专访或对话类、读者来信、专稿、讲话和公告类及其他，分别占比1.5%、1.0%、0.9%、0.8%（见图4—2）。

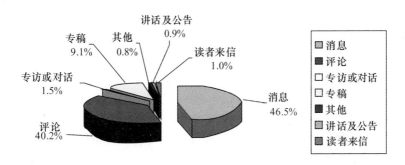

图4—2　《人民日报》新闻体裁类别比例图

报道组合方式上也较为多样，往往是在不同的版面对同一则消息进行报道、评论或是深度挖掘。话语较为集中，且具有一定的深度。

3. 报道早期不注重对消息源的引用，后期消息源的数量逐步增加

据统计，2002年之前，《人民日报》对"中国制造"的报道大多只有新闻源，注明消息来源的只寥寥数篇，2002年之后，才开始注重对消息源的引用。但是，从消息源的立场上来看，观点基本一致，新闻报道具有明显的倾向性和不平衡性。

4. 中国制造的构成：以高科技产品或附加值高的产品为主

《人民日报》所报道的中国制造的产品包括纺织品（包括服

装)、药品、食品、牙膏、玩具、飞机、汽车、船舶、建筑材料、钢铁产品等四十余种。除此之外,还有一类报道是以所有的中国制造的产品为报道对象,不是具体的某类产品。因此,我们将报道中所涉及的产品分为轻工业产品(如玩具、牙膏、纺织品、食品等)、重工业产品(如钢铁产品、建筑材料)、高科技产品(如对撞机测量器、飞机配件,等等)、中国产品及其他五类(见图4—3)。

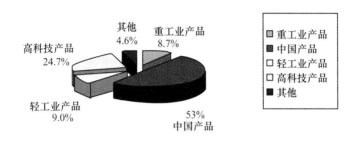

图4—3　《人民日报》中国产品种类分布示意图

除去以所有的中国制造的产品为报道对象的报道外,高科技产品占比最高,为24.7%;其次是轻工业产品,为9.0%;再次为重工业产品,为8.7%;最少的是其他类,为4.6%。其中附加值较高的高科技产品和重工业产品总计为32.4%。可见,《人民日报》关于中国制造的报道大多集中于附加值较高的航天技术、飞机、核电站等高精技术产品或是生产设备等重工业产品上,远远高于附加值较低的轻工业产品的9.0%。

《人民日报》与美国所报道的"中国制造"的构成有着极大的不同,甚至完全相反(见表4—1),这尤其表现在轻工业产品所占的比例上。这种差异的形成应是源于两国媒体报道理念不同而造成的。与中国媒体正面报道的理念不同,美国媒体传统上就是报道负面新闻的,它们总是钟情于"坏消息"和异常的变动。可见,新闻的选择标准导致两国在同一问题上的不同视角。

《纽约时报》、《时代周刊》、《人民日报》

表4—1	《纽约时报》	《时代周刊》	《人民日报》
高科技产品类	2%	15%	25%
重工业产品类	5%	10%	9%
轻工业产品类	69%	65%	9%
中国产品	20%	10%	53%
其 他	4%	0%	4%

注：表头中间为"中国制造"构成对比

5. 报道话题的演变："中国制造"的进步—挑战—转型

同美国媒体不同,《人民日报》的议题更加关注"中国制造"宏观的议题,关注"中国制造"在世界经济中的地位与身份,因而,《人民日报》对"中国制造"的报道经历了三次变化:

1980—2004年:"中国制造"的进步。2001年,中国加入世贸组织,"中国制造"走向世界的步伐越来越快,输出的数量逐年增长,中国人的自信也越来越强。《人民日报》满怀豪情地歌咏这些进步,不断唱响"中国制造"进步的赞歌,在报端上反复出现了"经济奇迹"、"伟大成就"的字眼。2002年、2003年达到了最高点。

2005—2007年:"中国制造"所面临的挑战。2005年,入世贸易保护期结束。随着中国对外贸易,尤其是对美贸易顺差的不断增大,"中国制造"遭遇大量的经济摩擦。美国、欧盟等经济体的反倾销、特保措施等制裁手段逐年增加。2007年中国产品质量安全问题频发。"中国制造"面临了众多的挑战,压力越来越大,开始进行自我反省,认为"'中国制造'之痛就在于,技术上没有自主权,标准上没有制定权,价格上没有控制权,分配上没有话语权,附加值上没有收获权。"①这一时期"创新"成为出现频率最高的词语,提出了"从'中国制造'走向'中国创造'"的理念。

2008—2010年:"中国制造"的转型。2008年,由次贷危机引起了金融海啸波及中国,中国出口贸易总额增幅仅为17.28%,与上年相

---

① 江南:"要比别人高出一厘米",《人民日报》2007年12月18日第6版。

比下降了 8 个百分点；2009 年出口贸易总额首次出现负增长，与上年同比下降 15.88%。①"中国制造"面临生存危机。从"中国制造"走向"中国创造"的理念开始付诸行动，针对中国制造的物质产品的丰富与中国制造的文化产品的不足间的矛盾，力主提高"中国制造"的文化内涵。这一时期"打造中国品牌"、"文化产业创新"成为关键词语。

第二节 《人民日报》"中国制造"的图景

纵观近三十年来《人民日报》的报道，我们可以看出，中国媒体上的"中国制造"被视为民族崛起和国家强盛的象征。伴随着"中国制造"进入世界经济体系并逐步一体化的过程，它不仅引发了中国人对其认知的改变，还型塑了中国的国家形象及经济发展观，成为观察中国近三十年来社会变迁的缩微镜。

一 "中国制造"的形象演变

1. 20 世纪 80 年代：自力更生、质量过硬的"中国自造"——中国民族工业的坚实基础

20 世纪 80 年代，中国刚刚开始改革开放。"中国制造"开始走出国门。"中国制造"作为民族工业的坚实基础，作为中国经济发展的标杆，作为中国现代化的程度的代表急需得到他人的认可。因而，这一时期，《人民日报》不断将报道重点放在了国外对"中国制造"的评价上。

在 1985 年 12 月 25 的报道《腾飞，东方的龙！——国产"一万五"涤纶短丝成套设备攻关记》里，作者如此描写中国自己制造的生产设备：

---

① 数据来源于国研网统计数据库。

只见六条分别年产一万五千吨涤纶短丝、逶迤二百多米长的生产线（简称"一万五"），巨龙般横卧在明净的车间里。石油中提炼出的聚酯，经过纺丝部位的三十二只喷丝头，绵绵不绝地吐出七万多根涤纶单丝。千丝万缕汇成股股"瀑布"，再经过卷曲、定型、烘干、切割，最终变成团团洁如雪、软似棉的涤纶短丝。一位外国朋友，抚摸着"中国制造"的铭牌，赞叹说"龙，龙，中国造！真了不起。"确实，放眼国际纺织界，如此先进的化纤成套设备，还只有美国、日本、联邦德国等极少数发达工业国能够制造。这套国产重大技术装备的诞生，使我国的化纤机械，叩开了 80 年代国际水平的大门。

报道用极为细腻的笔触展示了中国自造的生产设备的精良，并借用外国友人之口赞美"中国制造"。尽管这一时期媒体的报道对象较为广泛，既有轻工业的丝绸服装、民用电器，又有重工业的生产设备，还有高端技术的运载火箭。但它们在报道中形成了两个特点：一是强调产品是自力更生，自己设计、生产的；二是强调这些产品质量过硬，已经达到国际水平，并得到了国外专家或使用者的认可。

1987 年 4 月 5 日的《汉诺威的"中国热"》描写了"中国制造"参展汉诺威国际工业博览会而掀起的一股热潮，文中这样写道："中国工业的进步使很多观众吃惊，也使行家们感到意外。""中国航天部门展出的'长征二号'和'长征三号'运载火箭模型以及中国发射的卫星模型最引人注目，第一天就有观众二万人，七家西德报纸以及电视台前来采访，下萨克森州总理阿尔布雷希特称赞说'了不起'。巴伐利亚州总理施特劳斯打趣说，以后就坐你们的火箭去中国，大概三分钟就到了。西德邮电部已准备同中国商谈用中国的'长征'火箭发射通讯卫星。西德的工程技术人员对两国准备联合研制、在九十年代进入国际市场的—PC 七五型大型客机极感自豪，纷纷打听情况，索取资料。"

2. 1990—2004 年:引入先进技术走向全世界的"中国制造"——中国经济与世界经济的助动器

20 世纪 90 年代后,中国开始逐步引进外资和先进的生产技术,开发新产品,不断提高中国制造的质量,填补了国内多个技术领域的空白,有些甚至超过了国际水平。1991 年 1 月 14 日的《驶向世界的航程》讲述了中国与其他两个国家按照相同的标准、相同的图纸生产舰艇并最终赢得胜利的故事。文中这样写道:

> "埃维塔"油轮船身由 200 多个分段体焊接组成,全长 260 米,有十几层楼高。工人技师张积贵,采用公差造船的新工艺,指挥船体合龙,一次成功。按国外船级社规定的标准,长度误差不超过 50 毫米,而"埃维塔"号的长度误差只有 10 毫米。

> 更艰巨的是油轮管系的加压试验。"埃维塔"号上各种管系总长十几万米,仅中央液压管系就有三万多米,这是巨轮的血管。管系安装后,要进行加压试验,要求几千个管件接头必须完全密封,不能有一丝泄漏。世界上还没有过一次加压成功的先例。然而,"埃维塔"号一次加压成功。挪威船东紧紧地拥抱着"大船"人:"了不起,中国!了不起,中国!"

报道运用对比的手法,强调"中国制造"的科技含量,展示了中国制造业所具有的科学技术水平。在这一议题里,媒体甚至引用世界著名学者的话语来增加这类报道的权威性。如在报道《中国是可以打赢的》一文中,引用了世界著名物理学家李政道教授对中国为什么会在正负电子对撞机的领域内处于世界领先地位的分析,指出:"这是因为有政府的大力支持,看准了目标,集中了有限的力量,并大胆引进了世界先进技术。这也可以说是中国根据自己国情发展科技的一条捷径。"[①]

——————————

[①] 吴平、丁刚:"中国是可以打赢的——李政道教授谈中国科技发展捷径",《人民日报》1991 年 12 月 15 日第 6 版。

经济科技的快速发展使中国树立了科技兴国的发展观，1995 年 5 月 24 日的评论《科学恩惠洒人间》如是说："在中国，最为人民所顶礼膜拜的已经不再是宗教，而是科学。""是啊，历经风雨之后，科学的种子终于在这片古老的土地上生根发芽了。如果说它茂盛的枝叶是人民天天向上的生活的话，那么它长长的根须，便是老百姓对科学赤诚的心。"1996 年 1 月 22 日人民论坛也发出了这样的感慨："以宽阔的胸怀吸纳先进国家的技术和经验，以急起直追的劲头学习世界科技最先进的成果，结合自己的实际，创造性地构筑建设蓝图，是当今中国人聪明智慧的显著特征。"①

2002 年 10 月 11 日《"中国制造"拉动中国经济》一文指出，在科技的推动下，"中国制造"迅速崛起。"居'世界第一'的制造产品已多达上百种。""'中国制造'已超越'傻大粗黑'的'简单制造'，进入高科技、高精度制造。"它"拉动中国经济。其增加值占 GDP 的 40%，财政收入的 50%、外汇收入的 75%"。

"中国制造"正在全面对外开放的宏图中扩张其外延、丰富其内涵。"中国制造"不仅拉动了本国的经济，还成为世界经济的助动器。2003 年 9 月 19 日《中国：为世界经济增添动力——记二〇〇三年福布斯全球行政总裁会议》中讲道："中国市场在全球经济中发挥着日益重要的作用。""中国经济连续 20 多年的高增长，为全球经济带来了无限商机和活力。""无论是在商务、金融还是地域政治等方面，中国在国际社会中正扮演着越来越重要的角色。"

3. 2005—2010 年：具有创新基因、巨大附加值的"中国创造"——推动中国经济改革的直接动力

2005—2010 年间，中国出口贸易额由世界第三位上升至世界第一位，成为世界第一出口大国，"中国制造"遍布全球。同时，"中国制造"也带来各种各样的贸易摩擦。因而，这一时期，《人民日报》上的"中国制造"呈现出两个面孔：一面是"中国制造"对世界各国而言已成为日常生活所不可缺少的部分；另一面对中国而言却又成为中国经济

----

① 米博华："你好，北京西站！"，《人民日报》1996 年 1 月 22 日第 4 版。

发展必须攻克的难题。

在此期间，媒体上刊登的一则新闻消息成为"中国制造"在世界所处地位的最好注脚。2006 年，一位美国记者琳达·斯特福德以自己的亲身经历写出了一本新书——《没有"中国制造"的一年》。书中说，一家的生活几乎离不开中国：早晨叫醒的闹钟、盥洗室里的牙刷毛巾、上班的套装和皮鞋、办公室的空调和咖啡壶，以及女儿最爱的芭比娃娃，全都是"中国制造"。在过了一年没有"中国制造"的日子后，她得出一个结论："没有中国产品的生活一团糟。"① 这说明，"在海外，中国制造的商品已经走进千家万户，甚至成为一些普通民众生活中不可或缺的一部分。简洁耐用的中国商品已融入了普通百姓的日常生活。""'中国制造'以超常的速度不断刷新着纪录，成为全球市场一支不可忽视的力量。据美国方面的测算，廉价的'中国制造'近几年里为美国的消费者减少了 7000 亿美元的支出，为美国提供了 400 多万个就业机会。"②

与此同时，《人民日报》也开始对"中国制造"的现状进行反思，更加关注"中国创造"所带来的价值内涵和更深层次的人文力量。2007 年 12 月 18 日《要比别人高出一厘米》指出："'中国制造'之痛就在于，技术上没有自主权，标准上没有制定权，价格上没有控制权，分配上没有话语权，附加值上没有收获权。"2010 年 1 月 8 日的《从中国制造到中国创造路还有多长》进一步指出："由于核心技术受制于人，很多高科技产品只能'贴牌'生产"，"'中国制造'陷入了'产值在国内、利润在国外'的怪圈"。在改变这种现状只能继续深化经济改革、改变发展模式和增长模式的基础上实现由"中国制造"向"中国创造"的跨越。推动"中国制造"的自主创新和产业的升级是经济结构调整的重要方向。扩大国内对"中国制造"的消费需求是我国经

---

① "中国与世界关系的历史性变化——写在改革开放 30 周年之际"，《人民日报》2008 年 12 月 22 日第 3 版。

② 张金江、李景卫、管克江、张光政、李潇、刘仲华、牛瑞飞："走品牌之路提升竞争力"，《人民日报》2010 年 6 月 30 日第 23 版。

济发展的基本立足点和长期战略方针。①

二　爱国的群体像

《人民日报》在建构"中国制造"的同时，也建构中国产品的生产主体——企业及中国产品的制造者——知识分子与工人的形象。如果用一个形容词来形容他们的最主要特征的话，就是"爱国"。这是《人民日报》将"中国制造"建构为民族—国家的象征的必然结果。

1. 默默无闻的普通劳动者

《人民日报》在报道"中国制造"时，对中国工人毫不吝惜笔墨，将他们塑造成为默默无闻却又贡献极大的普通劳动者。

2001年"五一"劳动节前夕刊登的《愿为工人歌与呼》中如此评价中国工人："正是无数劳动者的心血与汗水，用一百多个建设项目将大河上下、长城内外变成了热火朝天的工地，春潮般涌来的捷报使中华大地锣鼓喧天；正是有了无数劳动者默默地耕耘，我们才有了中国制造的第一辆汽车、第一架飞机、第一艘万吨远洋货轮、第一台万吨水压机等，也有了今天的收获。"

2009年12月22日，《"中国工人"书写新豪迈》一文引用《时代周刊》说："中国经济顺利实现'保八'，在世界主要经济体中继续保持最快的发展速度，并带领世界走向经济复苏，这些功劳首先要归功于中国千千万万勤劳坚韧的普通工人。应该说，这个评价是公允客观的。在应对国际金融危机冲击中，'中国工人'的吃苦耐劳和默默奉献，不仅展现了中华民族坚强不屈的品格，也为中国和世界经济的发展作出了重要贡献。"文章还指出："无论是公有制企业的职工、民营企业的员工，还是来自各地的农民工，'中国工人'这一群体，遍布中国的大小企业，活跃在矿山工地。城市的繁荣发展靠他们辛勤劳动，社会的平稳运转靠他们默默奉献。黑色的煤、白色的盐、黄色的金、流动的石油、

---

① 宋嵩、蔡华伟："发展之变　克难攻坚（转变的力量·2010）"，《人民日报》2010年12月27日第5版。

坚硬的钢铁……都是他们创造;城市高楼拔地而起、'中国制造'走向海外、社会和谐有序运转……都离不开他们参与。可以说,没有中国工人,就没有中国的发展;没有中国的工人,就不会有中国的繁荣。他们的辛苦劳作,推动着社会的发展;他们的坚毅目光,照亮了人类的未来。""当国际金融危机的寒流袭来,亿万中国工人成为抗击危机、保持发展的中流砥柱。在中国企业喊出'不抛弃、不放弃'的口号时,背后是他们默默的付出;在国家提出'保八'目标时,他们是最可依靠的重要力量;在加快转变发展方式中,他们推动着'中国制造'向'中国创造'转型……"

2. 精忠报国的知识分子

《人民日报》报道"中国制造"的同时,塑造了众多的知识分子形象。据统计,共有 11 篇专稿,平均每篇约 1904 字。这些知识分子遍布中国各个领域,有的是药物研究专家,有的是核物理专家,有搞化工资源的,有搞测量与遥感的,还有的驰骋于航天科技领域。无论是谁,他们有着众多的共同点:不求名利,甘当人梯,敢于吃苦。为着民族振兴的伟业,跨越无穷的困扰与艰辛,展示自己对人类的爱和对生命的崇高责任。他们不仅仅是填补科技空白,更要让科研成果为经济建设服务。他们将国家利益高举过头,将核心技术国产化作为目标,不断提升"中国制造"的品质。即使是走别人没有走过的路,为了维护国家的利益,他们也要变"不可能"为可能,义无反顾地走下去。①

2008 年 2 月 21 日《在建设创新型国家的道路上阔步前进》一文这样肯定知识分子在经济发展中的作用:"大批科技力量进入经济建设主战场,推动科技成果的商品化、产业化和国际化,有效促进了社会主义市场经济发展。"2008 年 12 月 12 日《再接再厉 为建设创新型国家做出更大贡献》一文更进一步指出:"一代代'火炬人'栉风沐雨,艰苦

---

① 见朱建华:"让地奥告诉世界",《人民日报》1998 年 9 月 22 日第 12 版;廖文根、袁满:"把美丽的地球搬回家",《人民日报》2007 年 8 月 6 日第 7 版;廖文根:"民族核电的'中国心'",《人民日报》2007 年 9 月 28 日第 5 版;杨骏、林小春、周效政、任海军:"为了'不可能'完成的任务",《人民日报》2010 年 9 月 18 日第 3 版;敖海涛、汪鲁迅、刘迎军:"电气领域的中国骄傲",《人民日报》2010 年 10 月 11 日第 16 版。

求索，不断创新高新技术产业化的体制机制和组织模式，形成了具有中国特色的高新技术产业化工作体系和火炬创新创业文化，走出一条有中国特色的高新技术产业化之路"。

3. 讲诚信、有担当、勇创新的企业

在"中国制造"的报道中，出现了一大批现代企业，他们将"中国制造"推向世界，并赢得了赞誉。

他们有一流的技术研发力量，庞大而精干的销售队伍和一流的生产基地。1998年11月30日《人民日报》报道了康佳打入澳大利亚市场的经过，文章《康佳来自中国》里说："澳大利亚，世界上所有大企业都紧盯着的地方。日本彩电打入澳洲，历时10年；韩国彩电靠价格低廉总算站住脚，用了6年。1997年，又一种新的彩电品牌登陆澳洲，目前销量仅居索尼、松下之后，在澳洲列第三位，而时间仅仅过去一年。这个已为澳洲人熟悉的新彩电品牌，就是康佳（KONKA）。"

为适应经济增长模式和增长方式的转变，这些企业走自主创新之路。1999年3月3日是《实施海外战略 开拓国际市场 春兰与俄合建年产二十万台空调器厂》介绍了春兰集团实现从"输出商品"到"输出技术"和从"中国制造"到"中国投资"的战略转变。2010年10月8日《太重：技术"特区"赢得话语权》里称："太重三峡水电站1200吨桥式起重机、神舟七号发射塔架……无不留下太重（集团）浓墨重彩的一笔。工业总产值从1999年的6.3亿元跃升至2009年的114.2亿元。已跻身中国制造业500强。"

2007年1月24日的《做企业要有一股"傻劲"》里，格力电器股份有限公司副董事长兼总裁如是说："真正能支撑一个企业走向未来的不单是技术，还有这样一种专注的精神。这种精神就是少说空话、多干实事，全心全意关注消费者需求，主动承担社会责任的精神。有了这种精神就可以把人的力量和智慧无限量聚合起来，实现最大程度的自主创新，创立民族品牌，推动中国的制造业和经济向前发展与世界接轨。""一个伟大的企业，应该是一座用思想与汗水、一个零件一个零件构造起来的大厦。大厦的高度，取决于地基的牢固程度。因此，侥幸与投机在这里都不管用，只有秉承踏踏实实做事的精神，朝着理想一步一个脚印地前进，才能走向未来。"

三 正在复兴的大国形象

《人民日报》在建构"中国制造"时,也同时建构了一个正在崛起的自信、开放、充满活力的中国国家形象。

2009年8月10刊登的《迈向伟大复兴》指出:"60年的建设,特别是在改革开放30多年的发展中,中国经济连上台阶,发生了天翻地覆的变化,综合国力由弱到强,国际地位显著提高。""作为一个新兴的工业大国,中国工业的快速发展不仅解决了基本生活必需品的短缺问题,而且还使我国逐渐成为一个世界制造业大国。"

2009年9月28日第7版《一个甲子的中国记忆(中国足迹1949—2009)》里:"今天呈现在世界面前的中国,是一个自信的中国,是一个繁荣开放的中国,是一个从世界舞台边缘走向中心的中国。中国的崛起,不可逆转地改变了全球贸易格局。""如今的世界,已离不开'中国制造';如今的中国,正用更开放的胸怀融入世界。中国经济与世界经济的融合提升到一个新水平"。

这个国家具有无尽的活力。2009年9月28日第4版的《奇迹,一个国家的光辉历程》一文里称,今日中国"政治上更有影响力,经济上更有竞争力,形象上更有亲和力,道义上更有感召力。今日中国,经济发展日新月异,民主政治有序推进,文化事业日趋繁荣,社会和谐正在破题。"

在与世界的互动中,中国迅速地发展着自身,这种互动影响着中国的决策和未来发展方向,影响着全球政治、经济格局的演变,也为世界提供了新的发展机遇。

这个大国是个负责任的大国,更是一个和平发展的大国。"从加入世界贸易组织到成功举办奥运会,从参加联合国维和行动到推进朝核问题六方会谈,从加强东盟与中日韩的合作到构建上海合作组织,从减免发展中国家债务到设立中非发展基金,从中俄、中越边界谈判的进展到提出睦邻、安邻、富邻的合作政策,从1997年亚洲金融危机后坚持人民币不贬值到与全球携手应对眼前的金融危机,中国在国际事务中表现得越来越积极,一个负责任大国的形象跃然而起。""中国决不做损人利己、以邻为壑的事情。中国反对各种形式的霸权主义和强权政治，永远不称霸，永远不搞扩张。"2008年12月22日《中国与世界关系的历史性变化》里一文如是说。

第三节　"中国制造"的风险图景：身份认同风险

一　从舶来到认同

"中国制造"一词并不是在中国国内自生的。而是先产生于国外再传回国内的。中国产品输出后根据由国外统一的标识规则会以"made in China"作为标识。在美国媒体《纽约时报》上最早的关于"made in China"的报道可追溯到20世纪初。到20世纪80年代随着中国的改革开放便正式形成了对出口到国外的中国产品的称呼。1990年11月6日，英国查思出版有限公司推出俄文商业刊物《中国制造》，旨在向世界介绍中国的对外贸易，特别是向苏联和东欧全面介绍中国的经济、技术与改革的情况，以及中国的出口企业和出口产品。①

《人民日报》最早提到"中国制造"一词的是1981年10月16日发表于第8版的彭龄的《台湾厅里》。当时，我国人大常委会刚刚发表《告台湾同胞书》和呼吁"三通"，作者以一个远洋船员的身份描写了台湾船员人思念大陆的各种场景，原文如下：

> 啊啊，那位叫念唐的，胸口戴着父母送给他的一枚心型项链的青年，此刻在哪里呢？他抚摸着我们轮船上的雷达、罗经，看着那"中国制造"的字样，禁不住热泪横流。他告诉我，他父亲在门前种了两株相思树，年年岁岁，都要把那通红晶亮的相思种子分赠给亲朋好友，让他们年年相思，莫忘故

---

① 任伊："英国一公司出版《中国制造》"，《人民日报》1990年11月9日第4版。

土。他小心翼翼地打开项链上那颗金色的小心,里面是父母离开大陆时带走的一小撮故乡的泥土,母子两代人戴在胸口已经三十多年……①

从文中可见,这里的"中国制造"只是轮船上的一个标记,还未成为一个特定词语。而从此前和此后的报道上来看,中国生产的产品还仍旧常常被称为"中国制造的产品"或"中国制造的××"。

1982年4月11日《人民日报》第3版上,有一封名为《给孩子们提供"结实"的玩具》的读者来信。信中如是说:

> 春节前夕,我在市场上给孩子买了个上发条的玩具坦克,十分漂亮,还有英文"中国制造"的字样。谁知拿回家孩子才玩不到半天,发条就断了。孩子和我都感到扫兴。拿到外面修理,修理部的同志说,没有发条零件配备,无法修理,结果花三、四元钱买的一个玩具只好报废了。另外,我还看到有人拿电动冲锋枪玩具前去修理,也不能修。目前,电动玩具和高档玩具的数量增多了,我们希望生产玩具的工厂注重质量,提供给孩子的玩具要坚固耐玩,还要提供一些零部件,供修理之用。

这时国内对"中国制造"的认识明显受到了出口产品标识的影响,将产品分为出口商品、出口转内销商品和普通商品三类。出口商品自然属于上乘,身价最高,一般人买不到。② 因而,一时间,"中国制造"成为众多产品吸引顾客的招牌,市场上有不少地方产品贴上了大招牌,什么"中国制造"、"上海制造"之类。③ 这一时期由于商标标注不规范,在《人民日报》上曾出现了一个反映"中国制造"标识规范的小高潮。如:标有"中国制造"却无法查找生产厂家的有关问题产品的

---

① 见《人民日报》1982年10月16日第8版。

② 杨群:"洋货与国货",《人民日报》1982年8月13日第8版。

③ 谭景统:"招牌越大越好吗?"《人民日报》1982年8月14日第3版。

报道。① 在 1982—1985 年期间，共有类似报道 8 篇，占这一时期报道总数的 32%。也正是从 1985 年开始，《人民日报》上"中国制造"作为一个特定称呼出现的频率增多，国内渐渐将中国生产的产品称作"中国制造"。

作为一个词语，"中国制造"从国外传入国内的过程实质上就是赋予意义的过程，即符号的所指延伸与扩大的过程。随着"中国制造"一词使用频率的增加，它渐渐与民族的复兴联系在了一起，与综合国力联系在了一起。1982 年 8 月 13 日《国货与洋货》一文中谈道："建国三十多年，我们用自己的双手奠定了民族工业的坚实基础，'中国制造'的商品，不但中国人引为骄傲，在国际上也颇有声誉，有不少被认为'信得过'的东西。""中国的钢铁、煤炭、粮食、棉花等，产量已跃居世界前列，'中国制造'的产品，包括服装、电器等遍及全球各地，已经不再被看成是丑小鸭，而是堂而皇之地进入世界大市场参与竞争。虽然总的来说我们还是个发展中国家，但综合国力，确有相当的分量"。② 1983 年 5 月 10 日《人民日报》第 8 版登载了诗歌《黄浦江畔》，其中有云：

> 外滩
> 外滩，
> 小得象巴掌。
> 解放前，
> 曾重重地打在
> 父辈的心上——
> "华人与狗不得入内"，

---

① 见何力生："从'中国制造'想到的"，《人民日报》1982 年 11 月 16 日第 5 版；于忠莲："'中国'在哪里?"，《人民日报》1983 年 9 月 30 日第 2 版；杨五湖："手段低劣 柳市镇区质次电器销往各地后果严重成千用户上当受骗提出批评"，《人民日报》1984 年 7 月 23 日第 2 版；李宝林、王忠金："走南闯北查'冒牌'提高产品质量 维护消费者利益"，《人民日报》1985 年 3 月 2 日第 5 版；邹高鹏："T—T 吊扇是谁家的产品?"，《人民日报》1985 年 6 月 8 日第 5 版。

② 金采薇："国旗，冉冉升起……"，《人民日报》1994 年 7 月 6 日第 4 版。

呵,一道深深的创伤!

……

码头上,

出口商品在起吊。

阳光下,晶亮的表牌一晃,

——中国制造!

货物轻轻落在外轮,

大桅下,异邦水手在笑。

猛然,我想起爷爷的渔船,

被大洋船撞沉在黄浦江涛……

如今,谁还敢轻蔑地看中国?

异邦水手羡慕的目光中含着友好。

呵,我自豪的心也随货物一同飞翔,

黄浦江畔,旭日在汽笛声中升高!

诗歌中饱含深情地讴歌中国翻天覆地的新变化,从新中国成立前后异邦对中国人的不同态度上看到了中国的强盛,体会到了"经济实力强大就不会挨打"的硬道理。"华人与狗"的伤痛记忆唤醒了每一个华人的自尊自强。正是这份自尊自强将亮闪闪的"中国制造"推到世人面前。这首诗歌这充分说明了民间对于"中国制造"的认知。不过,在这之后的很长一段时间里,《人民日报》对中国产品的指称仍旧是"中国制造的产品"和"中国制造"并存,且前者居多。

在《人民日报》记载中,中国官方首次认可"中国制造"的提法是1993年8月8日第2版的《李岚清在'93中国质量意识高层论坛闭幕式上说 争取让人们对"中国制造"放心》:"我们要大声疾呼、齐抓共管,把质量工作搞上去,争取做到让人看到'中国制造'四个字就放心。"自此之后,尤其是1994年之后《人民日报》就将中国产品固定地称之为"中国制造"。

二　民族—国家的认同

（一）认同的内涵

"认同"问题是随着人类的出现而产生的，基本意义是表示个体所有的关于自我的意识。① 现代认同理论发端于心理学，最早是由弗洛伊德提出的。弗洛伊德认为，认同是个体与他人、群体或模仿人物在感情上、心理上趋同的过程。② 之后，认同理论逐步进入社会学、政治学及文化等人文社科研究领域，衍生出一系列的文化认同、民族认同、国家认同和族群认同等概念。这些概念的讨论基本上都是围绕全球化语境下人们身份的暧昧和模糊化倾向而展开的。③

卡斯特认为，"认同是人们意义与经验的来源"，必须"把意义建构的过程放到一种文化属性或一系列文化属性的基础上来理解"，不能"一般性地抽象地谈论不同类型的认同"，必须将其放入具体的社会语境中加以考察。1949 年中华人民共和国的建立，"标志着现代化中国的建构才真正开始"④。现代化不仅是由传统农业社会向现代工业社会的转变过程，而且是由一个分散、互不联系的且以族群为基础的地方性社会走向一个整体、相互联系并以国族为基础的现代国家的过程，即现代民族国家的建构过程。民族国家通常被认为是"两种不同的结构和原则的熔合，一种是政治的和领土的，另一种是历史的和文化的"⑤。徐迅认为，把"民族"概念化的需要，在于历史上现代国家的产生。⑥ 也就是说，国家需要民族这样一种概念，即用民族来确定疆域、人口和主权；国家也只有依靠民族所提供的文化认同来

---

① 祈进玉：《群体身份与多元认同——基于三个土族社区的人类学对比研究》，社会科学文献出版社 2008 年版，第 4 页。

② 车文博：《弗洛伊德主义原理选辑》，辽宁出版社 1988 年版，第 375 页。

③ 金玉萍：《日常生活实践中的电视使用——托台村维吾尔族受众研究》，复旦大学博士论文，2010 年，第 218 页。

④ 徐勇："'回归国家'与现代国家的建构"，《东南学术》2006 年第 4 期。

⑤ 徐勇："现代国家建构中的非均衡性和自主性分析"，《华中师范大学学报》2003 年第 5 期。

⑥ 徐迅：《民族主义》，社会科学文献出版社 1998 年版，第 30 页。

保证自己统治的合理性与合法性。而民族概念如果离开了国家概念，就丧失了其历史起源。换言之，现代民族国家是文化和政治的结合。国家既是一个独立的政治实体，又是具有象征意义的多民族统一的想象的共同体，能够同时表达出"治权独立"的政治性格以及"民族统一"的文化意涵。① 许纪霖认为，虽然现代民族国家的政治认同和文化认同之间充满了内在的紧张，但并非没有结合的可能。② 因此，对民族国家的认同，应该由政治认同和文化认同构成，本文的认同就是基于此的认同。

如果说新中国的成立是真正意义上的现代化国家建构的开始，那么改革开放便开启了现代中国从组织形式到制度体系的全面建构的过程。即民族—国家到民主—国家的建构过程。③ 在全球化这个不可回避也无法逆转的过程中，全球化与民族国家的关系命运成为学者关注的焦点议题，不管学者持何种观点，他们在以下两个方面看法是一致的："（1）全球化对国家主权构成了严峻的挑战和威胁，国家在传统上的至高无上地位已经难以维系，国家权威正不断衰减，民族国家的合法性基础日益侵蚀；（2）作为人类社会一个重要的组织单元，国家或民族国家依然保留下来、没有终结；作为现代性的一项历史成就，国家在全球化进程中发挥着其他组织实体不可替代的特殊政治、经济和文化功能。"④ 全球化与民族国家之间的张力在现代中国反而表现为 90 年代民族思潮的兴起。在这样的前提下，现代中国借助于民族意识的不断高涨，构建并强化国家主权的威望，反而进行了更加广泛的国家干预，以努力建构集体主义信仰，竭力在个体心灵中建立对民族国家等现代制度的认同，以成功实现对全球市场的参与。

（二）制造认同

在集体身份或认同的铸造过程中，媒体凭借以往或现实世界的象征性表征赋予群体（或个体）意义，形成对历史或现实的感知与记忆，

---

① 江宜桦：《自由主义、民族主义与国家认同》，扬智文化事业股份有限公司 1998 年版，第 6 页。

② 许纪霖："现代中国的民族国家认同"，《世界经济与政治论坛》2005 年第 6 期。

③ 徐勇："'回归国家'与现代国家的建构"，《东南学术》2006 年第 4 期。

④ 何子英：《杰索普国家理论研究》，浙江大学出版社 2010 年版，第 19—20 页。

从而取得共识。① 安德森尤其提出报纸是给予国家群体成员之间的联系的机制。他认为："当报纸的献计献策在看到和他自己那份一模一样的报纸也同样地在地铁、理发厅，或者邻居处被消费时，更是持续地相信那个想象的世界就根植于日常生活中，清晰可见。就和《社会之癌》的情形一样，虚构静静而持续地渗透到现实之中，创造出人们对一个匿名的共同体不寻常的信息，而这就是现代民族的正字商标。"② 《人民日报》以"中国制造"为中国现代化进程的表征，展示其在中国三十年来的发展演变，建构了一幅中国民族的复兴和国家崛起的图景。

1. 核心："民族主义"

在民族国家认同的现实建构中，作为一个国家政体概念，民族国家是个高度抽象、复杂的集合体，它的范围既大又难以被个体所直接感悟。因而，其话语体系需要借助媒体的再现策略来达成，由此就有了一系列以"民族主义"为核心的象征和符号体系的建构。贾英健认为，民族主义就其含义来说，它是一种特定的意识形态、社会和政治诉求。它表达了一种思想强烈的、通常已经意识形态化了的族际感情。民族主义固然与民族情感有关，但它们却绝非完全相同。民族主义作为近代的产物，与民族情感相比，有两个方面的进步：一是效忠的对象发生了变化。民族情感主要效忠于国王，民族主义则效忠于国家；二是民族情感主要是指人们心理意义上的民族情感，而民族主义超越民族情感的心理层面，成为一种最广泛最持久的政治思潮及人们政治行动最强有力的指南。③ 作为党中央机关报，《人民日报》就是这样通过言语的方式，具体的文本来表达和传播上述实践经验与意识的。《人民日报》通过对"中国制造"的认同及意义的赋予，来强化民众的民族意识，并进一步宣扬爱国主义。

劳伦斯·格罗斯伯等指出："研究传播不能独立于社会其他机构或社会生活的其他面向，因为媒介就是经济、历史、社会权力关系、认同

---

① 刘燕著：《媒介认同论 传播科技与社会影响互动研究》，中国传媒大学出版社 2010 年版，第 195 页。

② ［美］本尼迪克特·安德森：《想象的共同体——民族的起源与散布》，吴叡人译，上海人民出版社 2003 年版，第 35 页。

③ 贾英健：《全球化与民族国家》，湖南人民出版社 2003 年版，第 62—63 页。

的形式、意义、现代经验的一部分，每一个面向都相互地形塑和定义"。① 1993 年中国官方首次肯定"中国制造"的提法并不是偶然的现象。它与 90 年代的中国在全球化与现代化的背景下民族主义思潮的崛起紧密相关。这一思潮是媒体与社会在特定的诱因互动下产生的。② 一方面，中国市场自由化使媒体找到一条既有商业吸引力，又得到党和公众认同的途径——在向党负责的前提下，迎合受众和市场竞争，采用民族主义的话语框架和议题建构。另一方面，中国刚刚经历了中国现代化进程中亲西方力量与保守力量的一场较量，意识形态领域出现了真空，统治合法性受到了挑战，"在内交外困的形势下，新的领导集团除了大力推动经济自由化，更企图抓住民族主义的话语，改以'爱国主义'在媒介宣传包装"③，强调经济改革绩效。正是如此，我们可以在"中国制造"的背后看到爱国主义的群像和一个伟大、自信的国家形象。

2. 路径：他者、镜中我与神话

要理解认同的制造过程，我们必须明确：媒体具有通过呈现或再现来传递意义的功能。而其符号则是依据各种各样的意识形态和权力关系来进行的。"在有意义的交流中所使用的每一个术语都是这个词语的符号意义的一个表征"，"这种表征不仅仅局限于它所'指称'的那一类现象；这种表征的术语将整个世界组织起来，并因此与作为一个整体的世界相关联，而且它只有在这个完整的框架下才能被理解。"④

1）他者与镜中我

形成认同的一个重要前提是想象中的"他者"的存在。他者是后殖民理论中的一个核心概念，它是作为"本土"的对应物而出现的，

---

① Lawrence Grossberg, Ellen Wartella, Charles Whitney：《媒体原理与塑造》，杨意菁、陈芸芸译，台湾韦伯文化出版社 2001 年版，第 9 页。

② 黄煜、李金铨：《九十年代中国民族主义的媒介建构》，见《超越西方霸权 传媒与"文化中国"的现代性》，香港：Oxford University Press，2004 年，第 114 页。

③ 黄煜、李金铨：《九十年代中国民族主义的媒介建构》，见《超越西方霸权 传媒与"文化中国"的现代性》，香港：Oxford University Press，2004 年，第 100—104 页。

④ ［英］齐格蒙特·鲍曼著：《作为实践的文化》，郑莉译，北京大学出版社 2009 年版，第 80 页。

强调的是其客体、异己、国外、差异等特质，以显示其外在于本土的身份和角色。它的存在一方面构成了与本土的差异，另一方面，它也成为本土的参照，并和本土形成互文关系。他者直接影响了对自己身份的定义。《人民日报》所建构的他者有两类：一类是有着对抗与冲突的国家（或群体）；一类是与自己密切联系形成友好关系的国家（或群体）。

前一类如美国。在《人民日报》报道"中国制造"中，与美国发生的贸易摩擦、贸易争端居多。可以说，正是借助于想象中的与美国的对抗和冲突，形成中国国家—民族认同的基础。例如 2010 年 2 月 1 日人民日报刊登典瑞典乌普萨拉大学历史系教授琳达·巴克特曼的一篇文章《美式标准——总想树个对手》。文章写道：

美国人的意识形态由两部分组成：一是神权思想，二是英雄情结。所谓的"神"是美国人的神，所谓的"英雄"也是由美国人扮演的英雄，所以在美国人的意识形态中，挥之不去的是他们的"美国标准"。

先说神权思想。在所有发达国家中，美国是宗教色彩最浓的。美国人所说的"天赋人权"，是指上帝赋予的人权；所谓"人人平等"，是说在上帝面前人人平等。而那些不信仰上帝的人，往往被美国人看作"异类"。

比如对伊斯兰世界，一些美国人从心里是不信任、不喜欢的。……对此，亨廷顿在其著名的"文明冲突论"中已明确道出了美国人的担心——儒教文明和伊斯兰文明联合起来挑战西方文明。

在美国的意识形态中，中国最令其"担心"。因为中国不仅是亨廷顿所说儒教文明的代表，并且领导中国的共产党人还是无神论者。所以，美中关系这种深层次矛盾难以克服。这一点，从美国处处掣肘中国便可以看出。美国坚持对台出售武器，这里固然有军火商的利益，但"如果把军火卖给中国大陆会赚更多的钱"，这也是军火商明白的道理。所以说到底，美国是要牵制中国。

再说英雄情结。二战结束后，美国接管了欧洲对西方的统治权，加之二战时期美国所做的贡献，便使得一部分美国人心中产生了英雄情结。可这一情结是有"副作用"的，即承担"不该承担的义务"。例如很多国家都把美国称作"世界警察"，就是美国英雄情结最好的注脚。但这个所谓的"警察"公正吗？真的没有私心杂念吗？这是很多人都怀疑的问题。

……

如果让"英雄无用武之地"，美国人是很难接受的。而所谓的"用武之地"，就是美国要有一个对手，并且这个对手是被妖魔化了的。

那么要这个英雄情结有什么用处？答案很简单，就是美国需要为自己的扩张找借口、为自己的失误找替罪羊以及为自己的利益消灭一个威胁。

中国便在这样的情况下成为满足美国所谓英雄情结的一个最好的对象。比如还是美国对台军售问题，既让美国军火商大发横财，更使遏制中国的企图得以部分实现，但在表面上，美国却打着"维护台海均势"的"和平旗号"；还有国际金融危机爆发后，所谓"中国操控人民币汇率"、"'中国制造'扰乱全球市场"等说法频现美国媒体；再有就是"中国威胁论"的说法在美国多年来一直就阴云不散，等等。美国的一些政客发现，中国越发展，就越成为他们的"借口"和"替罪羊"。其实连美国人自己心里都明白，美中之间的实力差距还相当大，所以中国这个对手，同样是被美国一些别有用心的人"树立起来的对手"。

因为意识形态是存在于人的思想中、很难被改变的东西，所以可以预见，在美国的神权思想主导下，中国会继续被一些美国人视为"异类"；而为了现实利益，中国还会成为美国为满足英雄情结所选出的对手。未来一段时间，中美关系的波折，甚至大幅度的起伏可能成为常态，这便是自私的"美国标准"在作祟。

刘国强认为，他者的存在，对于国家认同的意义在于：第一，通过界定他者来界定自身；第二，通过建构他者来强化同一性；第三，通过互为他者来进行跨文化传播及国际交流和沟通。① 不管是中国先将美国想象为对抗的他者，还是美国先将中国作为对手，两者在互动中产生的关系是互文性的。在库利看来，"人们彼此都是一面，映照着对方"。② 族群与族群、国家与国家之间也是如此。他者如同一面镜子，可以让我们想象自我是如何出现在他人心目中的。库利指出，这种类型的自我认识似乎具有三种主要成分：对我们呈现给他人的外部形象的想象，对他人对我们外表的评价的想象，以及某种类型的自我感觉，如自豪感或耻辱。这第二种成分至关重要。促使我们感到自豪或耻辱的东西，并不只是我们自己的机械反映，而且也是某种推论出来的情感，即对在他人心理中的反映的想象映象。③ 如果说，《人民日报》所建构的美国作为他者，让我们产生自我与外部的分界线，那么，民族自豪感的引起则来自于对第二类他者的建构。

在《人民日报》的报道中，存在这样一种报道模式。它常常以旅游者、记者或是大使的身份介绍在国外所见到的"中国制造"的形象，并根据所听到的"中国制造"的评价来建构对"中国制造"的认同。据统计，在 1980—2010 年间，这类报道有 48 篇，几乎每一年里都有这类报道 1—2 篇。例如：2009 年 12 月 4 日的报道《情满亚丁》里有这样几个片断：

> 随中国海军护航编队来到亚丁，徜徉于这座著名港城的大街小巷，总会遇上棕黑皮肤、热情纯朴的当地群众。他们时不时地竖起大拇指向我们打招呼："China good, China good……（中国好）！"话语虽然简单，却让人倍感温暖，中国人在当地受到的尊重，也门人对中国特殊的友好情愫，可见一斑。
>
> 走进当地最大的"鲁鲁"超市，满眼尽是来自中国的商品，大到电冰箱、洗衣机，小到玩具、瓷器，琳琅满目，格外亲

---

① 刘国强：《媒介身份重建：全球传播与国家认同建构研究》，四川大学出版社 2009 年版，第 149 页。

② ［美］查尔斯·库利：《初级群体与镜中我》，见周晓虹主编：《现代社会心理学名著菁华》，社会科学文献出版社 2007 年版，第 274 页。

③ 同上书，第 274—277 页。

切。……到收银台交费……人民币刚一拿出来，那位身着浅蓝色工作服、眼睛黑亮的年轻小伙儿便一眼认出来，他面带喜色地说："噢，中国钱！"

返回路上，不时有"中国海尔"字样的店家招牌进入视线，联想到在超市所见到的景象，一车人连连慨叹：看来"中国制造"已进入也门寻常百姓家。

《人民日报》所建构的他者与镜中我，犹如一个硬币的两面，作为一个统一的整体，为受众想象民族—国家的共同体提供了路径。

2）神话

神话是指这样一种情形，它在某种条件下或某种时候被奉为是对客观事实的叙述或真知灼见，在另一种条件下或另一时候却被斥之为一厢情愿的想法。从这种意义上来看，新闻就是神话的建构者。[①] 作为叙述和建构新近发生的客观事实的新闻话语，常常为其所探讨的对象赋予一定的意义。这一过程常常通过把某些有关话语主题的特定意义置于优势地位的方式来实现。

《人民日报》1990 年 8 月 3 日的《中国的月亮也是圆的》开篇便说：

> 据说，宇航员从太空俯瞰地球，肉眼能见的人类建筑只有两个：一个是荷兰的围海造田工程，另一个是中国的万里长城。前者建于 20 世纪，而后者则建成于公元前 214 年间。

这其中，所蕴涵的意义是很明显的，我们应当为中华民族古老而灿烂的文明而自豪。尽管文章在这其后声明这已经被证实是个误传，但其"神话"的功能已然奏效。这个神话是与中华民族的集体记忆紧密联系在一起的。集体记忆对不同的民族国家来说都具有极为重要的意义。柯南说："一个民族是一个灵魂，一个精神原则。实际上，这一精神原则由两个因素构成。一个是过去，另一个是现在。一个是集体所拥有的由

---

① 曾庆香：《新闻叙事学》，中国广播电视出版社 2005 年版，第 157—158 页。

记忆构成的丰富遗产，另一个是想生活在一起的共识和愿望以及继续珍惜共同遗产的意志。过去有共同的光荣，如今有共同的意志；曾经在一起共创伟绩，现在还希望再度辉煌——此乃一个民族赖以生存的本质条件。"① 几乎没有一个中国人会否认万里长城是古代中国文明的象征，是"中国制造"的典型代表。这个记忆再经神话的强调与延续，就会激起更为持久的民族自豪感。

在《人民日报》的建构中，还有另外一个神话，那就是"没有中国产品的生活一团糟"。2006 年，一位美国记者琳达·斯特福德以自己的亲身经历写出了一本新书——《没有"中国制造"的一年》。书中说，一家的生活几乎离不开中国：早晨叫醒的闹钟、盥洗室里的牙刷毛巾、上班的套装和皮鞋、办公室的空调和咖啡壶，以及女儿最爱的芭比娃娃，全都是"中国制造"。这位美国家庭主妇做了这样一个小试验：一年内坚持不买"中国制造"。结果，这一年，她家的生活一团糟：没有修理厨房的工具；过生日买不到蜡烛；小儿子的鞋要花高价买……试验期一到，全家便迫不及待拥抱"中国制造"。这个做试验的故事被《人民日报》反复提及，形成了这样一个优势的话语主题——"世界已离不开中国制造"，"中国制造"已融入世界人民的生活，成为他们日常生活中所必不可少的部分。但经济常识告诉我们，如果没有了"中国制造"，一定会有"印度制造"、"越南制造"取而代之。

由是，《人民日报》通过对他者的建构投射出镜中我的意义，通过神话的循环往复的流通建构了对"中国制造"的认同，建构中国民族—国家的身份认同。

三　身份认同的危机

从《人民日报》报道的总体上来看，它建构了一个以"中国制造"为表征的团结、向上，不断进取、充满活力的民族与国家。但

---

① Hutchinson, John Anthony & D. Smith, eds. 1994. *Nationalism*, Oxford & New York: Oxford University Press.

是在这些报道中间总是存在着间断性的否定或是自相矛盾的说法，如同一曲激昂的交响乐中突然出现了几个不和谐的音符。这种分裂的特征体现出政府和执政党对"中国制造"乃至民族—国家认同的焦虑。

上述情形尤其表现在 2007 年之后。这一年里，"中国制造"在全球范围正面临着一系列的信誉危机，有毒宠物食品、有毒牙膏、不安全玩具、不合格轮胎、有问题的水产品，等等。但是《人民日报》对这些事件有些只字未提，有些也只用极小的篇幅作了简单回应。与此相反，从 2007 年 7 月 26 日至 8 月 18 日短短的二十多天里，刊登了系列的"外国人眼里的中国制造"的报道 12 篇，其题目有《中国食品信得过》、《中国产品好得很》、《"中国制造"受青睐》、《"中国制造"不可或缺》等，还刊登专访 1 篇，题目为《中国出口商品质量是有保障安全的》。这种狂轰滥炸式的自我独白并不会让消费者恢复对"中国制造"的信心，反而更像一个被抓住短处的人虚张声势的辩解。8 月 16 日《人民日报》刊登国家质量监督检验检疫总局局长李长江 8 月 13 日在"四川省质量工作会议"上的讲话《没有质量的发展 不是科学的发展》，强调："质量是一个国家的实力象征，也是一个民族的素质体现，它寄托和反映着一个国家和民族的精神和希望。""一个不重视质量的民族，是没有希望的民族；没有质量的发展，不是科学发展。"[①] 更是为这场闹剧添抹了重重的一笔。这种不打自招式的新闻报道除了表现出政府在面对事实的胆怯外，更能让人体会到政府对"中国制造"认同危机的不自信。

此后，这样矛盾的心态一直呈现于《人民日报》的报端。2009 年 9 月 28 日《人民日报》刊登《奇迹，一个国家的光辉历程》，歌颂中国 60 年来获得的伟大成就，盛誉"跨越中，一个强盛的中国出现在世界东方；跨越中，伟大的建设成就惠及亿万百姓。"2009 年 12 月 29 日发表笔名为仲言的评论《弱者的骄傲要不得》。文中指出：

① 原国锋："李长江：没有质量的发展 不是科学发展"，《人民日报》2007 年 8 月 16 日第 10 版。

　　热衷于各种国际评奖，削尖脑袋挤进某个奖项，甚至不惜花大钱买个假奖，以此来标榜自我，招摇过市，挟洋奖以自重，这是一种典型的极度不自信的弱者心态。

　　……急切渴望得到洋人认可，西方的标准成为衡量周围事物是非优劣的惟一尺度。于是乎，他们不在增强自身实力上下功夫，而是忙碌于在各种场合寻求洋人的认同度。

　　如果发展中国家一味自甘沉沦，以强势者的认可为价值导向，那么就可能在急切的心理焦虑中乱了自己的阵脚，在一片盲目的"国际影响"的狂热中迷失自我。甚至以张扬"丑陋的旧日风情"来迎合西方人对第三世界"落后文化"的猎奇心理，满足做强势文化想象中的"他者"对象。

　　中国的国际地位，不能靠花里胡哨的表面文章来争取，而是靠扎扎实实地办好自己的事情，靠增强国家的经济实力和文化软实力，靠负责任的大国行为和优质的"中国制造"来确立。

　　依赖各种虚有其表的奖项换来的弱者的骄傲，只能是自欺欺人的小把戏，自强、自信和自制力，或许比别人廉价的认可更为重要。

　　一方面是对"中国制造"、中国成就的高声赞美，一方面是紧锣密鼓地要变"中国制造"为"中国创造"，改变早期的增长模式和增长方式。言与行的矛盾反而揭示：随着"中国制造"缺陷的暴露，会产生一系列的负面影响，不仅"中国制造"的认同会产生危机，以"中国制造"为表征而建构的民族—国家认同也会无立足之地，更遑论政府的合法性。

　　如果我们把"中国制造"所引发的认同危机置入全球化的语境中来考察，会发现：商品化已成为全球性的普遍现象，"消费已经成为自我表达的主要形式和身份／认同的首要来源"。[①]　如果我们不能重建对

_____

　　① ［英］格雷姆·伯顿：《媒体与社会：批判的视角》，史安斌译，清华大学出版社2007年版，第 377 页。

"中国制造"的认同，那就意味着在以消费为主要认同来源的当下，必然会有各种各样"××制造"填补"中国制造"缺位所形成的真空地带，这对民族国家的认同，对政府政治合法性的认同而言，将会是更大的风险。

第 五 章

国家安全框架
——国内媒体建构风险的框架

第一节　再论二甘醇牙膏事件

本章里，我们将再次讨论二甘醇牙膏事件。这一事件最早的报道是《纽约时报》2007年5月19日的《巴拿马有毒牙膏被认为来自中国》，至2008年3月7日的《4名公司官员因有毒牙膏受到指控》，共计有19篇报道。第三章对这些新闻报道进行了详细的分析，发现《纽约时报》在此事件报道中，采用了健康安全框架，只要是对健康的威胁，无论是已显现的，还是潜在的，"宁可信其有，不可信其无"。因此，在没有发现任何一例二甘醇牙膏所造成的伤害案的前提下，依旧选择"二甘醇有毒"这一议题进行了集中报道。这充分体现了风险社会中新闻媒体这一放大站在风险的建构中所起到的举足轻重的作用。《纽约时报》不仅定义了"二甘醇牙膏"的风险，并且将其现实化、扩大化，使其成为全世界的一场风险。那么，牙膏生产地中国又是如何看待这一风险的？在中国的媒体上又是如何呈现这一风险的呢？我们仍以《人民日报》为例进行讨论。

一 报道概况

1. 报道数量少,新闻事实语焉不详

以《人民日报》图文全文数据库为数据源,将时间范围确定在2007年5月之后,以"二甘醇"为关键词进行检索,选出与二甘醇牙膏事件的相关报道,共计5篇(见表5—1)。

表5—1　　　《人民日报》"二甘醇牙膏"新闻标题对比表

时间	新闻标题
2007年5月24日	我调查巴拿马药物中毒事件
2007年6月1日	"有毒牙膏""药品中毒"事件调查结果公布——中国出口到巴拿马含有"二甘醇"的牙膏符合安全限量要求　巴拿马商人更改产品适用范围和保质期导致中毒事件发生
2007年6月16日	牙膏中"二甘醇"对人体无害,提示完善我国牙膏安全标准:中国对"毒牙膏事件"说不
2007年8月3日	中国出口商品质量安全是有保障的
2007年8月28日	让"中国制造"成放心选择

与《纽约时报》的19篇相关报道相比,《人民日报》对事件的报道数量少得多,且对事实的报道较少。如5月24日的新闻报道《我调查巴拿马药物中毒事件》一文不足200字,全文如下:

> 本报北京5月23日电　　(记者原国锋)针对新闻媒体前期报道的"巴拿马药物中毒事件"(巴拿马、多米尼加牙膏中含有二甘醇成分的情况),中国政府高度重视,已要求国家质检总局、海关总署、国家食品药品监管局等部门组成联合调查组,对事件展开深入调查。目前,调查组已在北京、江苏两地同步开展工作,向相关企业和当事人调查了解相关情况。
>
> 有关部门表示,调查清楚后将及时向社会公布情况。

这则消息令人看后,会产生不解,如:"巴拿马药物中毒"与牙膏中含有二甘醇成分有何关系?巴拿马出现药物中毒为何中国政府要高度

重视？相关事实的缺失，导致了高度的不确定性，令人无法明白事情的来龙去脉。

2. 报道时间严重滞后

从报道时间上来看，《人民日报》的报道基本上都是对国外媒体的被动回应，且回应严重滞后（见图5—1）。

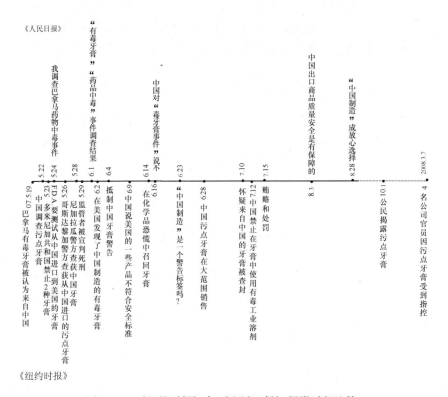

图5—1　《纽约时报》与《人民日报》报道时间比较

《人民日报》中最早与"二甘醇牙膏事件"相关的报道是2007年5月24日的《我调查巴拿马药物中毒事件》，比《纽约时报》晚了整整5天。在此期间，《纽约时报》已发布了《巴拿马有毒牙膏被认为来自中国》、《多米尼加共和国禁止2种牙膏》、《中国调查污点牙膏》、《FDA要测试从中国进口到美国的牙膏》4篇相关报道。作为事件相关国，政府的反应及措施应当由本国的媒体最先报道，但是，中国政府对二甘醇牙膏事件进行调查这样的报道也比《纽约时报》晚了两天才发布。此后,《人民日报》基本没有再提及中国政府所采取的措施,对7月中国禁止在牙膏中使用二甘醇只字未提。无形中将话语权拱手让给了国外媒体,损害了我国媒体的公信力和"风险告知"能力。

3. 新闻报道方式单一

对新闻体裁的分类有多种方法,为便于统计分析,我们将其分为以下几类:消息(含简讯)、专访或对话、评论、读者来信或网友发言、专稿(含通讯、综述、深度分析等)、讲话及公告、其他。在这5篇新闻稿中,《人民日报》在二甘醇牙膏事件报道中消息、公告、专稿、对话、专访各1篇。

从报道版面上来看,《人民日报》的二甘醇牙膏事件的报道全部放在了新闻版中,且以国内要闻版为主。可见,《人民日报》虽然对这一事件比较重视,但报道角度和方式却较为单一。

4. 消息来源以我国政府或官员为主

经统计,在5篇二甘醇牙膏的报道中,共有12个消息源(见表5—2)。从消息源国别来看,我国的消息源最多,为9个,占总数的75.0%,来自美国的消息源占总比的8.3%。从消息源性质来看,政府/官员类是最主要的消息源,为8个,占总比的66.6%,大众媒体与企业的最少,均为8.3%。

表5—2   二甘醇牙膏报道消息源国别 * 消息源性质 交叉表

国别	数量	消息源性质				总计
		政府/官员	专业人士	大众媒体	企业	
中	篇数	6	2	0	1	9
	%	50.0%	16.7%	0	8.3%	75.0%
美	篇数	1	0	0	0	1
	%	8.3%	0	0	0	8.3%
其他	篇数	1	0	1	0	2
	%	8.3%	0	8.3%	0	16.7%
总计	篇数	8	2	1	1	12
	%	66.6%	16.7%	8.3%	8.3%	100%

二　《人民日报》里的二甘醇牙膏事件：科技主义取向

1. 报道主题的凸显与风险

风险报道规模常常表明媒体对威胁的潜在性评估。无论是从报道数量、篇幅还是报道频率上，都说明了《人民日报》对二甘醇牙膏事件的定性（见表5—3）。

表5—3 　　　　　《人民日报》"二甘醇牙膏"报道规模

时间	新闻标题	字数	与前一报道的间隔时间（天）
2007 年 5 月 24 日	我调查巴拿马药物中毒事件	180	0
2007 年 6 月 1 日	"有毒牙膏""药品中毒"事件调查结果公布	465	6
2007 年 6 月 16 日	中国对"毒牙膏事件"说不	1137	15
2007 年 8 月 3 日	中国出口商品质量安全是有保障的	213	49
2007 年 8 月 28 日	让"中国制造"成放心选择	118	25

而从表5—3中，我们可以看到《人民日报》对二甘醇牙膏事件的报道的主要议题为三个：事件调查；对事件的反思；中国出口商品的质量安全。报道主题由具体的二甘醇牙膏事件逐步转变为宏观问题——关于"中国制造"的信任问题的讨论。

在新闻标题里，尤其是副标题中反复出现了"安全标准"、"安全限量要求"等词语，并在事件调查结果的报道中引用国家质检总局官员的说法："卫生部组织专家对牙膏中二甘醇的危害性进行评估。结果表明，二甘醇属低毒类化学物质，进入人体后由于代谢排出迅速，无明显蓄积性，迄今尚未发现有致癌、致畸和诱变作用的证据。"[1] 这均显示了《人民日报》对事件的定性：牙膏中的"二甘醇"对人体无害，

---

[1] 富子梅："'有毒牙膏''药品中毒'事件调查结果公布　中国出口到巴拿马含有'二甘醇'的牙膏符合安全限量要求　巴拿马商人更改产品适用范围和保质期导致中毒事件发生"，《人民日报》2007 年 6 月 1 日第 5 版。

不存在风险。

对一个涉及食品安全的事件而言,在报道议题上还应该有事件调查、病例报告、患者治疗、问题牙膏处理、相关责任人的处置、政策法规、食品安全知识、质量检测、对事件的反思、市场动态等相关信息的发布。显然,在认定二甘醇牙膏对人体无害的前提下,《人民日报》的报道中诸如病例报告、患者治疗、问题牙膏处理、相关责任人的处置等信息自然不必提及。这与美国以《纽约时报》为代表的媒体所凸显的主题大相径庭。《纽约时报》的报道不仅强调牙膏是有毒的,而且反复强调这一问题的严重性,在2007年10月1日的报道中指出:"健康警报现在已在34个国家发出。从越南到肯尼亚,从太平洋的汤加到加勒比地区的特克斯和凯科斯群。加拿大发现了24个被污染的品牌,新西兰发现16个。日本有20万支。美国官员无意中将牙膏给了囚犯,精神残疾人和困难青少年。医院把它给了病人,而高端酒店把它给了富人。世界各地的人们已经把防冻剂的成分放到自己的嘴里。"一个事件两种完全对立的观点极易引发受众的猜测,导致受众对风险形成新的感知——二者之间一定有人在说谎。从而产生了对中国政府和中国媒体的信任危机。

这种信任危机转而进一步上升为对所有中国产品——"中国制造"的质疑。2007年6月23日《纽约时报》刊登了七封读者来信,将"'中国制造'是一个警告标签吗?"这一问题抛给读者。《人民日报》在整整两个月后,即8月23日才刊登了一篇名为《中国出口商品质量安全是有保障的》专访作为回应:"近期颇为媒体关注的牙膏,去年出口额为8000万美元,不到中国9700亿美元出口总额的万分之一;其中,被查出含二甘醇的为330万美元,占三十万分之一。负责任地说,中国出口商品质量安全是有保障的。"报道试图运用数据来说服消费者,使其接受《人民日报》的观点和结论,并恢复消费者对"中国制造"的信任。然而,在二甘醇牙膏事件报道大量信息的缺失、议题与事实脱节的前提下,却转而直接讨论更为宏观的问题——关于"中国制造"的信任问题,使得"中国制造"的信任问题"雄辩"多"事实"少,如同无根之木,失去了让人信任的基础。

尽管在二甘醇牙膏事件中无任何一例被损害的报告,《人民日报》

也报道了这一事实，但在这一事件的传播过程中，《人民日报》依旧在客观上造成了受众对新的风险的感知，即中国媒体不可信，中国政府不可信，"中国制造"也不可信。那么，这一新的风险是如何形成的？

2. 有毒、无毒：科技理性的选择

《人民日报》在二甘醇牙膏事件的报道上采用了典型的"科技主义"范式。

首先，新闻报道以"安全标准"来界定风险的有无。《人民日报》在定义风险时以"安全标准"为依据，认为符合"安全标准"的就是无毒的，无风险的。在报道中，"中国出口到巴拿马含有'二甘醇'的牙膏符合安全限量要求"这一主题被反复提及，并引用了美国《联邦法典》和官方权威声明："美国《联邦法典》第二十一条（21CFR172.820）规定，允许食品添加剂聚乙二醇中含有二甘醇。美国食品和药品管理局在声明中也称，目前还没有掌握关于牙膏中含有二甘醇的毒性的相关报告。"①

其次，运用"后果轻微/低概率"来解释风险。要理解风险社会里各种各样的威胁，都依赖于相关知识的解释，尤其是媒体对相关知识的解释。6月1日与6月16日的新闻报道都强调少量的二甘醇对人类是无害的，在报道中援引了中国卫生部专家的研究结果：

> 二甘醇属于低毒类化学物质，进入人体后由于代谢排出迅速，无明显蓄积性，迄今尚未发现有致癌、致畸和诱变作用的证据。但大剂量摄入会损害肾脏。

而在8月23日《人民日报》所刊载的对商务部副部长、国际贸易谈判代表的专访中，又再次指出二甘醇的风险发生的概率极低。文中指出：

> 近期颇为媒体关注的牙膏，去年出口额为 8000 万美元，不到

---

① 王淑军、原国锋："牙膏中'二甘醇'对人体无害，提示完善我国牙膏安全标准：中国对'毒牙膏事件'说不"，《人民日报》2007 年 6 月 16 日第 5 版。

中国 9700 亿美元出口总额的万分之一;其中,被查出含二甘醇的为 330 万美元,占三十万分之一。负责任地说,中国出口商品质量安全是有保障的。

科技理性指导下的报道范式使其在风险的解释上运用了风险的技术概念,这一概念常常使用事件的发生概率与特定后果的规模大小的乘积来评估风险。因此,在这一范式下的二甘醇风险显然是微不足道的。

再次,新闻报道的话语主体是政府。从表5—2 消息源性质的分析来看,二甘醇事件报道中政府/官员和专家是最主要的消息源,占总比的 83.3%。在所有的新闻报道中政府与专家的观点与立场是完全一致的。在这一事件中最为重要的风险知识,即对二甘醇的知识的传播来自于中国政府官员对专家研究结果的引用,[1] 报道向受众提供了一个封闭的文本圈,只单纯以政府的立场,以专家的姿态解读相关法律、政策、监管等方面的议题,将风险平息下来。这极易导致片面的、非民主的宣传与告知,将公众视为被动无知的行动客体。

由上可见,在科技理性的范式下,《人民日报》将"安全标准"作为一种常识灌输给大众,通过二甘醇牙膏的数量及对二甘醇相关知识的解释将二甘醇的风险建构为"正常状态",并在建构意义时提供了一个封闭的文本圈——"公认的"和"权威的"机构发言人——政府和专家,通过这种文本封闭圈,意图平息二甘醇的风险。然而,有学者指出,在这一范式中媒体虽然能够发挥告知、倾听、言说和影响功能,却常常隐匿社会的风险,导致片面的、非民主的宣传与告知。其本质上是一种单向的公共教育传播,是专家与精英对受众的压迫,违背了风险社会的伦理责任。[2]

---

① "'有毒牙膏''药品中毒'事件调查结果公布 中国出口到巴拿马含有'二甘醇'的牙膏符合安全限量要求 巴拿马商人更改产品适用范围和保质期导致中毒事件发生",《人民日报》2007 年 6 月 1 日第 2 版。

② 郭小平:《西方"风险传播"研究取向的演变》,见张志安、赖昀、马德永主编:《跨媒体时代:传播变革与社会转型 2006 年中国新闻传播学科研究生学术年会、复旦大学博士生学术论坛之新闻传播学篇第六届复旦大学新闻学院研究生学术年会优秀论文集》,贵州教育出版社 2006 年版,第 3—11 页。

3. 科技理性范式带来新的风险

尽管媒体在表述风险时使用了科学主义的范式，力求报道的科学性，但受众在感知风险时，"善于依照他们自己的信念和价值来达到自己的目标。"① 运用相关的经验证据来做出判断。风险不会被抽象地接受。有学者认为，"媒体的透明度、报道的信息量、风险表述的方式、对风险信息的解释、用于描述和形容危险的符号、比喻和话语，等等"是影响受众风险感知的重要因素。②

科技理性范式下由专家和相关制度不经意地强加于人们的风险的基本意义会对人们产生客观社会威胁，因此加剧了他们感觉的任何风险。③ 凭借自己的社会经验，公众对《人民日报》所报道二甘醇事件提出了以下疑问：

第一，依照安全标准来衡量，牙膏中的二甘醇含量是安全无害的。然而，这个"安全标准"是何时何人在何情境下制定的，"安全标准"究竟有多安全？这种不考虑社会生活的复杂性，而将其虚假地简化压缩成为脱离语境的、定量的"可接受风险"是不是真得没有风险？

第二，对二甘醇相关知识的解释中，"大剂量摄入会损害肾脏"如何理解？牙膏究竟有没有毒？"大剂量"究竟是多少？只使用一次二甘醇牙膏当然不会中毒，那么每天都使用呢？此外，在这一关键事实的陈述上，《人民日报》前后的报道是有差异的。同样是对二甘醇的解释到了6月16日的《中国对"毒牙膏事件"说不》，"大剂量摄入会损害肾脏"一句不翼而飞，并明确使用了"'二甘醇'含量对人体无害"这样的小标题。媒体是否在避重就轻，刻意使用传播修辞的技巧来说服大众？

第三，虽然牙膏的数量仅占中国出口商品总额的三十万分之一，从政府的角度来看，价值330万美元二甘醇牙膏的消费者就被抽象为冷冰

---

① ［英］哈里·奥特韦：《公众的智慧，专家的误差：风险的语境理论》，见克里姆斯基、戈尔丁编《风险的社会理论学说》，徐元玲等译，北京出版社2006年版，第246页。

② 郭小平："论传媒对受众'风险认知'的建构"，《湖南大众传媒职业技术学院学报》2007年第2期，第32—35页。

③ ［英］布莱恩·温：《风险与社会学习》，见克里姆斯基、戈尔丁编《风险的社会理论学说》，徐元玲等译，北京出版社2006年版，第320页。

冰的数字 0.0003％，而每一位消费者可能受到的伤害就这样被大数法则深深掩盖于其下。有关量化的风险概念只关注一件事故发生的概率，却从不考虑危害的性质。但从消费者的角度来看，风险不会被抽象地接受，消费者一旦受到伤害就是 100％。那么，牙膏使用者的现状如何？中国出口商品质量安全真的是有保障的吗？

在布莱恩·温看来，不考虑像量化的死亡风险这样的人造物与人们自身的建构的联系，就直接引出人们对这种社会建构物的态度，这种做法是非常不科学的。[①] 身临风险中的人最关注的影响通常不属于技术界定的风险之中。上述疑问由于媒体片面的、非民主的宣传与告知而增加了更多的不确定性。霍夫兰对态度改变的研究也证明，单方面消息对最初赞同该消息者或受教育程度较低者有效，心理学家布朗也下结论认为，宣传技术是因事而异的效果。[②] 这说明在风险讨论中，存在有科学理性与社会理性的分歧，二者之间常常在讨论风险时不在一个层面上。社会理性所讨论关注点在于风险的性质，而技术专家的回答常常是技术层面上的可接受性的讨论，由此便带来对所谓专家的疑问与焦虑。

由是，越来越多的自然灾害及人为事故的出现，也使人们对专家的可靠性产生了疑问。公众对专家的不可靠性的认识来自于两个方面：一方面，专家自身被"他们自己学科的已有智慧蒙蔽了双眼，没有意识到现阶段的知识不是终极的知识；当他们确认到自己的错误时，他们也会相信未来的发展将会提供一个解决办法。"在遇到分歧意见时，他们常常会倾向于保护本学科免遭挑战；另一方面，"在常规情况下对专家的使用带来了一些新的特点"[③]。专家常常同一些常规机构处理特殊技术（如核能）的工作，而这些专家也同样会在企业生产中被聘请为顾问，在专家与常规机构或是企业共事很长一段时间后，专家在处理风险

---

① ［英］布莱恩·温：《风险与社会学习》，见克里姆斯基、戈尔丁编《风险的社会理论学说》，徐元玲等译，北京出版社 2006 年版，第 317 页。

② ［美］沃纳·赛佛林、小詹姆斯·坦卡德：《传播理论：起源、方法与应用》，华夏出版社 2000 年版，第 179—180 页。

③ ［英］哈里·奥特韦：《公众的智慧，专家的误差：风险的语境理论》，见克里姆斯基、戈尔丁编《风险的社会理论学说》，徐元玲等译，北京出版社 2006 年版，第 246—247页。

问题时，经常会放弃自己实验逻辑的基础，而同商业、政治和伦理多方面联姻。在风险的感知中，人们关心的要比他们要经受的风险等级多得多，比如谁承担风险，谁得到利益，灾难性事件的可能性有多大，哪些作用被延迟了，等等。这些问题远非专业人士所提供的专业知识所能解决了的。因此，科技理性的传播范式所暴露出的人性因素的缺失更易引起公众对风险的感知。

由此可见，风险事件与心理的、社会的和文化的过程之间存在的相互作用可能强化也可能淡化公众的风险感知和行为。媒体对风险信息的呈现中所表现出来的符号特征是引发接收者注意的关键因素，它们还形塑接收者的解码过程。[1] 在吉登斯看来，信任在很大程度上是盲目的，并因此而成为从个体和社会心理层面抵制风险侵扰的最为有效的手段。[2] 报道中论据的不足与公众价值的差异反而导致了公众对风险感知的放大，从而形成新的风险——对中国政府和中国媒体的信任危机。

第二节　国家安全框架下的风险建构

通过对二甘醇牙膏事件报道的分析，我们可以看到《人民日报》报道与《纽约时报》完全不同。首先，是最高层次的意义。它主要由标题和导语构成，直接以官方话语的形式否认二甘醇牙膏所存在的风险，并将其上升为更加宏观的问题，将具体问题替换为"中国制造"是否值得信任的问题。其次，是中观层面的意义。它由主要事件、先前事件等组成。《人民日报》的新闻报道只注重主要事件，即调查结果，没有提供任何新闻背景方面的信息。以"二甘醇"这一化学成分的认识为基础，选择权威消息源，平息"二甘醇"牙膏所存在的风险。最后，则在微观层面上运用单方面告知的方式来定义风险。在每一层次意

---

① ［美］罗杰·卡斯佩松等：《风险的社会放大：一个概念框架》，保罗·斯洛维克著《风险的感知》，赵延东、林垚、冯欣等译，北京出版社 2007 年版，第 264—278 页。

② Giddens, A. *Modernity and Self-Identity*, Cambridge：Polity Press 1991.

义建构中分别使用了不同的机制,最高层次的意义建构使用了凸显与替换的机制,在中层的意义建构中使用了排除的机制,在微观的语言符号层面则使用科技术语等机制。这些机制进一步构成了国家安全的报道框架。这一报道框架具有以下特点:

1. 国家安全的价值观是其选择事实、界定风险的根源

国家安全是当今中国最主要的目标之一。在现代政治共同体中,国家无疑居于中心地位,这是由现代化造成的。现代化不仅是由传统农业社会向现代工业社会的转变过程,而且是由一个分散、互不联系的地方性社会走向现代整体国家的过程。自 1978 年实行改革开放政策以来,建设有中国特色的社会主义事实上就成为中国在全球化背景下实现国家现代化的一种战略选择。中国作为一个典型形态的"发展型国家"①,国家以推动经济发展为主要目标,以长期担当经济发展的主体力量为主要方式,以经济增长作为政治合法性的主要来源。② 随着改革开放的推进,中国逐渐从相对封闭的视阈中走出来,并不断地融入全球共同体中。在这一过程里,按照杰索普的看法,全球化时代的国家正面临着三种挑战:第一种是去民族化的挑战,国家正不断空心化,国家能力正在各种当地的、地区的、国家的、跨当地的、超国家的等层次上被地域性地和功能性地重组。第二种是去国家化的挑战,这在从统治到治理的变化中得到了反映,国家正和各种超政府组织以及非政府组织达成新型的伙伴关系。第三种是政策规制的国际化。③ 由是,中国必须重新调整自身以面对全球化挑战,而如何在保证国家安全的前提下整合不断生长的各种社会力量,如何制度化并维持"妥协的不稳定平衡"以避免社会的断裂和失衡就显得极为关键。④ 在这样的语境下,中国更加强调国家对社会动员、资源集中以及目标实现等方面所发挥的极大作用。全球化

---

① 发展型国家(developmental state)这一概念最早由约翰逊于 1982 年提出,用以理解东亚国家在经济增长中的重要作用。参见 C. Johnson, MITT and the Japanese Miracle: *The Growth of Industrial Policy*, 1925 – 1975, Stanford, CA: Stanford University Press, 1982。

② 郁建兴:《马克思国家理论与现时代》,东方出版中心 2007 年版,第 258 页。

③ 郁建兴、肖扬东:"全球化与中国的国家建构",《马克思主义与现实》2006 年第 6 期。

④ 郁建兴:《马克思国家理论与现时代》,东方出版中心 2007 年版,第 294 页。

的发展并没有导致中国国家主权的弱化，国家的作用反而前所未有地得到了加强，使得维护国家主权成为一种更为迫切的任务和目标，出现了学者所谓的"主权回归现象"。①

在现代中国，对国家主权的维护与主权的回归体现在"稳定"的实践话语中。"稳定"不仅成为中国官方对国家主权安全问题上的话语表达，更成为中国官方维护国家主权的手段。明确提出并加以反复强调"稳定"这一话语的是邓小平。1989年2月26日他在会见美国总统布什时说，中国的问题，压倒一切的是需要稳定。没有稳定的环境，什么都搞不成，已经取得的成果也会失掉。他在当时环境下所强调的稳定，主要是指中国基本政治制度和政治准则的稳定，以及国家政治生活的规范化和秩序化。这被认为是中国进行改革开放和发展经济的前提和基础。20世纪90年代后，"稳定"有了新的政治意蕴，主要指化解社会矛盾与利益冲突，以实现安定团结的政治局面。1994年5月5日江泽民在视察上海时提出，要把握好改革、发展、稳定的关系。在这三者之间，改革是动力，发展是目标，稳定是前提。此外，他在《正确处理社会主义现代化建设中的若干重大关系》的报告和《党的十六大报告》中反复强调保持稳定对中国更具有重大的现实意义。由此，执政者在强调稳定的基本政治制度属性的同时，逐渐凸显稳定与改革发展的平衡关系，强调把不断改善人民生活作为处理改革发展稳定关系的重要结合点，在社会稳定中推进改革发展，通过改革发展促进社会稳定，不断实现好、发展好、维护好最广大人民的根本利益，这是我们党一切工作的出发点和落脚点，也是正确处理改革、发展、稳定关系的结合点②。究其实质，"稳定"这一话语在于保持政权的稳定，它将对国家的认同与对政党的认同合而为一，把国家主权安全与执政党的安全视为不可分割的同一。

这种"稳定"思维同样表现在传媒的新闻报道中。《人民日报》是

①　门洪华：《国家主义、地区主义与全球主义》，《大国策　全球视野中的中国大战略》，人民日报出版社2009年版，第62页。

②　容志、陈奇星："稳定政治：中国维稳困境的政治学思考"，《政治学研究》2011年第5期。

党的喉舌，其必然以自觉接受党的领导，以有利于国家利益为价值目标。在二甘醇风险事件的报道中，就显现出国家安全的报道框架，其具体表现为以下几个方面：

第一，传播主体以政府为主。尽管通过对消息源的分析，我们看到中国政府类消息源占50%，其余50%还包括有专家、企业及来自国外政府的消息源，但从消息源的立场上来看，与中国政府立场一致的占绝大多数，为42%，而与中国立场不同的消息源只占8%，换言之，在风险建构中，新闻报道通过对消息源精心的选择和过滤，传达的依然是政府的观点，体现的是官方的意志。

第二，国家安全价值观为最高标准。即国家安全是最高标准与最终目的，个人健康权需从属于国家安全的需要。在二甘醇事件报道后期，媒体脱离对具体事件的分析与调查，转而讨论宏观的"中国制造"的信任问题，与事件本身渐行渐远。这种报道模式在之后的三鹿奶粉等事件中也反复出现，在事件发生后对事件进行反思固然重要，但在具体事件未做任何补救与改进之前就转而进行宏大叙事的背后正是国家安全意识形态的表达。宏大叙事的背后是国家的意识形态机器，它有意无意地使官方意识正统化、威权化①。

第三，以民族主义话语对抗国际传媒不同的立场。在《中国对"毒牙膏事件"说不》的报道一文中，文章反复强调"二甘醇含量对人体无害"之后，如是说："我们要对'毒牙膏事件'说不，但另一方面也提示我们尽快完善牙膏生产的国家标准，尤其对其中可能有害的成分，及时进行严格的安全性毒理试验。这样的话，不仅不会授人以柄，也会保障国内消费者对牙膏安全的信心。"② 报道借助他者——抓人把柄的"人"的存在，将官方、媒体与消费者建构成"我们"的共同体，通过唤起人们心中最直接、最自然的亲缘本能，使国家与民众之间的关系如同家庭成员一般相互信任、相互支持，形成了极强的亲和力与感召力，由此激发出的民族情感重塑了国家的威望。

---

① ［荷］梵·迪克：《作为话语的新闻》，曾庆香译，华夏出版社2003年版，第2页。

② 王淑军、原国锋："牙膏中'二甘醇'对人体无害，提示完善我国牙膏安全标准：中国对'毒牙膏事件'说不"，《人民日报》2007年6月16日第5版。

2. 国家安全的报道框架是党的媒体对第一现代性观念的实践与体现

"现代性"这个词语的含义具有相对性。"现代性"最早出现于 5 世纪，当时新基督教化的罗马人想以这一概念把其宗教狂与两种形式的蛮人——古代异教徒和灵魂未获再生的犹太人——区别开来。在中世纪，现代性作为教养和学问的专用术语被重新发明出来，它允许那个时代的知识分子认同古希腊和罗马异教徒本身的古典学问。到了启蒙运动时期，现代性逐渐被理性、科学和进步的语义所取代。[①] 20 世纪五六十年代之后，现代性又被全球化、风险社会等对现代性的反思中所产生的新的主义所取代。

这里的第一现代性观念来源于乌尔里奇·贝克对风险社会的表述。在贝克看来，现代工业社会所造成的安全不确定性、生态灾难已经无法再用旧的社会观点、制度来解决。为了对这一变化加以概括和系统化，将现代性区分为"第一现代性"和"第二现代性"。他"用'第一现代性'来描述以民族—国家社会为基础的现代性……一种与社会发展的早期阶段有所区别的新的资本主义，新的经济，新的全球秩序，新的社会和新的个人生活正在形成。因此，从社会学和政治意义上说，我们需要一个词汇变化表，一个新的参照标准。这不是'后现代性'，而是一种第二现代性"。[②] 贝克所指的第一现代性即为工业现代性，"集体的生活方式、进步和控制能力、充分就业和对自然的开发这些是典型的第一现代性东西。"[③]

对于第一现代性来说，理性首先是至高无上的，它是衡量一切的根本原则，是一切行动的出发点。只有符合理性的事物才有存在的权利，只有符合理性的行动才是有意义和前途的。现代化过程就是理性化的过程。在人与自然的关系上，它形成了主客二元对立的自然主义思维方式，认为人类可能通过理性活动获得科学知识，并以此为基础达到对自

[①]　[美] 杰夫瑞·C. 亚历山大：《世纪末社会理论：相对主义、化约与理性问题》，张旅平等译，上海人民出版社 2003 年版，第 5 页。

[②]　[德] 乌尔里希·贝克：《世界风险社会》，吴英姿、孙淑敏译，南京大学出版社 2004 年版，第 2—3 页。

[③]　同上书，第 2 页。

然的改造和控制。在这样的理念中,科学日益被凸显并获得了至高无上的地位,成为理性的代表与化身。在人与人的关系上,它强调要按照合理性原则的要求改造人们的社会生活,不合理的社会存在必然会被合乎理性的社会现实所取代。其次,理性是一切行动的准则和出发点,而理性的本质是普遍的,二者结合造就了宏大的叙事方式。宏大的叙事方式不仅保证了认识和把握事物的本质的可能,更能够从纷繁复杂的事物和现象中描绘出统一的世界图景。第三,确立了理性主体的中心地位。人是拥有理性的人,人是唯一的主体。相对于对象世界而言,人具有独立性、能动性、创造性等主观能动的特点。第四,以理论目的论为基础的历史进步论。遵循理性原则的社会历史是不断进步的,人类社会将会不断地发展,不断地走向完善的理想境界。[①] 换言之,在第一现代性的观念中,人是拥有理性的,理性的人是世界的主体,他具有获得科学知识与科学技术的能力,通过自身的认识能力与实践能力的增长,人类就能够不断扩大自身的权能,来征服自然,推动社会历史的不断进步,从而不断增进人类的幸福。

尽管中国语境中的现代性概念与现代化理论中的现代性概念有所区别,在其概念中包含了以社会主义意识形态为内容的价值取向。但是中国语境中现代化进程不可避免地被卷入了全球化当中,因而其核心理念与西方现代性理论有一定程度的同一性。汪晖认为,"当代中国流行的现代化概念主要指称政治、经济、军事和科技的从落后状态向先进状态的过渡和发展,但这一概念并不仅仅是技术性的指标,也并不仅仅是指中国民族国家及现代官僚体制的形成,而且还意味着一种目的论的历史观和世界观,一种把自己的社会实践理解为通达这一终极目标的途径的思维方式,一种将自己存在的意义与自己所属的特定时代相关联的态度。"[②] 可见,在中国语境下现代性的概念与贝克所说的第一现代性具有相同的基本信念和原则,即理性、科学与进步。

---

① 庄友刚:《跨越风险社会 风险社会的历史唯物主义研究》,人民出版社 2008 年版,第 162—166 页。

② 汪晖:《去政治化的政治:短 20 世纪的终结与 90 年代》,生活·读书·新知三联书店 2008 年版,第 63—64 页。

　　《人民日报》是党的喉舌，其特殊的身份与地位决定了其必然站在政府立场。但作为媒体它仍具有再现社会实践并建构社会现实的能力。事实上，任何媒体的新闻也都蕴含了某种特定的政治立场或意识形态的视角，当涉及有关国家／社会的分离或团结的具体事例时，必然在媒体的议程中拥有优先权。这是因为国家与其他意识形态相比占据了更高的位置。《人民日报》报道风险事件的国家安全框架正是其站在政府立场上对中国的现代性实践的建构。在二甘醇牙膏的报道中，科技主义取向的报道范式及对国产商品不断进步的信心，就是《人民日报》为表达其自身所具有的权威性和可信度所使用的当下具有共识性的概念。《人民日报》利用"理性"、"科学"与"进步"的话语来为其所探讨的对象赋予一定的意义，且将这些话语循环往复地流通，通过二元对立的模式进行表达。突出其赞成的东西，同时贬低或干脆省略它所不赞成的东西。这种具有共识性话语的使用，不仅简化了记者对新闻事件的解释，更使媒体具有合情合理的立场。因此，任何反对"理性"、"科学"与"进步"的个人或群体都是非理性的。这样，《人民日报》运用共识概念宣扬了一种"神话"，遮蔽了中国在风险事件中应当承担的责任。

　　3. 国家安全的报道框架悖离了风险社会语境

　　根据乌尔里希·贝克的对风险社会的构想，他将"风险"看成是现代以至于可预见的未来社会的核心，并指出，风险将取代诸如财富、科学、理性等因素而主导个人及社会生活的发展。风险社会的出发点和着眼点就是对简单的、线性的"第一现代性"的扬弃所发展出的具有自我批判性的"第二现代性"。

　　在贝克看来，风险打破了科学对理性的垄断。现代风险具有高度不确定性、不可预测性、显现的时间滞后性、发作的突发性和超常规性。早先以技术主义和自然主义处理风险的态度，既没有认识到因果关系的不确定性，也没有意识到"'在科学摆脱贫困的方程式中'，固有着一种社会的、文化和政治的意义"[①]。现代性从工业阶段到风险阶段的过渡是未曾期望的、未被察觉的、强制性的，它紧紧跟随在现代

---

① 〔德〕乌尔里希·贝克：《风险社会》，何博闻译，译林出版社2004年版，第22页。

化的自主性动态过程之后,采用的是潜在副作用的模式。① 专家在面临新科学技术时,往往关注科技的贡献性而忽略其副作用,或者故意隐瞒副作用,以至于人们在开始使用科技时,就埋下了风险的种子。随着科技的普及,风险也相应地随之普及,甚至超过了科技普及的范围。最终当风险发作时,自然科学家已推动了控制风险的能力。在风险社会的语境下,人们不得不意识到科学是人类众多认识类型、思考形态和思考方式当中的一种,它并不比其他类型的认知类型、思想形态和思考方式高明。科学理性不再具有工业社会那种独断的、被人们顶礼膜拜的地位。风险的出现就这样打破了科学对理性的垄断,打破了专家的知识垄断。正如贝克所说:"在风险的界定中,科学对理性的垄断被打破了。总是存在各种现代性主体和受影响群体的竞争和冲突的要求、利益和观点,它们共同被推动,以原因和结果、策动者和受害者的方式去界定风险。关于风险,不存在什么专家。"②

现代风险同早期的风险相比,具有新的性质。首先,现代化风险具有一种内在的全球化的倾向。其影响不再局限于它们的发源地,而是穿透任何界线,使这个星球上的所有生命形式都陷于危险的境地。其次,风险的分配逻辑与财富分配的逻辑不同,制造风险并从中受益的人与众多的因同样的风险而遭受折磨的人常常不是一个群体。再次,风险的治理已经超出了民族—国家的治理范围,单独一个民族国家无法独自完成风险的治理。它需要世界范围内的所有的个人、组织和国家公开其决策过程。当不同的个人、组织、国家从不同的角度来认识风险、应对风险的时候,就会产生风险冲突。因而,风险的治理需要协商民主的形式。

因此,在风险社会语境下,风险事件的国内报道也同时是全球传播的一部分,它们对国际的影响不可小觑,风险事件的国内报道直接影响了对全球对风险的治理与控制。《人民日报》在报道风险事件时所采用的国家安全框架已不合时宜,这种框架建构了承担风险责任的"他者"

---

① [德]乌尔里奇·贝克、[英]安东尼·吉登斯、斯科特·拉什:《自反性现代化》,赵文书译,商务印书馆2001年版,第9—10页。

② [德]乌尔里希·贝克:《风险社会》,何博闻译,译林出版社2004年版,第28—29页。

或者进行无条件的个体化分配，以及以行动者的权威声称或精英人物的道德形象来遮蔽责任归属，反而客观上造成了风险信息的隐瞒和风险交流的阻隔，反过来倒可能成为新的认同危机和新的风险的始作俑者。国家安全报道框架中的单一理性的现代主义范式在风险社会的语境之中可能会自我耗尽。在哈里·奥特韦看来，风险交流的主要产物不是信息，而是它所支持的社会关系的质量。风险交流没有止境，它是一个能推动关系持续增进的赋权机构。①

由此可见，在风险社会的语境下，我们应当在风险传播与沟通的过程中重新树立在全球化视野中的国家安全观，将科学知识置于一个更为合法的、合理规定的、最终也是更有效的基础之上。

---

① ［英］哈里·奥特韦：《公众的智慧，专家的误差：风险的语境理论》，见克里姆斯基、戈尔丁编《风险的社会理论学说》，徐元玲等译，北京出版社 2006 年版，第 257 页。

第 六 章

"中国制造"风险的应对

在前面的分析中，我们描述了中美两国媒体所建构的"中国制造"的风险图景，并详细分析了这一图景是如何被建构出来的。中美两国媒体对"中国制造"风险的建构是不同的。中国媒体以"民族—国家"的角度来建构"中国制造"，将其作为民族认同的依托，展示的是民族认同的或是国家合法性的危机问题，其建构特征主要是现代性或是第一现代性的。因而，中国媒体主要采用了国家安全的报道框架。美国媒体建构"中国制造"风险使用了两种框架——国家利益框架和健康安全框架。新闻框架是其新闻从业者主观心理与其社会文化背景、社会实践等多种因素综合的产物，它发生于由物质生产构成的实体领域，并受到该领域的公共利益原则以及政治与经济的逻辑之间的张力制约[①]；同时，它又为依赖媒体的人们提供了理解和认识世界的依据（框架）[②]。也就是说，美国媒体报道"中国制造"风险的框架是美国社会价值观等意识形态在现实生活领域通过媒体与公众互动不断建构的结果，具有持续性和稳定性。那么，在应对美国媒体报道"中国制造"所带来的风险之时，美国媒体将要如何是我们所无法掌控的，但我们却可以根据它们运作的规律、框架的建构方式，诸如采用消息源等特点，有针对性地改变我们自己的做法来化解风险。因此，我们应对风险的思路是先内

---

① 潘忠党："架构分析：一个亟待澄清的领域"，《传播与社会学刊》2006年第1期，第26页。

② ［美］盖伊·塔奇曼：《做新闻》，麻争旗、刘笑盈、徐扬译，华夏出版社2008年版，第2页。

而外，先从观念上、行动上解决好自己内部的问题。

第一节 风险与媒介化风险的再认识

通过前几章的分析，我们发现，美国媒体对"中国制造"的建构既有现代性特征，又有后现代风险社会的特征，它们分别表现为国家利益框架和健康安全框架下的报道。后者对风险的建构已然处于"风险"社会的大语境之下，健康安全的社会理性是其定义风险的主要依据，而中国对风险的建构却依然是旧有的风险观念，强调科学的生产标准，再加上跨文化交流中文化的差异，从而造成了两国在观念上的不一致性，使得两国无法在同一个层次上进行交流沟通，并最终导致了美国媒体对中国政府的不信任。因此，风险应对首先要重塑风险观。

一 风险的再认识

1. 风险感知与信任

吉登斯认为在晚期现代性的状况下，风险必须与信任问题结合起来分析。他将后现代社会出现的风险视为"人为制造的风险"（manufactured risk）[1]。他认为，"在所有传统文化、工业社会中以及今天，人类担心的都是来自外部的风险，如糟糕的收成、洪灾、瘟疫或者饥荒等。然而，在某个时刻（从历史的角度来说，也就是最近），我们开始很少担心自然能对我们怎么样，而更多地担心我们对自然所做的。这标志着外部风险所占的主导地位转变成了被制造出来的风险占主要地位。"[2]这类人造的风险，诸如全球性环境危机，核污染和全球经济崩溃等正是人类发展的进步所导致的，特别是科技的进步所导致的。这种风险包括了人为的错误与责任的概念，而责任的概念又与信任联系在一起。在现

---

① ［英］安东尼·吉登斯：《失控的世界》，周红云译，江西人民出版社 2001 年版，第 22 页。

② 同上书，第 23 页。

代制度中，时间、空间、地点和时间的日渐分离，脱域机制的作用日益增强，信任——尤其是对"抽象能力的"信任成为一种持续性状态，它依赖于地方性知识、传统、宗教信仰、专家体系及其所提供的专业知识来获得安全感。

但进入晚期现代性后人们发现，不能够再简单地依赖地方性知识、传统、宗教信仰、习惯或者对他人实践的观察，不能够再信任"专家系统"了。因为，风险越来越多，影响范围越来越大，却找不到该为此承担责任的人。"迷宫式的公共机构都是这样安排的，即恰恰是那些必须承担责任的人可以获准离职以逃避责任。笔者认为，这正是风险判断中最引人注意的方面之一，即有组织地不负责任。其含义在于，第一次现代化所提出的用以明确责任和分摊费用的一切方法手段，如今在风险全球化的情况下将会导致完全相反的结果，即人们可以向一个又一个主管机构求助并要求它们负责，而这些机构则会为自己开脱，并说'我们与此毫无关系'；或者说'我们在这个过程中只是一个次要的参与者'。在这种过程中，是根本无法查明谁该负责的"。[①] 这种"有组织的不负责任"导致了人们信任感的消失，使他们失去了在心理上应付风险的手段，恐惧、麻痹、焦虑的感觉成为在风险社会生存中的一种状态。

信任一旦丧失，就会不断得到加强并维持不变，并且极易导致人们认为坏消息比好消息更为可靠。因此，风险感知总是与信任联系在一起。风险会引发信任危机。"这种信任危机深刻破坏了科学界、政府以及化学技术、放射技术的产业管理人员之间的信任感。"[②] 反过来，这种信任感又往往决定了他们对风险程度的判定。斯塔尔曾指出："人们是否决定接受风险，更为依赖的是公众对风险管理的信心，而非对风险的定量估计。"[③]

---

① 薛晓源、周战超主编：《全球化与风险社会》，社会科学文献出版社2005年版，第23页。

② [英] 保罗·斯洛维克：《风险感知对心理测量范式的思考》，见谢尔顿·克里姆斯基、多米尼克·戈尔丁编著《风险的社会理论学说》，徐元玲、孟毓焕、徐玲等译，北京出版社2005年版，第167页。

③ [英] 保罗·斯洛维克：《药疗风险的感知与管理》，见保罗·斯洛维克著《风险的感知》，赵延东、林垚、冯欣等译，北京出版社2007年版，第320页。

在多种风险并存的中国社会中，这一问题显得更为复杂。旧有的风险还未解决，新的风险又酝酿了信任感的消失。二者叠加起来，形成了这样一种状况：不利事件的危险是明摆着的，但若要证明其安全性则需要相当长的时间，在这期间不能有任何破坏性事件发生。正是如此，新闻媒体也一直会密切关注"中国制造"的安全问题，它们将把发生在世界各地的一系列与"中国制造"有关的问题传播给公众，这将进一步削弱公众对相关机构的信任。可见，"信任"成为"中国制造"风险应对的一个首要的问题。

2. 风险是当前社会的一种理性的话语，而非"坏"的代名词

在当前社会中，"不安全"的价值体系正在成为社会的基础与动力。人们关心的不再是获得"好的"东西，而是关心如何预防更坏的东西，① 对安全的焦虑成为社会的普遍特征。社会价值，心理、社会、文化过程和风险事件之间存在着相互作用。由此，贝克指出："风险与预期有关，与虽然还没有发生但存在威胁的破坏作用有关"。② 未来预期的风险成为刺激社会行动的未然事件，因而，不存在的、想象的和虚拟的东西成为现在的经验和行动的"原因"。对风险的认识与理解，并以此认知为基础的行为成为当前社会的一种理性的话语。

因此，在这一理性的话语中，风险的社会衰减（social attenuation of risk）成为人们从容应对日常生活中所碰到的各种风险和风险事件所必要的和不可或缺的途径。例如，系安全带驾驶，不在室内抽烟，等等。在此基础上，人们认识到，进行某种事件、活动或项目时，涉及某种不确定性和涉及某种选择时，总是伴随着某种风险。风险既是威胁又是机会。吉登斯指出，风险具有明显的两面性：一方面"它的本性决定了它导致危害性后果的可能性"；但另一方面，"它是经济活力和多数创新，包括科学或技术类创新的源泉"③，"风险是一个致

① ［德］乌尔里希·贝克：《风险社会》，何博闻译，译林出版社 2004 年版，第 56 页。

② 同上书，第 34 页。

③ ［英］安东尼·吉登斯：《第三条道路及其批评》，中共中央党校出版社 2002 年版，第 139 页。

力于变化的社会的推动力"①。人们从事的活动既有可能获得预期的利益，也有可能蒙受意料不到的损失或损害。风险蕴含的机会引诱人们从事各种活动，而蕴含的威胁则唤醒人们的警觉。因此，人们对于风险并不是总是采取规避防范的态度与行为方式，而是根据不同的个人风险偏好选择是否承担风险。这一过程中，对生命价值的判断起到了重要的作用。② 这种积极的行动正是为了避免、缓解或者预防明天或后天的问题和危机。

那么何种水平的风险是公众可以接受的，风险如何能够被接受就成为这一话语中最关键的问题。可接受性（acceptability）是应对风险或是风险管理的一个重要因素，它往往取决于目前的社会、经济、政治、文化、技术以及环境的状况和条件。这对跨文化、跨地区的风险认知尤为重要。有学者将影响可接受性的因素归结为四点：③（1）风险是自愿承担还是由外在因素强加的。"如果他们感到风险是强加在自己身上的或是侵犯了他们的其他看法和价值，他们可能不会接受哪怕是最小的受伤害可能性"。④（2）风险是熟悉还是陌生的。低概率风险常常显得比高概率风险更具危害的原因之一——它们肯定较为陌生。人们往往会夸大不熟悉的风险，经验证明排外心理、对其他国家和文化的恐惧正是陌生感起着很大的作用。（3）风险是会导致即时伤害的，还是我们离算总账的日子还远。人们总是在想："不要留意远处的鼓声"。（4）风险是如何表述的。风险很大程度上取决于与其相关的信息的呈现方式。人们极经不起言语的暗示，比如"在核电站四周一定范围内，死于癌症的人数每年都在不断增加"的表述所引起的态度，与"在核电站四周

① ［英］安东尼·吉登斯：《失控的世界》，江西人民出版社 2001 年版，第 20 页。

② ［英］保罗·斯洛维克、巴鲁克·菲施霍夫、萨拉·利斯腾斯坦：《认知过程与社会风险承担》，见保罗·斯洛维克著《风险的感知》，赵延东、林垚、冯欣等译，北京出版社 2007 年版，第 56—57 页。

③ H. W. Lewis：《技术与风险》，杨健、缪建兴译，中国对外翻译出版公司 1994 年版，第 22 页。

④ ［英］奥特温·伦内：《风险的概念：分类》，见谢尔顿·克里姆斯基、多米尼克·戈尔丁编著：《风险的社会理论学说》，徐元玲、孟毓焕、徐玲等译，北京出版社 2005 年版，第 87 页。

一定范围内，人的平均预期寿命出现下降" 所引起的态度截然不同。

可见，当前社会对风险的认识已经形成了一套话语体系，形成了一种风险文化，而"风险文化……传播不是依靠程序性的规则和规范，而是依靠其实质意义上的价值"①。因此，即使是在同一国家与社会的不同的团体，由于每一团体的文化规范各不相同，同一危险有些团体视为风险，有些团体则不视为风险。所处国家不同，这种差异就更为明显。从文化的角度上来说，要完全避免风险是不可能的。"一个想根除风险的生态乌托邦并不是这种对话适当的、可行的甚至是期望的目标。彻底的风险排斥无法在行动中起到动员作用。不仅如此，在一个排斥风险的社会中，生活也是令人窒息的。只有那种极端保守的人才会认为风险就是一种'坏东西'，而风险的根除就肯定是一种'好东西'"。②

无论是政府还是媒体只有明确了风险与信任之间的关系，树立了正确的风险意识观，才能通过风险沟通管理风险，从而规避风险。

二　媒介化风险及其社会放大效应

1. 媒介化风险的实体化

现代的风险是叠加在媒介化社会之上的风险。因为，当今社会是一个媒介化社会，是一个全部社会生活、社会事件和社会关系可以在媒介上展露的社会。其特征是媒介影响力对于社会的全方位渗透，在真实世界之外，媒介营造出一个虚拟的无限扩张的媒介世界，人们通过媒介来获取对于世界的认知，甚至依据从媒介获取的信息来指导现实生活。换句话说，媒介化社会从其本质上讲，意味着人的媒介化、人与人关系的媒介化。每个人都是媒介影响下的"媒介人"，不仅对于世界的想象主

---

① ［英］斯科特·拉什："风险社会与风险文化"，王武龙编译，《马克思主义与现实》2002 年第 4 期，第 53 页。

② ［英］斯科特·拉什：《风险文化》，见芭芭拉·亚当、乌尔里希·贝克、约斯特·房龙编著《风险社会及其超越：社会理论的关键议题》，赵延东、马缨等译，北京出版社 2005 年版，第 65 页。

要由媒介来建构,其思维方式、个体意识也都带上了媒介化的烙印。①因此,在这样语境之下,媒介也是风险信息的主要来源,风险也呈现出高度媒介化状态。在公民乃至政府尚未充分意识到风险的存在时,传媒和记者就已传递信息,呈现风险景象,提供风险预警。普通人感受到的不是实际的风险,而是被传媒呈现后的风险,是传媒提供的风险信息。

因而,风险的语言转变为一种更具弹性的侧重于感知和表述的媒介化(mediation)性质。芭芭拉·亚当、约斯特·房龙指出:"风险不仅仅在技术应用的过程中被生产出来,而且在赋予意义的过程被生产出来,还会因对潜在危害、危险和威胁的技术敏感而被生产出来。"②媒介呈现风险的过程便是一个赋予意义的过程。充斥于风险社会中各种威胁的物质性/非物质性以及可见性/不可见性意味着所有关于它的知识都是媒介性的,都依赖于解释,依赖于媒体对其的解释。

风险的媒介化过程与风险的"真实化"过程成为一种统一的过程。当媒体将不可见的风险呈现出来,通过媒体的公开性就将风险放置在这个世界的直接关注中,媒体化风险就成为人们行动的参照与框架,在人们的行动中将其真实化为直接的、物质的风险,风险就变成了真实的。约斯特·房龙因此说,风险的媒介化使风险实体化了。他用"虚拟风险"这个术语来凸显媒体化风险的特点,同时,他指出风险从来不是"真实的",而总是"变得真实",且获得了特别的力量。媒体在这一过程中不仅简单地"传递"着特定的风险关系,而且构建着它们。③

有学者指出,"媒介化风险"的主要特点在于,传媒因其社会信息沟通中介的特殊角色而引发了风险,这一点又突出地体现为两个方面:一是传媒本身无中生有地挑起风险,制造社会恐慌或混乱;二是传媒在

---

① 孟建:"媒介融合粘聚并造就新型的媒介化社会",《国际新闻界》2006 年第 7 期,第 24—27 页。

② [英] 芭芭拉·亚当、约斯特·房龙:《重新定位风险:对社会理论的挑战》,见芭芭拉·亚当、乌尔里希·贝克、约斯特·房龙编著《风险社会及其超越:社会理论的关键议题》,赵延东、马缨等译,北京出版社 2005 年版,第 1—5 页。

③ 同上书,第 37 页。

传播既有社会风险过程中，有意识地扩大或缩小，使已有的风险无法准确反映，传媒失去了预警的功能，转而成为风险的参与制造者。前者是传媒主动担当了新的社会风险的"发动机"，后者则表现为传媒充当了已有社会风险的"助推器"。①

高度媒介化的风险，也是高度政治性的。媒介参与了风险的建构或形塑，媒介自身也成为各种界定风险的权力力量的角斗场，这些力量共同决定什么可以算作是风险、如何想象和呈现这种风险，在由推理、隐喻、象征符号所组成的媒介表征系统中，完成对风险的生产、操纵、协商和置换。从这一角度看，媒介化的风险还可被理解为一种媒介化的统治形式。② 贝克也充分肯定了大众传媒在风险社会中积极的传播功能："对已经确定的风险的定义就像是一支魔棒，在一个对自身造成威胁的迟钝的社会，它可以激活政治中心。从这个意义上说，公众（大众传媒）对风险的揭示就成为流行的思想狭隘的'更多同样的事'这一态度的解药。"③

2. 媒体与风险的社会放大效应

风险社会放大效应是指，灾难事件与心理、社会、制度和文化状态相互作用，其方式会加强或衰减对风险的感知并塑形风险行为。反过来，行为上的反应造成新的社会或经济后果。这些后果远远超过了对人类健康或环境的直接伤害，导致更重要的间接影响，比如义务、保险成本、对制度丧失信心、污名化或脱离共同体事务。④ 在这里，放大效应不仅指风险信号的加强，也指风险信号的减弱，收集风险信息、与他人交流并引起行为方面的反应的个人或群体，就称为放大站。如图6—1所示。

---

① 庹继光："拟态环境下的'媒介化风险'及其预防"，《新闻知识》2008年第2期，第38—40页。

② 马凌："媒介化社会与风险社会" [EB/OL]：中国新闻传播学评论 http://www.zjol.com.cn/05cjr/system/2008/08/25/009870615_02.shtml。

③ 转引自庹继光："拟态环境下的'媒介化风险'及其预防"，《新闻知识》2008年第2期，第38—40页。

④ ［英］罗杰·E.卡斯珀森：《风险的社会放大效应：在发展综合框架方面取得的进展》，载谢尔顿·克里姆斯基、多米尼克·戈尔丁编《风险的社会理论学说》，徐元玲、孟毓焕、徐玲等译，北京出版社2005年版，第174—189页。

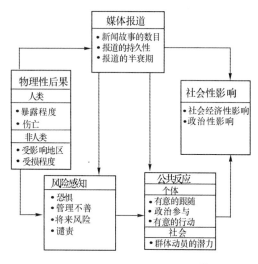

图6—1　因果关系假设模型①

　　从信息量来说，无论信息的准确性如何，大容量的信息流都可能成为风险的放大器。不仅如此，不管报道多么注意均衡，报道平安消息的效果似乎总抵不上引起恐惧的效果大。大容量的消息还会激起人们对特定风险的潜在恐惧，唤起对以往事故或管理失误的回忆，夸大人们对特定失误、事件或后果的想象。

　　从信息的可信度来看，专家之间的争论容易提高公众对事实到底是什么的不确定感，加深人们对危险的疑虑，同时降低官方发言人的可信性。如果媒体采用了错误的信息源，又缺乏有效的纠正方法，即使是极小的事件也完全可能带来巨大的社会影响。

　　从戏剧化程度来看，媒体总是着重报道那些罕见的、戏剧性的风险或风险事件，这无疑是风险放大的一个重要源泉。最后，风险信息中使用的特定术语或概念，其象征性内涵对不同的社会和文化群体来说有着完全不同的意义。如"受污染"（Tainted）一词在美

---

　　① 转引自［英］罗杰·E. 卡斯珀森《风险的社会放大效应：在发展综合框架方面取得的进展》，载谢尔顿·克里姆斯基、多米尼克·戈尔丁编著《风险的社会理论学说》，徐元玲、孟毓焕、徐玲等译，北京出版社2005年版，第187页。

国文化中受到其信息体系——"传染法则"（law of contagion）影响。① 这个词语意味着：就算食品中的毒物含量极其微小，也会被认为使食品带有了毒性；不论致癌物质的量多大，都会赋予致癌性。这种"全无或全有"的性质使安全标准成为不可信的原因。

　　需要特别指出的是，媒体这一风险的放大站既有风险放大的功能，又有风险减弱的功能。风险的减弱常常表现在新闻媒体在呈现风险的意义之时，是以消息源的形式提供的，这些消息源的可信性及权威性的需求，使得媒体往往会提供一个以专家、权威机构或官方为主的封闭文本圈。"通过这种文本封闭圈，风险被平息下来，作为一种服务于维持现存统治关系的特定利益的话语仪式而得到规制"。②

第二节　风险应对思路之一：慎用"中国制造"的概念

一　"中国制造"广告的启示

　　自 2009 年 11 月 23 日起，一则由中国机电产品进出口商会等 4 家协会联手打造的商业广告登陆美国 CNN。在广告里，展示了这样一幅画面：

　　　　清晨跑步的运动员所穿的运动鞋是"中国制造"，但是综合了美国的运动科技；家庭中所用的冰箱印着"中国制造"的标签，但是融合了欧洲风尚；MP3 播放器上用英文标注"中国制造"，但

---

　　① ［美］南希·克劳斯、托尔比约德·马尔姆福什、保罗·斯洛维奇：《直觉毒物学：专家与外行人士对化学风险的判断》，载保罗·斯洛维奇著《风险的感知》，赵延东、林垚、冯欣等译，北京出版社 2007 年版，第 349 页。

　　② ［英］芭芭拉·亚当、约斯特·房龙：《重新定位风险：对社会理论的挑战》，见芭芭拉·亚当、乌尔里希·贝克、约斯特·房龙编著《风险社会及其超越：社会理论的关键议题》，赵延东、马缨等译，北京出版社 2005 年版，第 28 页。

使用了来自硅谷的软件……30 秒画面快速切过。字幕上的 "Made in China" 渐变成了 "与中国共同制造 Made with China",同时画外音说 "when it says made in China, it really means made in China, made with the world"。

这则广告旨在传达这样一个信息:"中国制造"是全球产业分工的结果,是世界上各个贸易体共同分工协作、赢利共享的结晶。其传达的理念是:"中国制造"不是廉价的、低质的,相反它乐于吸收全球各地的智慧和精华,无论是"美国科技",还是"法国风尚",都能成为"中国制造"的元素。其目的在于重造和巩固"中国制造"在全球市场上的声誉,提升"中国制造"的国际形象。

这则广告的本意是好的,但广告播出后,国内外反应完全不同。在国内,从专家到媒体,从媒体到民众,议论纷纷,对这个中国首次出现的国家形象广告褒贬不一。在国外却反应平平。12 月 1 日法新社评论说,通过在 CNN 播广告,北京正在用一种"主动"的方式与世界沟通,但问题是中国似乎并无意打破仅是个"制造者"的固有概念。路透社也认为"中国早前一系列产品安全事件令世界关注。现在希望能通过广告运动挽救其在国际上的形象"。在美国媒体上几乎见不到对这一广告的反应。即使在知名视频网站"Youtube"上,相关浏览量也不大,在广告播出一周后,也只有约 2000 次的点击率。

在互联网上,可见到一些国外网民对广告的评论。有人认为,"这会让你觉得中国产品的质量更好吗?并非如此。这个创意背后的含义好像是,当产品是'中国制造'时,它就是在别的地方设计的(事实上,Apple 的标志在 ipod 背面非常明显),所以,你不需要担心你的鞋子、冰箱和衣服,因为它们只是在中国制造的,并不意味着他们是中国的——他们依然确切地是外国的。"① 在《华尔街日报》所链接的一个博客里,网民发表讨论说,"美国并不信任中国政府,这个商业广告是他们做的,我们为什么要相信这个广告?这个广告的目的是让中国政府

---

① http://shanghaiist.com/2009/11/27/made_in_china_ad_campaign_has_its_f php#comments.

获益。信不信由你，但是这个广告是让我们的钱流向中国，而且我们的官员还因为此事受到指责。如果你不希望美国失去它现在的世界地位，我建议不要向一个我们不认同的国家屈膝。""中国是一个社会主义国家，却在制造美国的产品，还是劣质的。此外，还夺走我们的工作，操纵人民币保持低汇率，把中国制造的产品定价很低来对抗美国产品。我们已经很严重衰退了很多年，除非我们自己制造产品。当我们保持购买中国产品时，美国的赤字就会继续上升，导致美元极度通胀。我们会越来越穷。"①

为何这则旨在与国外沟通的广告在国内叫好，在国外却依然唱衰？我们知道，在当前状况下，对"中国制造"而言，不断地进行反思和改进，提高"中国制造"的品质和服务，是应对"中国制造"风险的最根本方法。毕竟，国际贸易中的国家利益不管多么复杂微妙，最终是由具体的产品质量来承托和表现的。但是，从传播学角度来讲，消除误解的形象广告依旧不可或缺。这则广告没能达到预期效果，究其原因有以下几点：

1. 从广告本身来看

（1）"中国制造"本身所面临的风险不仅是对中国产品的不信任，更多的指向对中国政府的不信任。面临"中国制造"产品质量问题给公众带来的风险，一方面是国家提供的保障和公民对此的期望，另一方面是这一期望所遭受的全面破坏。众所周知，在西方世界，政府对于企业的监管是非常严格的，这种严格的监管体系所形成的市场准入标准是很高的，在社会公众看来，任何一个具有合法生产资质的企业进入市场都经过了政府的严格把关，因而是值得信赖的，即使偶然出点问题，也不是根本的质量问题。显然，在这种对企业产生的信赖背后，是他们对政府及其社会监管制度的信赖。这则广告只讲述了"中国制造"与世界生产的关系，却并没涉及信任的问题。

（2）这则广告的播出依然未改变中国处理问题的旧有模式"丑闻—修复"模式，这种模式总是将自己置于被动的处境之中，在发生

① http：//blog.swsj.com/chinarealtime/2009/11/27/a-makeover-attempt-for-made-in-china/tab/comments/.

问题后反应迟缓,反而极易唤醒国际民众对"中国制造"丑闻记忆的反弹。国家形象的传播不是一朝一夕便能"毕其功于一役"的事情,它需要一个长期的关系建立与信誉维持过程。"丑闻—修复"模式有这样一个潜在的风险:广告的反复播出可能会不断唤醒早期公众已形成的对"中国制造"的印象,如果这一印象是负面的,则可能会使程度不断加深,反而起到一个相反的作用。

(3)独白式的话语形式有悖于公共关系的核心。公共关系的核心,应该是建立关系,即建立和维持公关主体与客体之间良好的持久互动关系,它需要主客体双方坦诚而全面的双向交流。而广告里"决定—宣布—辩护(decide – announce – defend)"的沟通方式,只是一方的独白。从语言运用的角度来看,"独白是一个人用排除被其他人打断的可能的形式来说话。而对话则是用邀请其他人来参加的形式说话。"① 从符号表达的角度来看,"我说你听"的独白,意在消除交流双方的差异性和距离感,但在交流意向上是把说者和听者看作是主客体关系,把听者当成无自觉意识的被动客体,并将自我意志加之于另一方②。"中国制造"的广告从根本交流属性上看是压抑的、宣传式的,因而无法真正地与对方进行对话,很难使沟通的双方建立起真正的信任。这就造成了国外网民对这则广告的抗拒心理,在理解信息时易选用抵抗式解读的方式。

2. 从广告接收的具体语境来看

(1)这则广告继续把中国定义为"世界工厂",让一向以自我为中心的美国公众更加深刻地认识到日常生活中到处是中国所制造的产品,它更能令人体会到中国产品对美国制造业的影响,继而联想到失业、经济危机,等等。因此,美国公众从情感上很难接受"中国制造"。

(2)广告将主要受众目标确定为国际公众,强化了"对外"意识,忽视了产品先国内后国外的流通过程,不仅导致国际市场与国内市场的双重标准的印象,更引起了"作秀"的嫌疑,会使信息接收者产生这样一种看法:这是一个政策取向很强的活动,更注重的是短

---

① [美]葛里高利等:《语言和情景》,徐家帧译,语文出版社1988年版,第57页。

② 孟华著:《符号表达原理》,青岛海洋大学出版社1999年版,第75页。

期的政策效果，其关注点并非是消费者的健康安全问题。对国外消费者而言，他们认为"中国制造"的问题不仅对自己造成了威胁，也同样对中国国内的消费者造成了威胁。他们拭目以待的是中国如何对待自己的国民，并由此及彼地来判断中国意图。这样就将对某一国家和国民的认同与该国产品的认同纠葛在一起，没有对国家和国民的认同，该国的产品就得不到认同；反之，对该国产品的不认同，也就否定了对该国及国民的认同。

（3）这则"中国制造"广告囊括了所有的中国产品，把所有分散的中国产品形象整合成一个整体形象，反而易出现"一荣俱荣，一损俱损"的局面。如果在广告播出之时，有任何一种中国产品出现问题，其影响就会适得其反，反而使"中国制造"本身面临更大的风险。

总之，从风险传播的角度来看，这则广告的播出只是一种机构、个人、团体的公关策略，目的在于如何在媒体上使用适宜的传播修辞来说服大众、维护自身形象、有效达成宣传目的。这是一种以传播者的利益为出发点，建立在政治、权力基础上的公关手法。但是，在风险社会的语境之中，只采用这一种传播方式已明显落后于客观实际。问题不是人们所想象的那样在于风险本身，而在于行动和国家机构的合理性所遭受的巨大损害。"信任危机加强了风险意识，因为当人人都不愿再相信这样一些宣布安全公告的公共机构时，而它们反复发誓说，一切都完全处于控制之中，而种种相反的情景都预示着灾难即将来临"[1]。在风险文化时代，人们更多地不再是通过理性的精确计算和颇具规范性的假定来排除风险，而只是通过具有象征意义的运作方式，特别是通过具有象征性的理念和信念来处理好涉及风险文化的各种问题。[2] 我们不禁要反思，"中国制造"这一指称所有中国产品的名称在风险应对中适宜吗？

---

[1] 薛晓源、周战超主编：《全球化与风险社会》，社会科学文献出版社2005年版，第14—15页。

[2] ［英］斯科特·拉什："风险社会与风险文化"，王武龙编译，《马克思主义与现实》2002年第4期，第52—63页。

二 慎用"中国制造"的概念

从中国出口贸易的发展、中国企业的发展及认识的角度来看，"中国制造"这一概念的使用值得商榷，甚至有必要在早期淡化"中国制造"这一概念。

1. 淡化"中国制造"：升级出口竞争战略的需要

2009 年年底，我国出口已超越德国，成为全球最大出口国。作为贸易大国，我国的出口商品竞争力仍然较弱。一方面，我国在国际产业分工中依旧处于低端位置，高技术含量、高附加值商品出口比重偏低。另一方面，由于贸易大国进出口数较大，限制了劳动力等比较优势作用的发挥，反而容易引起反倾销诉讼。因此，出口竞争战略的升级已成为一种必然。出口竞争战略必将从重视出口贸易规模转变为追求出口贸易效益和质量，优化出口产品结构和市场结构，提高出口产品的技术含量和附加值，从而走上"从产品到品牌"的国际化之路。

世界经济发展到今天，我们必须清醒地认识到，世界市场竞争的焦点已转向了多样化、系列化、优质化、国际化和名牌化的竞争，品牌竞争已成为市场营销的焦点、核心问题，也是市场营销的新亮点，制定品牌竞争战略是中国产品提高国际竞争力的必然选择。"中国制造"的产品全世界覆盖率非常高，占有全世界出口产品 64% 的份额，要让"中国制造"为全球所信赖，树立若干个广受国外消费者喜爱的品牌是有效途径。品牌优势一旦形成，就会使目标顾客关注的焦点从商品本身即物质利益，转到了品牌所隐含的情感利益，从而使目标顾客形成强大的认牌选择，而不再关注该品牌的实体产品的生产者。"日本制造"开始占领世界市场时，也曾面临产品劣质的质疑，最终，索尼、丰田、本田等品牌的塑造成功地将"日本制造"从"劣质产品"扭转为"优质产品"。

但是，"中国制造"这一概念具有高度浓缩性，它泛指所有的中国产品。然而，每一种产品都有其不同的功能，有不同的消费群体，具有不同的文化价值和内涵，如果使用一个整体的形象去统领"优点不同，缺点反而更具相似性"的中国产品的话，不仅不能让公众产生一个美好而具体的印象，反倒更易与产品的负面新闻联系在一起。可见，"中国制造"这一概念并不适宜于为品牌的塑造提供支撑力量，也很难使其具有更多的品牌涵义，打造各个产品的品牌更为适宜。

2. 淡化"中国制造"：企业发展现状的需要

近年来，在我国对外贸易中，外资企业所占的份额逐步增大，本土企业的出口份额相对减少。而本土企业中私营企业的比例又不断上升，[①] 因此，从实际经营来看，虽然各地的出口型产业集群规模不容小觑，但是性质不同的企业发展颇不均衡；单个企业，尤其是比例逐步扩大的私营企业的规模都相对较小。这些都导致了中国企业在发展上存在着一些障碍。

首先，抗风险能力差。中国企业在发展过程中，热衷于将快速扩展和市场份额放在第一位。在进行市场的"跑马圈地"运动中，往往只重视建市场，而轻视技术研发，其管理水平也落后于扩张的速度。结果，同行业企业产品高度同质化，再加之对数量的积累和利润的实现的盲目追求，忽视企业的社会责任，直接将企业置于道德风险之下。在经营过程中，这一风险不断积累，一旦转变为现实，就会对企业构成致命的打击。就连苦心经营了50余年、号称中国500强、价值高达149.07亿元的三鹿品牌，在婴幼儿配方奶粉发生重大食品安全事故发生后，于短短的几个月内就灰飞烟灭。中国企业抗风险能力之差，导致了企业在发生问题后总是寻找种种借口来推脱、逃避责任，诚信体系由此缺失。

其次，企业投机心理严重，更重视短期的获利行为。即使是我国国有企业的主力军——央企在赢得利润后，不是将其投资于产品技术的研发，而是热衷于非主业投资，将资金用于炒股或是做地产。以至于国资委主任李荣融认为没有一家央企能够拥有20年左右的技术或产品储备，批评央企"东张西望"，应当干好自己的实业。[②] 实力雄厚的央企尚且如此，那些在市场高压下生存的民营企业、私营企业的境况可想而知。

再次，中国出口企业大多只是跨国公司的加工车间，而非真正意义

---

① 朱诗娥、杨汝岱："中国本土企业出口竞争力研究"，《世界经济研究》2009年第1期，第8—14页。

② 汪时锋、李荣融："警告央企：不要东张西望"，《第一财经日报》2010年4月第6版。

上的企业。这些企业对出口贸易依赖性强，只有单一的生产环节，其企业管理的中心就是把产品生产出来，以完成生产任务为经营目标。这类企业对政策的依赖性非常强，既不讲求企业文化的建设，又没有技术核心为立足的基础，唯一的竞争优势就是成本优势。在世界市场上依靠"薄利多销"谋取利润，甚至频频使用压低产品价格等恶性竞争手段，结果屡屡遭到国外的反倾销调查。

由此看来，中国企业从发展到成熟还要经历一个较长的时期，在现阶段它们还无法承担起"中国制造"这一重任。如果用"中国制造"将它们进行整体包装，其结果只能使风险更加扩大。只要有一个企业发生问题，就会牵连到其他企业，甚至整个中国制造业。

3. 淡化"中国制造"：重塑中国产品形象的需要

随着中国产品的大量输出，美国媒体所建构的"中国制造"形象已然深入人心，这种形象就是"低价低质"甚至"危险"的刻板印象。一提起"中国制造"便意味着这是处于世界生产链的最低端的产品，就意味着是那些劳动密集型、附加值低、技术创新能力不足和资源消耗大的产品。这一负面印象常常使中国产品难以获得应有的市场份额和应得的附加价值。我们经常会遇到这样一种尴尬的场面：中国生产的产品以很低的价格出口到发达国家，而贴上发达国家厂商的标签后身价即翻十几番甚至几十番。

刻板印象是人们对特定事物所持有的固定化、简单化的观念和印象，它通常伴随着对该事物的价值评价和好恶的感情。① 刻板印象一旦形成，就会很难改变，并且会强烈地作用于人们的思想和行为。② 李普曼早在1922年的《公众舆论》一书中就认识到了刻板印象的作用，他认为："它使我们在这个喧嚣的外部世界中能够一眼就认出早已为我们定义好的自己的文化，而我们也倾向于按照我们的文化所给定的、我们所熟悉的方式去理解"。③ 因此，刻板印象具有稳定性。

---

① 郭庆光：《传播学教程》，中国人民大学出版社1999年版，第260页。

② Steele, C. A threat in the air: How stereotypes shape intellectual identity and performance [J]. *American Psychologist*, 1997 (52): 613–629.

③ [美] 沃尔特·李普曼著：《公众舆论》，阎克文等译，上海人民出版社2002年版，第67页。

它就像一张滤网帮助人们过滤外部世界的信息,将与之一致的信息加以理解转化,从而巩固原有的刻板印象,而不一致的信息则被当作特例排除在外。[①]

然而,自2003年以来,中国在世界生产链的地位不断上升,技术密集型的产品的竞争优势不断提升,出口产品结构已经开始升级。[②] 我国高新技术产品出口飞速发展,2004年扭转了高新技术产品贸易多年逆差的局面。同时,我国政府一直采取税收、金融、产业、引进外资等政策来引导贸易结构升级,加强我国自主创新能力,改善出口商品结构。[③] 这种新的变化与进步易被"中国制造"刻板印象所遮盖,其先入为主的成见很难扭转。因此,从认知的角度来说,"中国制造"的概念宜淡化不宜强调。

综上,无论是从出口竞争战略、企业发展现状来看,还是心理认知的角度来看,应对"中国制造"风险的最重要的战略之一,就是慎用"中国制造"的概念。如果"中国制造"被我们有意淡化,那么在美国媒体上也会相应出现反应,"中国制造"及其所带来的一切负面联想,随着该词的淡出也会渐渐消失。与此同时,将重心放在分别塑造各个产品的品牌上,从个别突破入手,最终逐步树立公众对"中国制造"的信心。

第三节 风险应对思路之二:重塑
负责任的国家形象

一个国家的产品往往就是该国国家形象的载体,产品形象常常与国

---

① Hirsch, P. The "scary world" of the non-viewer and other anomalies: A reanalysis of Gerbneret al's finding on cultivation analysis: Part 1 [J]. *Communication Research*, 1980 (7): 403-456.

② 贾杉、甘子夏:"比较优势与中国出口商品结构升级:1992—2007",《统计与决策》2009年第4期,第107—109页。

③ 柴华:"中国出口贸易增长分解与机理分析",《世界经济研究》2009年第9期,第40—46页。

家形象叠映在一起,相辅相成、共生共荣。"中国制造"就是中国国家形象的代名词。美国媒体上"中国制造"的形象直接引发了对中国的误解和猜疑,导致中国很难取得国际社会信任。美国学者雷默认为,"名声资本可以用来降低国际冲突……能使这些冲突的成本呈几何级放大或缩小","一个国家如果缺少名声资本,其改革的风险性和不确定性必然将大大增加"[①]。由此可见,应对"中国制造"的风险本身就包含了塑造中国国家形象之义。

在国家形象的传播过程中,我们可以看到三种国家形象:第一种是具有不可描述性的国家形象的"源像"[②];第二种是本国系统中主控族群[③]所力图树立的形象;第三种是国际信道传输和其他国家主控族群所描述下的一国的形象。国家形象的"源像"具有不可描述性;源像一方面经过国家系统的主控族群的描述和加工输出,带有强烈的族群意识形态色彩和理想主义的色彩;另一方面又由于全球化的发展,源像又部分被国际信道中的传播者以及其他国家系统中的主控族群描述、加工和建构,受到意识形态、国际关系格局和体系、国际形势等更多的因素的影响。后两者的国家形象经过国家系统的外部受众的接收和加工,形成映像[④],最终成为我们常说的"国家外部形象"。国家形象的传播过程就是这样在国际社会中循环往复,不断地被建构着。

这三种形象的划分揭示了国家形象的"传播"过程和"塑造"过程是两个不同的概念。"传播"是国家形象客观上的描述、传输和被解读及再输出的过程,而"塑造"则是一国的主控族群或者是政治主导者利用特定的方式、方法及其控制的国际信道实现其主观上认定的国家

---

① [美]乔舒亚·库珀·雷默:《淡色中国》,见乔舒亚·库珀·雷默等著《中国形象:外国学者眼里的中国》,沈晓雷等译,社会科学文献出版社2006年版,第25、29页。

② "源像"一词是指物质运动变化所产生的信息,即形象的物质本源性,且是客观存在的,具有唯一性和不可描述性。这一概念参见刘继南等著:《国际传播与国家形象——国际关系的新视角》,北京广播学院出版社2002年版,第287页。

③ 是指一个国家内部对物质力量和意识形态的形成和再生产具有控制能力的族群(group)。这一概念参见莉莎·泰勒、安德鲁·威利斯著,简妙如等译《大众传播媒体新论》,台湾韦伯文化事业出版社1999年版,第38页。

④ 刘继南等著:《国际传播与国家形象——国际关系的新视角》,北京广播学院出版社1999年版,第38页。

形象的过程。塑造过程包含在传播过程内。在现行的国际机制下，民族和国家的矛盾及对立仍然存在，因而，塑造对于国家形象的传播过程有十分重要的影响。① 应对"中国制造"的风险，就要从最根本的"源像"入手，再逐步进入传播的过程形成整体的国家形象。对"中国制造"而言，政府及其官员、企业正是其"源像"形成的参与主体。

一 政府：负责的监管者

政府是代表国家行使管理职能的权力机构，在"中国制造"的问题上，对于消费者、个人或社会组织来说，当他们遭遇风险或受到风险伤害时，他们的期望就是公共机构为此提供保障，消除危机，减少灾难。而对于公共机构来说，它们的责任是以制度的形式支持一切公理。"政府存在的目的即在于保护公民的权益，如果不是为了保护公民的利益，我们实在不知为何要有政府。"② 对公民而言，安全的需求处于第一位。政府应当承担起公众安全的责任，并以此为出发点行使管理职能。贝克也指出："在现代化进程中，消除危险的行为本身成为政治性的。属于工业管理自主性领域的问题，如生产计划的细节、生产过程、能源的类型和废物的清理，不再仅仅是工厂管理的问题。它们继而成为政府决策的烫手山芋，这些在选民中的观念甚至可以与失业问题相提并论。"③

1. 重视风险管理，提供制度性空间保障

政府作为监管者，关键是要建立一种风险管理机制，使政府行为更加理性，利用政府有限而强有力的资源有序发展，不再给人以口实。

（1）国内安全标准与国际安全标准的接轨。

首先，在国际市场竞争的大背景下，国内应该形成一个整体、统一

---

① 薛晓源、周战超主编：《全球化与风险社会》，社会科学文献出版社 2005 年版，第289—290 页。

② "'熟人社会'向'陌生人社会'转型——访四川省社科院胡光伟" [EB/OL]：人民网 http：//theory. people. com. cn/GB/41038/5187932. html.

③ Beck, Ulrich. *Risk society：Towards a New Modernity*. London：sage Publications, 1992：78.

的标准，以集聚和提升国内市场的竞争力，扩大国内标准的用户基础和网络效应，形成国内标准的大国效应，强化国际竞争力。① 现阶段，我国国家标准、地方标准、行业标准间不统一与矛盾之处依然存在。甚至在对外贸易中形成了国内、国外两种标准和两套监管制度。正是这种状况的存在，为中国产品出现质量安全问题埋下了隐患，同时也导致了国外消费者对"中国制造"的不信任。国内近年来一些重大食品药品安全事件的发生，引发了国外消费者对中国产品的信任危机：连自己国民的健康安全都不顾的产品，怎么会对国外消费者负责呢？

其次，积极参与国际标准的制定，掌握主导权。目前，在公共安全领域，国际标准化正在悄悄地加紧酝酿。2005 年 11 月，国际标准化组织 ISO 发布了《供应链安全管理体系规范》，该规范描述了供应链中的组织机构在建立、实施、维护和改进安全管理体系过程中的具体要求。同时，还加强安全应急标准——业务持续发展计划（BCP：Business Continuity Plan）标准的制定工作。对此，主要发达国家都给予了高度关注，美国、日本和欧洲等国家均把安全作为标准化战略的重点领域集中优势资源大力推动，特别是在参加安全领域国际标准化活动中表现出争夺主导权、占领制高点的竞争态势，以反映和维护国家利益。我国应当在提升国内标准水平的前提下，有重点地跟踪采用国际标准、实质参与国际标准制定等措施，为本国产品的输出提供制度性保障。

（2）变专项整治为法制规范，完善缺陷产品召回制度。

缺陷产品召回制度的目的是消除产品存在的隐患，最大限度地消除对公众安全的威胁。它不仅增加了生产者与销售者的产品质量责任和政府的产品监管职责，而且最终完善并增强市场的诚信的法律制度。从国家的层面来看，这是对国家整体经济安全所提供的保障。庞德也曾经说过，"在一般安全中"存在着一种"社会利益"。②

---

① Wang Yaozhong, Hou Junjun, Cao Yunhan. Network Effect, Large Country Effect and International Competition of Standards. The 2008 International Conference on business intelligence and financial engineering.

② Pound, Roscoe. A Survey of Social Interests [J]. Harvard Law Review, 1943, (9).

早在 1966 年美国首先在汽车行业根据《国家交通与机动车安全法》明确规定汽车制造商有义务召回缺陷汽车。1985 年，联合国《保护消费者准则》中规定，各国政府应酌情制定政策，规定一旦发现产品有严重缺陷，即使正确使用也会造成重大危险时，制造商或经销商应收回该产品加以替换或修改，或改换另一产品；如果不可能在合理时间内这样做，就应当适当地赔偿消费者。而我国最早的召回制度的立法是地方性法规，即 2002 年 10 月 28 日通过的《上海市消费者保护条例》第 33 条规定：经营者发现其提供的商品或服务存在严重缺陷，即使正确使用商品或者接受服务仍然可能对消费者人身、财产安全造成危害的，应当立即中止、停止出售该商品或者提供该项服务；商品已出售的，应当采取紧急措施告知消费者，并召回该商品进行修理、更换或者销毁，同时应当向有关行政管理部门和行业协会报告。直到 2004 年 3 月 15 日，才由国家质量监督检验检疫总局、国家发展和改革委员会、商务部、海关总署联合制定发布了以缺陷汽车产品为试点的召回制度《缺陷汽车产品召回管理规定》。随后又颁布实施《儿童玩具召回管理规定》、《食品召回管理规定》、《药品召回管理办法》。2009 年 4 月 8 日国务院法制办才公布了《缺陷产品召回管理条例（征求意见稿）》，可以说我国的产品召回制度在不断发展，但至今仍没有一部完整的法律规范。

（3）进行信息披露管理，确保产品安全标准和缺陷产品召回制度的实施。

对消费者而言，很难了解和鉴别不同商品的质量、价格和服务信息，而商品生产者、销售者拥有绝对的信息垄断性。消费者与生产者之间存在着信息不完全、不对称、不透明甚至扭曲的现象。政府正是在这一基础上进行主动信息披露，避免以"稳定"为名掩盖"不利"消息。通过信息的及时传递及交流，充分满足消费者的知情权，以确保产品安全标准和召回制度的实施。

中国历史上长期存在有"民可使由之，不可使知之"的观念，在没有法律约束的情况下，政府自己并不愿公开诸如决策失误、效率低下、管理混乱、腐败等信息，而更愿意公布诸如政府政绩优良，领导人关心民众生活等有利于树立政府良好形象的信息。因此，常常对负面信息以有利于社会稳定等借口，将其控制在机关内部，而只把正面信息向公众公布。这就导致了有法不依，执法不严的现象的发生。因此，保障信息的公开、及时，才能真正解决产品质量安全问题，使消费者恢复对"中国制造"的信心，恢复对中国政府的信心。

要保证安全标准与缺陷产品召回制度的实施，运用各种信息媒体，如党报、党台、互联网等多种媒体形式定期公布产品质量检验报告，及时通报召回信息。使信息披露既是面对社会的一种信息沟通，又是一种引导和警示，为风险的规避起到预警的作用。

（4）给予媒体充分的监督权。

要保证政府监管行为的透明度，就要进行风险交流。风险交流是指关于风险的信息和意见的交流与互动。[①] 政府监管领域的风险交流，要求政府作为监管者，与被监管对象、社会公众、社会团体就风险的分析过程、风险信息充分进行信息交流、共享和互动，听取多方意见，为监管提供深厚的基础。要达成这一目的，政府就须给予媒体充分的监督权，在媒体的推动下，使政府得以实现监管者的角色。

说到风险交流，三鹿奶粉事件中血的教训足以令我们引以为戒。早在 2007 年 12 月三鹿集团就已接到了产品质量问题引起的对儿童伤害的相关报告。至 2008 年 8 月 2 日三鹿集团才向石家庄市政府报告，并向政府提出请求说："请政府加强媒体的管控和协调，给企业召回存在问题产品创造一个良好环境，避免炒作此事给社会造成一系列的负面影响。"[②] 在此期间，毒奶粉一直处于媒体监督的真空状态。2008 年 9 月 9 日，甘肃《兰州晨报》一则标题为《14 名婴儿同患"肾结石"》的报道，不点名的指出"长期食用某品牌奶粉而导致 14 名不满周岁婴儿患肾结石"。直到 9 月 11 日，《东方早报》记者简光洲才第一个站出来曝出了三鹿的大名，社会大众才真正知晓了肇事者

---

① Randall Morley. "加拿大进口风险分析政策" [EB/OL]: http://www.ccage.com.cn/downloads/1_Ihesp/Epid_RiskAss/cn/。

② 王明浩："三鹿奶粉事件为何迟报"，《人民日报》2008 年 10 月 2 日第 1 版。

究竟为何人。然而，在缺失媒体监督的这长达 9 个多月的时间，毒奶粉蔓延范围不断扩大，导致更多儿童患病，发生了更多的伤害。试想，如果没有政府对媒体的"管控和协调"，而是政府通过媒体直接发出警告，这种伤害程度就会降到最低，社会为此付出的成本也就会更小。因此，尽管报道会引发一定程度的恐慌，大众传媒也"可能会受到利益和权力的影响，但假若没有媒体的介入，事件只会更糟，广大公众对于风险的感知或者社会所面临的风险，有可能被人为弱化甚至掩盖。"①

综上，作为市场的监管者，政府对市场的干预，是解决消费者信息不对称、降低产生负外部性的行为水平或负外部性的一种手段。直接的监管方式包括制定标准、发布命令、发放许可证等。间接的监管方式主要是通过法律、经济等政策工具并遵循市场规律、借助市场机制的力量引导被监管者朝着降低市场外部性的目标前进。② 政府在市场经济中所承担的角色应当是市场的监管者，而不是市场的参与者，因而在监管过程中要讲究有所为有所不为。

2. 注重对外交流，善用对话形式

在对外交流中，政府最常见的沟通方式是代表国家通过媒体直接发布信息，包括有关国家法律法规、方针政策制定、颁布方面的信息；对重大国际事件或两国关系处理表态性的信息；有关国家发展的数据、指标、业绩，等等。例如，许多国家的政府都会以白皮书、蓝皮书的形式向外发布官方文书，介绍国家相关政策及政策的实施情况，以获得国际社会的认同与支持。我国近年就有《中国的军备控制与裁军》白皮书、《中国的民族区域自治》白皮书、《中国的社会保障状况和政策》白皮书、《中国的就业状况和政策》白皮书，等等。这些文件与信息往往能够引起其他国家和国际社会的关注与重视，最终形成外界对某个国家整

---

① 黄旦、郭丽华："媒体先锋风险社会视野中的中国食品安全报道——以 2006 年'多宝鱼'事件为例"，《新闻大学》2008 年第 4 期，第 6—12 页。

② 宋瑞霖、陈昌雄：《政府在产品质量监管中的地位与作用——对三鹿奶粉事件的反思》，载上海市食品药品安全研究中心编，唐民皓主编：《食品药品安全与监管政策研究报告2009》，社会科学文献出版社 2009 年版，第 371 页。

体性的印象。①

但是，对美国公众来说，政府并非是可信的，他们更注重信息的多元与平衡，认为在报纸提供充分信息下，自己有能力对事件做出判断。因此，如果政府官员不是以政府的名义，而是以个人名义发表对事件的看法反倒更易被美国公众接受。2007年5月18日，吴仪在访美期间以个人的名义在《华尔街时报》上发表了一篇题为"双赢"的政论文。文章分析中美贸易发展趋势及两国在经济上的相互依赖性，指出互利共赢是中美经贸关系的目标。这在美国的政、商两界都引起高度关注，而且评价都是十分积极和肯定的。2007年12月11日，吴仪再次在《华尔街日报》上撰文，强调中国产品质量监控工作日见成效。一直苦于中国无法在国外媒体，尤其是美国媒体上发出自己的声音，却突然出现了这样的局面，这是为何？

要理解这点，首先要理解美国的媒体制度。美国媒体制度建立在这样的理论基础之上：媒体有责任把全面的、平衡的、关于事实的信息提供给作为国家主人的人民。当不同的信息，包括愿望与目标（价值观）、事实与解释以及建议、主张、要求、威胁等，在市场上自由地竞争的时候，受众——作为理性的消费者，最终会选择采纳对自己最有益的信息。② 所以，要使信息的竞争真正产生出对社会有利的结果，媒体就必须给各种利益集团及其所代表的意见以大致相等的公平的机会。而美国国内的各种利益集团早就懂得，为了各自的利益，必须对美国的媒体加以监督、施压、说服，努力把媒体的态度推向对自己有利的方向。并在这样的认识基础之上，形成了一个高度职业化的专业，即"公关"的行业。可见，美国媒体并未拒绝中国在本国媒体上发出自己的声音，只是我们根本没有"公关"的意识，从未认识到可以通过美国媒体直接发言。

吴仪的文章向我们提供了一个极好的启示：对外交流，可以采用多

① 程曼丽：《大众传播与国家形象塑造》，见中国公共关系协会组编：《中国公共关系二十年理论研究文集》，北京大学出版社2007年版，第406—407页。
② "决策、传播、中国——访北卡罗来纳大学新闻与传播学院副教授赵心树博士"，载于《复旦新闻大学》2001年第3期，第20—25页。

种灵活的方式,并非只有单一的政府对政府、政府对他国民众简单的告之模式。

二 企业:社会责任承担者

现代管理学大师彼得·德鲁克认为,企业存在于社会的目的是为客户提供产品和服务,而不是利润的最大化。企业的第一任务是承担社会责任。其次才是赢利。谁违反了这个原则,谁就可能被市场淘汰。[①] 换句话说,责任是企业的生存之本,是企业至高无上的生存法则。北京大学光华管理学院院长张维迎也说过:"利润就是责任,利润来自责任,一个企业承担责任的能力决定其获得利润的能力。"

所谓企业社会责任,就是企业在生产经营过程中对经济、社会和环境目标进行综合考虑,在对股东负责、获取经济利益的同时,主动承担起对其他利益相关者的责任,即指企业对股东之外的利益相关者所承担的责任。[②] 这一概念的提出与发端于美国、后在西方盛行的"企业社会责任运动"相关。

早在 1924 年,美国学者谢尔顿(Oliver Shelton)就提出,应当把企业社会责任与公司经营者满足产业内外各种人类需要的责任联系起来,并认为企业社会责任含有道德责任在内。[③] 1929 年通用电气公司的一位经理 Owen D. Young 发表的一次演说指出,不仅股东在公司中有利益,雇员、顾客和广大公众也同样在公司中有一种利益,而公司的经理们有义务保护这种利益。这是企业应对其他利益相关者承担社会责任观念的最早和最典型的表述。[④] 1953 年,霍华德·R. 博文(Howard R. Bowen)出版了《企业家的社会责任》一书,大大推动了企业社会责任的研究和讨论。20 世纪 60 年代,美国大学的商学院开始开设企业

---

① 转引自杨宗华《责任胜于能力》,石油工业出版社 2009 年版,第 3 页。

② 陈留彬:《中国企业社会责任理论与实证研究——以山东省企业为例》,山东大学博士论文,2006 年。

③ Shelton, Oliver. *The Philosophy of Management* [M]. 1924:74.

④ Address of Owen D. young, January, 1929. quoted in E Merick Dodd, Jr. For Who Are Corporate Managers Trustees? [J]. *Harvard Law Review*, 1932 (7):1145 - 1163.

社会责任课程，一些发达国家，如法国、日本等国开始呼吁确立企业社
会责任。到了 80 年代，美国的企业社会责任的思潮具体化为立法运动，
至 80 年代末期，美国已有 25 个州出台了类似法律。之后，企业社会责
任运动在全球范围内广泛兴起，美国、欧洲、日本等西方发达国家纷纷
倡导并要求企业实践社会责任，《财富》和《福布斯》等著名商业杂志
在企业排名评比时也都增加上了"社会责任"标准。90 年代中后期，
发达国家的一些社团组织，特别是那些具有劳工问题专业知识和海外推
广经验的商业组织、工会以及社会团体，开始推出各种独立的企业社会
责任标准，用于对企业的"认证（verification）"。目前名气比较大、在
国际上有一定影响的，主要有美国的公平劳工协会（FLA）标准、国际
社会责任组织（SAI）标准、全球负责任的服饰生产（WRAP）标准、
英国的道德贸易行动（ETI）标准、德国的外贸零售商协会（AVE）标
准、荷兰的清洁服装运动（CCC）标准等。

　　随着中国对外出口的增加，跨国公司生产线向中国内地的转移及
WTO 的不断推动，中国于 20 世纪 90 年代初期开始了企业社会责任活
动。2008 年 4 月，中国工业经济联合会会同 10 家全国性行业组织召开
"社会责任高层论坛暨社会责任指南发布会"，发布了《中国工业企业
及工业协会社会责任指南》。有学者梳理了西方各国企业社会责任运动
后，认为现阶段中国企业所承担的责任主要有九项，[①] 分别是对投资
者、企业员工、消费者、债权人、竞争者、政府、环境、社区及社会公
益所承担的责任。但是，我国企业社会责任观念主要是靠外力，尤其是
跨国公司"验厂"的推动下来推广的，并且，跨国公司对中国企业的
社会责任的要求更多地表现在劳动条件和生产安全上。作为中国市场经
济主体的中国企业并未真正地从自身的发展上全面而自觉地树立企业社
会责任的观念，并将社会责任视为自己的义务，再加上现有国情的种种
限制，中国企业的社会责任观念还很淡薄。自 2003 年以来，中国许多
企业不断曝出公共危机事件，从"金龙鱼"到"巨能钙"，从"苏丹
红"到"毒奶粉"层出不穷。更有甚者，毒奶粉事件被披露后，三鹿

---

　　① 陈留彬：《中国企业社会责任理论与实证研究——以山东省企业为例》，山东大学博
士论文，2006 年。

集团不但没有意识到自身错误，反而把责任推给所谓的"不法分子"——奶农。同时，还以"负面影响"为由，向政府部门请求隐瞒真相、平息事态，甚至花费 300 万元广告投入框架协议，换取百度删除负面信息。这些做法激起了公众极大的愤怒与更多的谴责，三鹿集团也在这种不负责任的姿态中逐渐走向了灭亡。

显然，在经济全球化背景下，在西方"企业社会责任"观念早已家喻户晓、深入人心的时代，中国产品遭到抵制，引发信任危机甚至企业的生存危机就成为一种必然。

笔者认为，企业社会责任观念的树立是一个渐进的过程，同时它也受到具体国情的限制，不可能要求中国企业马上与发达国家保持同一水平。但是，现阶段，对于任何一个中国企业而言，其社会责任最直接、最持久的体现便是严格遵守行业规范，竭力为顾客提供最优良的产品与服务。其具体内容包括：

1. 提供安全的产品与服务的责任

企业作为一个经济组织，最基本的职能就是生产产品、提供服务，这是企业得以生存的前提条件。因而，从企业的角度看，产品质量是企业在市场经济中赖以生存的基础，没有质量的产品无法在市场流通交换；从消费者的角度看，购买商品就是为了享用产品的质量，以满足自己的某种需要。因此，产品的安全对企业与消费者都至关重要。

产品质量应当以人为本，以消费者的生命安全和身体健康为最根本出发点，以不存在危及人身、财产安全的不合理的危险为最低要求，达到国家法律法规和国际规则规定的安全标准。消除产品可能对消费者和社会产生的安全隐患和事实上的安全损害，包括产品设计上的安全性、所使用的原材料的安全性、包装的安全性、产品使用时的安全性，等等。

2. 提供产品与服务信息的责任

产品信息提供可分为常规信息提供和非常规信息的提供两类。

常规信息包括两个方面：一是产品具体的相关信息，如提供质量检验合格证明；产品名称、生产厂厂名和厂址；产品规格、等级、所含主要成分的名称和含量；产品使用限期，如生产日期和安全使用期或者失效日期；产品警示标志和警示说明——如使用不当容易造成产品本身损坏或者可能危及人身、财产安全,等等。二是定期向社会发布(一年期或两年期)企业社会责任报告。报告内容主要有企业发展战略、公司治理、社会责任组织管理体系等对经济、环境和社会有重大影响的内容,如营运实效指标、管理方针,等等,还要展示审计报告、认证报告、权威性评估报告、政府与社会公认的奖励,等等。

非常规信息主要是指在发现缺陷产品时所进行的信息披露。随着消费者对企业责任认识的不断深入,他们更看重的是厂家对现有问题的处理态度和措施,认为召回已经不再是"质量差"的代名词。相反,这反而是厂家勇于承担责任的表现。而召回信息的全面、准确更是衡量一个企业是否负有责任的标准。在召回信息发布时,应当在坚持公开、透明、真实的原则基础上,向相关部门发出相应的预警警报,还要告之产品的批发商、零售商、服务中心等利益相关者。同时采用适宜的信息渠道向消费者及潜在受害者发送产品安全危机警告信息,使其采取正确措施,规避可能的伤害。发布召回信息时,要申明召回原因,详细说明召回程序、缺陷产品的辨识方法、缺陷的性质、危害的严重程度、缺陷产品的数量、召回的时间地点;同时还要提供专门沟通渠道,电话专线,等等,为向消费者提供咨询服务,解答消费者疑问,提供避免伤害的应对措施,等等,最大限度地降低产品回收所带来的恐慌情绪。处理召回产品时,要做出合理承诺,提供抚慰公众的方式方法,制定具体的损失赔偿方案,包括补偿方法与标准。最后还需要通过大众媒体向公众致歉。

3. 维护环境安全的责任

企业的生产活动对自然环境有着直接或间接的影响。在生产过程中,不仅会消耗大量的原材料、燃料等,而且还会排放大量废物(废气、废水、废渣),产生噪声、震动、放射性污染等,破坏生态环境,危害居民的健康和生命安全。为了提高人们的生活质量,保障人类的生存和可持续发展,企业应当主动参与环境事务,采取有效措施尽量控制和消除生产活动对生态环境的影响,尽量降低原料消耗,积极研制、开发和生产绿色产品,寻找更加安全、可靠的替代品,降低企业被动遵守和适应现行和未来的环境规则的成本寻找,担当起保护环境维护自然和谐的社会责任。

实际上，企业承担社会责任的过程，就是诚信体系建构的过程。企业的最基本责任是尊重消费者主权，维护消费者利益，对消费者履行在产品质量或服务质量方面的承诺，保证提供优质产品和满意的服务，不得欺诈消费者和牟取暴利。1962 年 3 月 15 日，美国前总统约翰·肯尼迪在美国国会发表了关于保护消费者利益的总统特别咨文，首次提出了著名的消费者的"四项权利"，即：有权获得安全保障；有权获得正确资料；有权自由决定选择；有权提出消费意见。

尽管企业担负社会责任在短期内可能会增长成本，但从长期来看，却可以在提升企业的品牌形象上起到非常关键的作用，并能够有助于巧妙地突破种种贸易壁垒和市场壁垒，获得进入国际市场的通行证。美国商业银行前总裁龙柏格曾说过："利润是负责任的企业所关心的中心事项，而此一关心，必须持续不断。但是，如果造成了社会整体的不安，则不论多么努力，任何人都无法获得利润，也无从有效地使用利润"。[①]从世界范围来看，许多跨国公司都将企业对于社会及公众的责任与义务及可持续发展规划作为获得更多市场机会的门票。

第四节 风险应对思路之三：打造负责任的媒体

"中国制造"之所以在美国被媒体建构成为一种入侵者形象，一方面源于美国媒体在中国制造问题上采用了西方人的视角来处理，另一个方面也源于中国媒体无法在国际舆论中发出声音，从而使得美国的言论成为西方公众主要的社会图景建构者。在研究、分析美国媒体对"中国制造"的报道时，我们发现，《纽约时报》所采用的消息源里，来自中国媒体的消息源只占其总数的 8.8%；即使是采用次数最多的新华社，美国在称呼它时，也总是要在前面冠之以"国家控制的媒体"或是"国家通讯社"的字样。这显示出美国媒体对于中国媒体报道，

---

① 路易士·龙伯格：《企业的社会责任》，见邰红华主编：《世界著名富豪巨贾演说精粹》，百花洲文艺出版社 1995 年版，第 170 页。

甚至是整个中国媒体行业的不信任。这是导致中国媒体上大量有关"中国制造"报道被美国媒体视若无物的根源所在。可以说,中国媒体基本上得不到美国民众和媒体的承认,基本上无法与美国媒体实现信息上的互动,也就更谈不上在国际舆论中发出自己的声音。

那么如何让中国媒体在国际舆论中发出自己的声音,如何让中国报道得到美国民众的信任?这个问题的解决,对于中国媒体来说,就是要把自己打造成为一个负责任的媒体,让自己的报道能够得到美国媒体的认可,并在他们的报道中援引我们关于"中国制造"的报道,从而在使美国媒体所建构的"中国制造"形象更为客观、全面。

一 中国媒体不被信任的原因

从美国媒体在引用中国媒体的来源时总是冠之以"国家控制的媒体"或是"国家通讯社"这点来看,美国媒体的不信任感来自美国对中国媒体的认识,即:中国媒体都是受到政府控制的,因此它必然代表着政府的利益,其立场使美国媒体质疑中国媒体新闻报道的准确性与客观性,并认为这样的媒体不会真正地监督政府、捍卫消费者权利。并且,如前面我们看到的,当"中国制造"出现问题时,不问是否与中国有关,只要中国政府不站出来负责,中国媒体的报道与不报道都是与政府的合谋,而不是代表公众的利益。因此,美国媒体才会忽视中国媒体的报道,因为在他们看来那就是政党的喉舌。

这种看法的盛行,一方面是因为美国媒体没有用发展的眼光来看待中国媒体,他们只看到中国媒体以往的职能定位,未看到中国媒体的进步;另一方面则是由于中国媒体在当前现实问题面前所表现出来的"不负责"行为。

1. 固守成见,只看到中国媒体以往的功能定位:政党的喉舌

新中国成立之初,中国政府调整、充实在革命战争年代建立起来的新闻业,没收国民党政府的新闻机构,改造民营报业,迅速构建了以党领导的媒体为主体的新闻业。以党中央机关报《人民日报》为代表全面模仿前苏联《真理报》。"全国的报纸除极少数外,都成了清一色的党和政府、社会团体机关报,加上历次政治运动把'报纸是党的喉舌'

的观点强调到了绝对化的程度……强调宣传纪律有余,注重新闻规律不足,甚至用按宣传纪律办报代替按新闻规律办报。""报纸丧失了舆论监督的功能……在党犯错误时,报纸不仅不能及时进行批评、纠正,反而推波助澜。历次政治运动中,新闻界都无一例外地充当了不光彩的角色。"① 正是这样一段历史,让西方民众,尤其是美国媒体认为,中国媒体只是政党的一个宣传工具,它只会为政党粉饰太平,做正面宣传,不会有负面报道,因而算不上是真正意义上的新闻媒体。

然而,新中国成立 60 年来,中国传媒业发生了巨大的变化。"以1978 年年底召开的党的十一届三中全会为界,新中国前后 30 年的新闻业有着巨大的差异。从前 30 年的宣传本位转向后 30 年的新闻本位"。最终,"从新闻本位走向新闻自由"②。中国传媒在中国社会、经济发展的内在要求下,在中国式新闻自由的探索中取得重大进展。但是,美国媒体并未看到中国媒体的巨大的变化,没有看到中国媒体的进步,他们始终认为中国媒体还是"党的喉舌"。

2. 当下某些媒体的"不负责"行为

美国媒体对中国媒体的不信任还由于当下某些媒体"不负责任"的行为。2008 年 9 月 11 日,《东方早报》报道了三鹿集团的毒奶粉事件,令全世界震惊。而在这之前,只有甘肃《兰州晨报》在 9 月 9 日刊登了一篇《14 名婴儿同患"肾结石"》的报道,却并未明示生产商的名称。随着事件真相的一步步揭开,人们发现:早在 2007 年 12 月三鹿集团就已接到了产品引起儿童致病问题的报告。这一发现令世界哗然。从奶粉出现问题到见诸报端,在长达 9 个多月的时间时,各中国媒体均处于失语状态,致使毒奶粉蔓延范围更广,让更多的无辜儿童受害,使社会为此付出了极高的成本。这次事件里媒体的失语,在美国民众、尤其是美国媒体看来,这就是对公众利益的伤害,这是极不负责的表现,这是他们所无法容忍的。而这种行为的发生又进一步强化了美国

① 吴廷俊:"对'耳目喉舌'论历史的回顾与反思",《新闻与传播研究》1989 年第 2 期,第 143—152 页。

② 李良荣:"艰难的转身:从宣传本位到新闻本位——共和国 60 年新闻媒体",《国际新闻界》2009 年第 9 期,第 6—12 页。

对中国媒体的成见。

媒体这次极"不负责"的行为的发生有其发生的背景。2008 年 10 月 1 日，《人民日报》第 2 版刊登《石家庄市政府新闻发言人——三鹿奶粉事件为何迟报》一文，讲述了媒体未能报道三鹿奶粉事件的原因："8 月 2 日，石家庄市政府领导接到三鹿集团股份有限公司《关于消费者食用三鹿部分婴幼儿配方奶粉出现肾结石等病症的请示》，称'怀疑三聚氰胺来源可能是所收购的原料奶中不法奶户非法添加所致，恳请市政府帮助解决两个问题，一是请政府有关职能部门严查原料奶质量，对投放三聚氰胺等有害物质的犯罪分子采取法律措施；二是请政府加强媒体的管控和协调，给企业召回存在问题产品创造一个良好环境，避免炒作此事给社会造成一系列的负面影响'。由于市政府缺乏政治上的敏感性，只就请示提出的问题做出了处理。"由此可见，这一事件中，媒体丧失其自主性，在涉及消费者健康安全的问题面前，受到来自地方政府的压力，不能够履行"社会守望者"的职责，未能够及时提供信息、起到风险预警的作用。

中国媒体在新闻实践中，除受到来自地方政府的压力，还受到商业力量的影响。正是在此次的三鹿奶粉事件中，《21 世纪经济报道》于 2008 年 9 月 15 日刊登《真假"公关战"》一文中，曝出三鹿集团欲"与百度签订 300 万广告投放协议以享受负面新闻删除，拿到新闻话语权"。这一消息得到百度广告部一位人士的证实，并表示"百度并未如信中所说与三鹿有任何形式的合作"。尽管百度在第一时间拒绝了这一提议，媒体在新闻实践中所受到的商业力量的侵蚀可见一斑。

可见，要使中国媒体得到西方国家的认同，就要针对上述原因，积极打造自主负责的媒体形象。

二　利用不断扩大的制度性空间，既服务于政府又服务于公众

在媒介如此发达的现代社会，真相并不会因为一个国家、一个媒体的知而不报而被隐瞒。在这样一个全球化背景下，媒体的失语、国家的

失语就意味着放弃了捍卫、争取国家利益的权利。既是如此,我们"至少在关于中国事务的报道中……应该,而且有能力来夺取话语权"①,在风险的传播中"提供及时的、明确的、准确的、权威的信息",成为第一个发出声音者,以掌握本国事务的话语权。事实上,中央政府也已意识到"风险化解与信息的密切关系,对信息公开的态度越来越明朗,政策氛围也发生了转向"。②

自 2003 年 SARS 等重大事件发生后,中央政府开始重视和保护人民群众的知情权,先后制定、修改、颁布、执行《突发事件应对法》、《中华人民共和国政府信息公开条例》,等等。对媒体报道工作更具有象征价值和意义的是 2007 年 6 月提交全国人大常委会第二次审定《突发事件应对法》的两处删改,取消了第 57 条中新闻媒体不得"违反规定擅自发布"突发事件信息的规定,删除了 45 条中"并对新闻媒体的相关报道进行管理"这句话。这意味着,媒体在突发事件的报道上有了极大的自主权。2007 年 10 月,十七大报告更进一步明确指出:"在政治建设的过程中,要扩大人民民主;要保障人民的知情权、参与权、表达权、监督权。"从重视民众的知情权,再到保障人民的知情权、参与权、表达权,发生了巨大的转变,即从单纯的执政的需要到公共利益的需要、人的基本需求的转变,在这个转变中,中国传媒在党的领导下逐步走上符合中国国情的新闻自由之路——从"宣传本位转向新闻本位,从新闻本位走向新闻自由"③,媒体自主性就在这一转变中得到逐步扩大与增强。

制度性空间的逐步扩大,为中国媒体成为真正自主负责的媒体提供了基础,在基本的新闻价值观上与西方媒体达成共识。在西方人的理念中,新闻媒体具有独立发现和报道事实的使命,其所提倡的新闻专业主义包括以下基本原则:(1)传媒具有社会公器的职能,新闻工作必须服务于公众利益,而不仅限于服务政治或经济利益集团;(2)新闻从

---

① 李良荣、孟慧丽:"论中国传媒业新的传播生态——2008 年重大事件报道的新闻学盘点",《现代传播》2009 年第 2 期,第 30 页。

② 同上书,第 31 页。

③ 李良荣:"艰难的转身:从宣传本位到新闻本位——共和国 60 年新闻媒体",《国际新闻界》2009 年第 9 期,第 6—12 页。

业者是社会的观察者、事实的报道者，而不是某一利益集团的宣传员；
（3）他们是信息流通的"把关人"，而不是政治、经济利益冲突的参与
者或鼓动者；（4）他们以实证科学的理性标准评判事实的真伪，服从
于事实这一最高权威，而不是臣服于任何政治权力或经济势力；
（5）他们受制于建立在上述原则之上的专业规范，接受专业社区的自
律，而不接受在此之外的任何权力或权威的控制。[①]

可见，美国媒体从来没有反对过服务于政治或经济利益集团，只是
强调要以公众利益为出发点，让每个政治和经济利益团体都能发出自己
的声音。中国媒体可在不断扩大的制度性空间内，既服务于政府又服务
于公众，在政府有限度地控制下对社会有责任提供确实和重要的消息，
在行使社会责任时，不断进行自律，注意职业水准的品质，让人人有使
用媒体的权利，确保新闻媒体成为社会公器。

三　当地方政府进行不当[②]干预时，运用策略维护公众和整个社会的利益

毋庸讳言，尽管从制度性空间角度来说，中国媒体已经有了一定的
自主性，从理论上能够践行媒体的责任，成为"船头瞭望者"，但在实
践中却易受到种种因素干扰，尤其是受到代表地方利益的各级地方政府
的干扰，无法正常进行新闻的报道工作，这时就要学习如何运用策略维
护公众和整个社会的利益。笔者认为，借力于网络媒体不失为一个好的
办法。

互联网技术的发展，使人类历史上第一次实现了时空大统一，
进入"地球村"时代。网络媒体使交往主体突破了时间、空间、地
域、边界和媒体的限制，自由地发布和接受信息，开辟了新的人与

---

①　陆晔、潘忠党："成名的想象：社会转型过程中新闻从业者的专业主义话语建构"
[EB/OL]：中华传媒网 http://academic.mediachinan.et/article.php?id=3880。

②　在中国新闻界对待新闻就有"新闻、旧闻、不闻"的传统，有时为了大局利益暂缓
消息的报道，但是有些地方政府对新闻报道进行干预不是为了解决问题，而是为了遮丑，本
文中的不当就是指后者。

人之间的交往方式和全球性的社会结构，交往的主体在时间和空间上脱离了原位，创造了一种全新的公共空间。在这个空间中，"信息决定权力分配"的模式取代了"权力决定信息分配"的模式，引起了新的授权过程，使互联网成为一种新的赋权武器。① 互联网用数字化技术打破了金字塔式的信息控制方式和旧有的权力垄断模式，解构并解放了政治话语权。② 也就是说，互联网在扩大群众接受信息有自主权的同时，也增强了群众对信息的发布能力。互联网形成的虚拟社区超越了地域界限和行政力量的微观控制，动摇了业已存在的社会控制模式和组织关系，信息垄断被打破，那种旧有信息从政府自上而下的传播方式已被改变，信息可以越过政府和传统媒体的控制自由传播。

这样的媒介环境往往成为社会新闻产生和传播的重要推动力量之一。当一个重大的社会事件发生后，网络在第一时间内就能进行传播，常常使欲图掩盖信息的某些地方政府不得不正视问题，放松信息的控制，进而着手处理问题。因此，在现阶段传统媒体借力于网络突破地方政府的不当干预不失为一个好的策略。它可以使传统媒体避开不当干预，借助网络以公众利益为出发点，使传播进入有序化状态，从而真正能够为公众负责，为公众服务，"杭州飙车案"就是这样一个典型的例子。

2009年5月7日晚8时许，飙车案发生。5月8日杭州交警召开新闻发布会，提及"当时车速在70迈。"随后，网民质疑这一说法，并在网上集体搜寻证据，并要求严惩肇事者。尽管当地宣传部门要求各地媒体不得擅自报道该事件，有关新闻须以新华社的报道为准③。但强大的舆论压力迫使杭州警方于15日就早前的70迈说法向公众道歉，并以

① 张新华：《信息安全：威胁与战略》，上海人民出版社2003年版，第82页。
② 欧阳友权：《网络传播与社会文化》，高等教育出版社2005年版，第84页。
③ 参见《香港明报》2009年5月10日《官方禁报道，网民发声促严惩》报道。报道中写道："前天「富家子撞死浙大才子」的车祸发生後，浙江当局为免事件扩大，省委宣传部已向当地媒體下發「禁令」，要求各媒體不得擅自报道事件，有關的新聞須以新華社的报道为準。不過網上仍有大量聲音抗議，認為警方應以「危害公共安全罪」代替「交通肇事罪」，嚴懲肇事司機。"

交通肇事罪向检察院提请批捕肇事者。在整个事件发展的进程中，网上论坛"杭州19楼论坛"起到了极为关键的推动作用。"19楼论坛"实际上是杭州都市快报的读者互动平台，于2001年6月1日成立。事件发生后的第二天，该论坛就曝出了肇事者的种种信息。而交警"70迈"的说法成为事情的转折点，引发网民的抗议声。5月9日23点23分，该论坛出现了名为《我们一起努力来搜寻最有力的事故证据》的帖子，点击率达1152532次，回帖数4379①。发帖人称："感谢广大网友提供的各种证据和目击信息，19楼已经与交警部门取得联系，并将相关的信息反映给他们，交警部门表示，他们会将网友提供的证据作为参考依据"，"有关部门已经发出了通报文件，但是他们的回答很模糊，也许他们需要时间去证实更多的信息。那我们就自己先动手开始搜寻这些信息，我相信，我们的力量是最强大的，肯定有很多的真相还没有完全揭示出来。"

尽管在此次事件中，网民也有失控的表现，例如引起胡斌的真实身份的猜测，对"富二代"的集体蔑视，等等，但从总的方面来看，网络民意的表达毕竟维护正义公平，维护了公众利益。

同样，敏感的西方媒体也常常将中国网民在热点事件上的集体倾向性视作民意。2008年《纽约时报》对中国的报道将网上论坛和中国网民的博客言论作为消息来源，成为美国视网络媒体为中国民意的窗口的明证。据中国互联网络信息中心发布的数据显示，截至2011年12月底中国已有网民5.13亿②，无边界的网络传播所聚合起来的中国的民间力量将会越来越强大，西方媒体也无法在这样的现实中独霸意见市场。"3·14"事件中，面对西方媒体大量歪曲报道、恶意中伤，网民们群起反击。以"anti-cnn"为代表的网民对美国媒体的反击战中，一方面网民在极短时间内自发形成爱国、荣誉感为主的舆论声浪，MSN的"红心中国"在一天内超过200万，在4月20日达到700万，给CNN、BBC等一贯自大的西方媒体以巨大的舆论压力，

---

① 参见19楼论坛 http：//www.19lou.com/forum-1608-thread-17509256-1-1.html。
② 参见中国互联网络信息中心2012年1月发布的第29次《中国互联网络发展状况统计报告》。

迫使对方及时"顺应民意",改变态度,甚至一再地公开道歉。可见,如果能够在网上开设一些面向国际的针对性论坛,让国内网民在一些重大问题上能够与外国网民的争论中积极参与国际舆论斗争,就能直接向世界传递中国的声音,对国际间的政治、经济、文化等产生现实的影响。

四 提高风险传播能力,培养社会风险意识

现代新闻的先驱约瑟夫·普利策所说:"倘若一个国家是一条航行在大海上的船,新闻记者就是船头的瞭望者。他要在一望无际的海面上观察一切,审视海上的不测风云和浅滩暗礁,及时发出警报。"一个负责任的媒体在风险社会的语境之下应该能够做到不仅预测、警示风险,还要通过信息沟通将风险控制在较小的范围内,尽量降低风险的破坏性。要做到这点,媒体就需要提高自身对风险的理解能力,并注重风险传播过程中的协商、交流,改变过去的单向传播为多向的网络传播,从而培养社会的风险意识,为今后全方位的风险预警体系的建立提供实践经验。

1. 提高媒体自身的风险理解能力,明确风险来源

媒体对风险信息的传播既有正功能又有负功能。其正功能表现在以下几方面:一是媒体对风险信息的采集、积累、分析与判断,提高了潜在风险的社会能见度,起到了预警和告知的作用;二是在风险信息的传播中起到社会动员的作用,做好预防措施,减少风险所带来的伤害;三是通过权威消息源,消解了社会的混乱与无序,为公众提供规避风险的方法,起到了稳定社会的作用;四是通过风险信息的传播,培养了公众的风险意识,提高公众应对风险的能力。其负功能主要表现为:忽略风险预警,过度渲染风险,失实报道风险或转嫁风险,进而引发民众混乱乃至社会动荡。[1]

其负功能的产生正是源自于风险本身的特性和新闻报道的原则、惯

---

① 陈岳芬:"风险社会危机传播困境之分析",《暨南学报》(哲学社会科学版)2008年第6期,第132—136页。

例之间的矛盾，它们主要包括以下几点：

一是风险的"不确定性"与新闻报道准确性间的矛盾。风险指的就是损失的可能性。它在未发生前总是处于不可确定的状态，"我们几乎到处都能看到灾难的可能性。在许多情况下，很难确切地说事情会朝哪一个方向发展。"① 因此，这种"不确定性"不以人的意志为转移，这就与新闻报道的准确性的原则相冲突。低估风险可能招致致命的打击，而高估风险可能引发不必要的混乱。

二是风险的"不可见性"与新闻报道时效性之间的矛盾。风险在爆发前是无法感知的。它们超出了人类自然感知的范围。我们无法看见它们，它们也不是独立存在，除非是在它们爆发的那一瞬间。② 因此，对风险的认识需要一个过程，需要一个伴随着反思、论证、解释、界定和认可的过程。但是，新闻报道在时效上受到的压力容易造成风险信息的扭曲。

三是风险的认知对知识的依赖性与新闻报道消息源之间的矛盾。风险"最初是有关它们的（科学的或反科学的）知识这样的形式存在"③，要理解各种各样的风险——物质性、非物质性的，可见的以及不可见的威胁——都依赖于相关知识的解释。"在某些领域，科学已经确立了一些重要的理论，它们使我们洞见到了某些现象的一般特征，但是它们却永远不可能使我们拥有预见特定事件的能力，也不可能就特定事件给出一种充分的解释"。④ 换句话说，人们对于知识了解的程度，决定了对风险的性质、范围和征兆感知的程度，但由于受到科学发展水平的限制，我们对风险的认识却永远不能够达到全面与准确。而新闻报道所依赖的消息源总是集中于少数

---

① ［德］乌尔里希·贝克、［英］安东尼·吉登斯、［英］斯科特·拉什合著：《自反性现代化》，商务印书馆2001年版，第235页。

② ［英］芭芭拉·亚当、约斯特·房龙：《重新定位风险：对社会理论的挑战》，见芭芭拉·亚当、乌尔里希·贝克、约斯特·房龙编著：《风险社会及其超越》，赵延东、马缨等译，北京出版社2005年版，第4页。

③ ［德］乌尔里希·贝克：《风险社会》，何博闻译，译林出版社2004年版，第20页。

④ ［英］弗里德利希·冯·哈耶克：《法律、立法与自由第1卷 规则与秩序》，邓正来等译，中国大百科全书出版社2000年版，第14页。

的几个专家或机构，其构成往往过于单一，从而造成对风险的认知的偏移。

四是风险定义的多样性与新闻报道的"探照灯"效应之间的矛盾。贝克曾经指出："必须看到，风险绝不是具体的物；它是一种'构想'，是一种社会定义。"① 不同的个人、组织、国家会从不同的角度来认识、应对风险，从而使风险的定义具有多样性。风险定义的多样性会"产生过量的风险……每一个集团都试图通过风险的界定来保护自己，并通过这种方式去规避可能影响到它们利益的风险"②。新闻报道某种风险的同时，必然会忽略掉另外一些风险，就如同探照灯一样，"凡是被寻找原因的聚光灯照亮之处，批评的怒火就会爆发出来"，而不被探照灯所照亮的风险必然就被遮蔽起来，导致了风险沟通中的失衡。

五是风险社会客观存在的"有组织的不负责任"现象与新闻报道追根溯源的惯例之间的矛盾。就在威胁和危险被认为变得越来越危险、越来越明显时，却没有一个人或一个机构似乎明确地为任何事负责，因为它们日益变得无法通过科学的法律的和政治的手段来确定证据、原因和赔偿。③ 现代风险常常是多种因素带来的后果，其间的因果链条极难确定，这与新闻报道为满足受众了解真相的要求追根溯源形成了鲜明的矛盾。在这样的情况下，媒体不能也不可能将事件之间的责任关系理得一清二楚。

正是由于上述原因，"风险新闻本身在价值和功能上存在着自我相关的、动态的矛盾性和不合理性"④，使得媒体在风险信息的传播中前后矛盾、错漏百出，引发公众的焦虑，导致新的风险的出现，以至于在

---

① 薛晓源、周战超主编：《全球化与风险社会》，社会科学文献出版社 2005 年版，第 12 页。

② ［德］乌尔里希·贝克：《风险社会》，何博闻译，译林出版社 2004 年版，第 31 页。

③ ［德］乌尔里希·贝克：《世界风险社会》，吴英姿、孙淑敏译，南京大学出版社 2004 年版，第 191—192 页。

④ 郭小平：《论食品风险报道的价值悖谬》，第五届亚太地区媒体与科技和社会发展研讨会会议，2006 年。

事后反思时常被指责为"风险的报道"变成了"报道的风险"。风险的来源更多地来于媒体对风险的建构。因而,媒体必须提高自身对风险的理解能力,并不断反思,对自身在风险传播中的作用作出预测与想象,"在理性与诠释、科学与文化、专家与非专家、分析与经验的动态发展中寻求平衡,在风险话语中反思现代性。"[①]

2. 构建对话平台,达成风险共识

现阶段,中国媒体所面临的风险信息沟通的最大的障碍是缺乏科技与社会沟通机制。而在西方则有着较为完备的风险分析体系。例如,美国的食品安全风险分析体系主要由执行部门(农业部、卫生部、环保署)和协调交流机构跨机构风险评估联盟 IRAC (Interagency Risk Assessment Consortium)组成。执行部门各自开展风险分析工作,而 IRAC 通过运作,使各部门共享风险分析信息,同时通过会议、网络等渠道向大众发布相关信息,有效地实现了风险分析中的风险交流。而在中国风险分析工作还处于起步阶段,相应的协调交流机构还远未成为一个体系,只有零星的沟通渠道,如中央电视台与国家质量监督检验检疫总局合作节目《每周质量报告》等。这就使媒体在风险报道中常常被指责为"越位",指责其取代专家或专业机构对自己不了解的事情进行报道,引发了被舆论放大或扭曲的"软风险"[②]。

在这样的前提下,媒体只有通过与各方面充分的沟通才能降低风险议题的争议性。Waddell 认为,"风险传播中,价值、信仰和情感不只来自公众,技术信息也不只来自专家。相反的,这是一个信息的互动交换,在此所有的参与者均沟通、诉求、参与价值信仰和情感。通过这个过程,公众政策决定被社会建构出来"[③]。因此,媒体应当为公众提供

---

① 郭小平:《西方"风险传播"研究取向的演变》,见张志安,赖昀,马德永主编:《跨媒体时代:传播变革与社会转型 2006 年中国新闻传播学科研究生学术年会、复旦大学博士生学术论坛之新闻传播学篇暨第六届复旦大学新闻学院研究生学术年会优秀论文集》,贵州教育出版社 2007 年版,第 4 页。

② 张涛甫:"作为一种'软'风险的舆论风险"[EB/OL]:复旦大学新闻文化网 http://news. fudan. edu. cn/2009/1009/22444. html.

③ Waddell, Craig Saving. the Great Lakes: Public Participation in Environmental Policy. *Green Culture: Environmental Rhetoric in Contemporary America*. Ed. Carl Herndl and Stuart Brown Madison: U of Wisconsin P, 1996: 142.

一个与政府、企业、科研机构多向交流的平台，秉持客观公正的原则，既不取代科学的分析与理解，也不替代人们的理性思考，而是通过多维度的报道来完整呈现风险的议题。

第一，在这个交流平台上，媒体应当始终以公共利益为目的，以独立负责的姿态，不做任何一个利益集团或是政治目的的传声筒，真实反映公众的风险与安全诉求。充分尊重公众的意见，允许公众发出不同的声音，为公众提供一个与政府、企业、科学机构等各方平等交流、讨论的机会。在不断的互动与交流中，消除公众心中的疑惑和恐慌。风险信息能否切中人们实际关心的问题，"媒体是否能将公众视为伙伴（partner），对于沟通的有效性具有决定性的影响"。[1]

第二，媒体作为风险传播者，努力促进"科学与民众对话，科学与理性精神内化于日常报道中"[2]，媒体既不能也无权僭越自身的角色规范，取代专家系统来做任何的解释甚至是判定，应当保持科学、理性的态度，尽可能地准确、充分提供各方，诸如风险技术评估系统、风险管理机构、政府部门、社会组织等对风险的认识，为公众认知风险、采取行动提供较为全面的、科学的依据。道格拉斯指出风险问题是一个社会协商与妥协的问题——特别是有关"什么是风险"以及"谁的风险"的问题——这绝非是一个简单的非此即彼的问题。[3]

第三，以严肃、认真的态度报道风险事件，小心求证，力争确保风险事件中报道的准确性。风险事件本身所具有的冲突性、突发性往往具有极强的戏剧性，新闻报道的"故事化"倾向常常与此相契合。而这种报道易导致风险议题呈现"娱乐化"现象，败坏公众对严肃社会问题的思考能力，不仅不利于公众对风险的规避，反而会引起更多的焦虑。

第四，要恰当使用概念术语。风险报道多指向未来，但公众却常常

---

① 崔波："风险社会下传播秩序的重构"，《东南传播》2009 年第 11 期，第 1—4 页。

② 郭小平：《论食品风险报道的价值悖谬》，第五届亚太地区媒体与科技和社会发展研讨会会议，2006 年。

③ ［英］阿兰·斯科特：《风险社会还是焦虑社会？有关风险、意识与共同体的两种观点》，见芭芭拉·亚当、乌尔里希·贝克、约斯特·房龙编著：《风险社会及其超越：社会理论的关键议题》，赵延东、马缨等译，北京出版社 2005 年版，第 65 页。

将"风险预言"等同于即刻的危险。要避免这种情况的发生,就在于概念术语的使用。这是因为风险信息中使用的不同概念可能对特定公众有着完全不同的意义,例如,"受污染"一词对美国公众而言就是"有毒"的另一种说法,而在中国公众看来,其程度要比"有毒"轻得多。要避免使用歧义的概念和描述,否则容易引起人们与其本义完全无关的联想,从而造成公众的极度恐惧和过激行为。①

总之,构建对话平台就是改变单一的告之方式为多向的、互动的网络式传播,畅通公众与政府、公众与科学的沟通渠道,以科学理性基础上的客观性为核心,"利用传媒的影响力、充分的组织性,坚持风险分配正义及其责任框架,通过对话的方式,让政府、风险利益涉及方、专家、社会公众之间形成关于风险的共性认识,从而达成最大的关于可行性、合法性、合理性的政策形成"。② 在这种风险传播方式下,提高公众认知风险的理性能力,增强公众规避风险的行动能力,并最终在社会中形成一种风险文化。

综上,中国媒体只有在新闻实践中遵循新闻规律,以客观、公正、平衡为实践标准,成为自主负责的媒体,才能在跨文化传播中得到对方的认同,能够与对象国的媒体进行对话、交流,并影响对象国对形象的认知。形象的最终形成是本国系统中主控族群所力图树立的形象与国际信道传输和其他国家主控族群所描述下的形象之间博弈的结果。每一个国家都期望其他国家所描述的形象与本国系统力主树立的形象保持最大可能的一致性。这一期望的实现不仅涉及本国的信息传播实力,还涉及本国系统所传播信息与对象国主控意识形态切合的程度及本国系统信息改变他国主控族群的意识形态的能力与速度,等等。③ 从这个意义上来说,自主负责的媒体不仅是解决"中国制造"风险的需要,更是全球化背景下国际传播的需要。

① 庹继光:"拟态环境下的'媒介化风险'及其预防",《新闻知识》2008年第2期,第38—40页。
② 谢进川:"风险社会语境下传媒公共实践的主要议题",《中国传媒报告》2007年第3期。
③ 刘继南等:《国际传播与国家形象——国际关系的新视角》,北京广播学院出版社2002年版,第289页。

结　语

一　建构论视阈里的"中国制造"

1. "中国制造"的形象与现实

从建构论角度来看，新闻是对社会现实经过选择、过滤和提纯之后的事实表述，它总是受到新闻从业者主观心理、社会文化背景、社会实践等因素的影响。也就是说媒介现实是社会建构的产物。美国媒体上的"中国制造"形象也是如此。

通过对《纽约时报》和《时代周刊》的分析，我们看到美国媒体所在建构的中国制造的形象基本上都是负面的。在建构"中国制造"的形象时，基本根据是其国家利益和美国社会的意识形态、价值观。在这两者的前提下才是客观公正、平衡和新闻自由。然而，"如果用社会科学研究方法的术语来说，真实性在媒介现实中其实不是一个在真实与虚假之间非此即彼的名称变量，而是一个真实性在社会建构过程中能够实现到什么程度的顺序变量，是一个连续变量。而且，除了媒介现实的'真实'程度之外，同样重要的还包括媒介现实的'正义'程度：一个事实被新闻媒体报道，究竟是由于它关系国计民生，事关重大，还是由于其符合特定权力集团的利益，从而权力集团凭着雄厚财力，以信息贴补（information subsidies）和公关推广的结果？"① 笔者认为，不能简单地将美国媒体所建

---

① 邓理峰："理解媒介现实的两种范式"，《现代传播》2008 年第 3 期，第 35—40 页。

构的"中国制造"的形象评定为真实还是虚假,媒介建构中的形象来自于客观实在的存在,因此我们应该一分为二地来看待美国媒体所塑造的"中国制造"形象。

一方面,并非一说到美国的价值观、意识形态就必然意味着是错误的。应该承认美国社会所拥有的某些价值观是具有普适性的,比如关注公众利益,注重公众健康安全是全世界各个民族、各个国家都认可的价值观。从这一点来说,美国媒体报道"中国制造"产品质量问题是其职责所在,我们也应当承认中国的某些产品的确存在质量安全问题,对这些产品的批评有其合理性。有学者指出:"美国媒体对负面新闻天生的嗜好,很多时候国家利益和意识形态以及价值观等反而并不是直接的动机。如果能这样去理解美国媒体对华报道和中美关系问题,往往能避免在看待具体事情时的情绪化,从而可能更有利于双方的理解和沟通"。①

另一方面,美国长期以来一直将中国视为其社会制度对立面,立足于国家的立场对中国敌对的解读、建构从未停止过。因此对中国所形成的负面印象,不可能一日之间消失,这一刻板印象必然会影响其报道中国制造的客观性,尽管本意上并未有"妖魔化中国"的倾向,却在报道某些中国产品质量问题时,将整个"中国制造"污名化,引起了整个"中国制造"的生存危机,并进而导致对中国政府的不信任,颇有质疑中国政府合法性之意。研究传播学的美国华裔学者赵心树指出,美国"媒体上的意见都是一边倒地指责中国。这种结果,并不是由美国成千上万的相互独立的新闻媒体有组织地故意造成的。但是,正因为这些意见是在没有阴谋约定的情况下自发形成的,这些既相互独立又都一边倒的意见反而更容易相互刺激、相互确认、相互鼓励,形成螺旋加强。……虽然新闻人员作为一个集体在这种共识的形成过程中起了极大的作用,但这种媒体共识反过来又极大地影响着

---

① 何英:《冷战后美国媒体对华负面报道的建构主义分析》,复旦大学博士论文,2004年,第19页。

每个新闻人员个人的知识构成、判断主张与思想方法。"①

因此，应对由美国媒体在两种框架下对"中国制造"的报道所引发的风险，就要选取不同的路径。

2. 以健康安全的价值观来观照"中国制造"，规避风险

美国媒体在健康安全框架下所建构的"中国制造"风险是当前最突出的风险，尽管美国媒体对于事件的判断、解释和定义在很大程度上被框定在权威机构定义的构架中，表现出一种民族情感和对对方意图的质疑，但美国媒体为大众构建的"中国制造"却可以为我们解决问题提供一个框架，提供借鉴。

通过分析美国媒体对"中国制造"风险的建构过程，我们发现，问题的关键不在于风险本身，而在于国家机构的合理性所遭受的巨大损害。这种"中国制造"风险的应对，实际上是对我国社会转型重大现实的回应与反思，是对社会转型期市场机制发育不完善，政府缺位、市场机制不灵、社区参与力低下的现实的一种反思，是对政府信用危机、政府与企业间的利益博弈与媒体自主性的反思。

在这里，风险的应对主要是信任危机的化解，恢复对社会体系的信任是解决问题的根本所在。要恢复消费者对"中国制造"的信心，要恢复对中国政府及其社会监管制度的信心，就必须重申政府、企业与媒体的社会责任，最终所依赖的是强有力的法律体系与独立的媒体。信任感取决于风险评估和风险管理过程的透明度和允许公众监督的开放程度。

贝克在《解药》一书中指出，在风险社会当中，应当增加安全性策略，提醒人们在行为过程中要增强对损害可能性的警惕度，不要盲目地崇拜科技专家，而应提高安全标准，建立决策机制和安全举证机制，以此来明确具体的责任人，从而使决策者—责任者透明化、具体化。②

---

① 赵心树："知理的民主，还是盲情的媒主？"［EB/OL］中国新闻传播学评论 http：//www. zjol. com. cn。

② 薛晓源、刘国良："全球风险世界：现在与未来——德国著名社会学家、风险社会理论创始人乌尔里希·贝克教授访谈录"，《马克思主义与现实》2005 年第 1 期，第 44—55 页。

决策机制、安全标准、安全举证机制等的确立是政府的责任所在,需要政府以法律的形式将其确定下来,而企业的职责便是必须以此为行事标准。在此过程中,须保持公民了解和参与决策过程的权力,以防止政府机构被商业利益所掣肘或是企业为追求利益最大化而损害公共利益,即为公众参与决策满足其知情权与表达权。大众传媒是公众知情权、表达权得以实现的重要渠道和载体。而一个独立的自主的媒体就显得至关重要,只有保持其与政治、经济力量的相对独立,才能够真正维护社会与公众的利益。

在风险规避中,政府(企业)、媒体和公众三角关系是一个互动的信息平台,政府、企业与媒体在风险交流中各自承担责任,了解风险评估的基本原则和支持数据以及做出风险管理决定的政策依据,从而规避产品或加工过程所产生的风险。

这类风险所形成的污名化效应对"中国制造"的伤害最大,但只要从实际出发,正视问题根源,逐步提高"中国制造"的质量,不给对方以口实,随着时间的推移就会使"中国制造"因质量安全问题所带来的风险逐步衰减。

3. 在今后较长的时间内,媒体上的"中国制造"仍将是"美国经济入侵者"的形象

根据建构主义的理解,美国媒体国家利益观的形成过程,有许多因素在起作用,尤其是观念、身份等因素及其彼此之间的互动是最根本的原因。美国媒体上的"中国制造"形象实际上只是中美贸易间的一个具象化载体,其背后是复杂而微妙的中美经济关系。"中国制造"不仅是美国实施其经济政策的一个参照物,更是其对中关系的一个杠杆。自 2008 年下半年次贷危机发生以来,美国经济大幅下滑,到 2009 年第二季度才出现回暖迹象。这期间,部分经济领域的政治家为了推卸自己的领导责任,故意地将民众的不满引向中国。其实,美国的根本问题在于其以高消费拉动经济增长的模式,"美国经济学家,美国公司,包括美国政府对中美贸易不平衡的原因和人民币汇率问题都是一清二楚的,懂得美国贸易逆差的根源在美国而不是中国搞什么不公平贸易,懂得人民币汇率同贸易

逆差没有直接关系。"① 但是，报纸仍会将矛头指向中国。2010 年 1 月 5 日《华尔街日报》报道中美经济形势时，形容中国经济"一路高歌走过了这场'大萧条'"，而美国和欧洲的经济却依然不见太大起色，并说："中国或许才是本次金融危机的最大赢家"。② 2008 年诺贝尔经济学奖得主保罗·克鲁格曼在自己的博客中写道："中国已经成为了一个主要的金融及贸易强权。……它遵循的是一种重商主义的政策……在今天这个哀鸿遍野的世界上，实话说了吧，这种政策是掠夺性的。"

因此，即使美国经济走出金融危机的阴影，但在一个较长的时间内仍有可能保持发展滞缓的状态，甚至还可能完全像西欧一些国家一样，进入一个更为滞缓的阶段。一些美国经济学家必定会更为激烈地指责中国③，近期愈演愈烈的反倾销、反补贴案便是明证。

因此，"中国制造"在较长的时间内仍会是美国转移其经济发展不力的一个"靶子"，在较长的时间内依旧会在美国媒体的国家利益的框架下，以"经济侵略者"的形象出现。

尽管形象的传播从根本上取决于它本身的特质与行为表现，但这只是传播良好形象的必要条件，而"传播"并"被接受"才是形象塑造的充分条件。因此，要应对美国媒体在国家利益框架下建构的"中国制造"的风险，需要更多地依靠公共关系的传播路径。首先要将慎用"中国制造"概念这一策略上升为一个战略性的高度，然后再运用类似于"中国制造"广告的方法进行传播。虽然广告的播出效果并未如我们所预期的那么有成效，但这样的思路却具有极为重要的积极意义。它让我们开始重视国际传播规则，并通过不断有效地学习和利用国际传播规则，将文化输出作为传播的主要目的。只有革新传播观念，拓宽我们的话语空间，才能争取国外公众的理解、支持和共鸣，才能打破美国媒体建构"中国制造"的框架，扭转"中国制造"的不良形象，进而不

---

① 全国美国经济学会、浦东美国经济研究中心编：《美国经济走势与中美经贸关系》，上海社会科学院出版社 2006 年版，第 55 页。

② "中美经济关系：并不太平的开局"［EB/OL］《经济观察报》，2010，1（7），见 http：//biz. cn. yahoo. com/com/10 -01 -/125/vana. html。

③ 孔保罗："奥巴马医保改革与中美经济关系"［EB/OL］：联合早报网 2009，11（6），http：//www. zaobao. com/special/china/sino_ us/pages7/sino_ us091106. shtml。

断地提升国家形象。

早在 20 世纪 50 年代,莱斯特·皮尔逊就曾说过:"人类正在进入一个不同文明必须学会在和平交往中共同生活的时代,相互学习,研究彼此的历史、理想、艺术和文化,丰富彼此的生活。否则,在这个拥挤不堪的狭小世界里,便会出现误解、紧张、冲突和灾难"。①

二 研究局限与未来研究方向

第一,对建构主义的认识。建构主义理论并不是尽善尽美的终极理论,它为我们开辟了研究问题的新视野,在中美两国媒体对"中国制造"报道的理论根源问题上,它为我们展现了一个较为客观的、全新的分析思路。建构主义认为,人们通过积极地解释世界,建构了关于世界的有意义的理解。人们理解经验的方式、对行为进行解释的方式都有重要的规则可循。在建构主义中,传播被看成一种有目的的、有策略的活动,在此活动中,人们向他人传达内心的状况,以达成某些目标。② 作为本论文论证的基本理论前提和依据,它不仅让我们看到中美两国媒体对"中国制造"的理解,还看到了其对风险的解释。但是,建构理论在侧重于分析传播规则,重视社会、文化因素的作用的同时,易走上文化决定论的极端。这也是本研究需要认真、谨慎对待之处。

同时,还应该看到,在运用这一理论进行文本分析时,笔者的研究过程及行文过程也是一种建构过程,文章的起点是站在中国的立场上,将美国媒体视作他者,"中国制造"作为事物,形成了一个"自我—他者—事物"的三元结构。这本身就是一种建构与认同。当然,对事物的任何评价都需有立场才可进行,但从事话语生产的人们必须谨慎地保

---

① [美]塞缪尔·亨廷顿:《文明的冲突与世界秩序的重建》,新华出版社 2000 年版,第 372 页。

② Baxter, Leslie A. & Braithwaite, Dawn O. *Engaging Theories in Interpersonal Communication: Multiple Perspectives* [M]. Thousand oaks, CA: Sage 2007: 53—55.

持高度的自反性，必须不断地保护自己以抵御认识论的中心主义①。因此，在成文的过程中，笔者总是不断地反问自己，是客观描述了中美两国媒体对"中国制造"的建构，抑或是自己的解读与再建构。

第二，静态文本分析的局限性。新闻框架分析包括三大范畴，话语、话语的建构和话语的接受。本论文的分析只止于前两种，即话语（文本为再现的体系）和话语的建构（框架建构的行动及过程），并未用框架考察新闻的生产过程，也没有考察新闻文本框架与受众框架的关系，换句话说，本研究只对静态的文本作了分析研究，而未涉及新闻生产者的媒体机构，也没有明确的证据表明中美两国媒体上的"中国制造"报道在中美两国受众中的接触度以及影响程度，这样的研究必然会有局限性。

最后，虽然对国内的《人民日报》中有关"中国制造"的报道进行了分析，并与美国媒体进行了比较，但所观察的样本较为单一，其新闻框架的代表性略显不足。

---

①　认识论中心主义，是20世纪90年代以后学者对主客体关系论的批评，认为主客体关系论是一种认识论中心主义模式，将所有价值关系都概括为主客体关系是不全面的，主客体关系论不能涵盖客体与客体、主体与主体、主体人的人道价值与以及自然物的价值。参见刘林元、姚润皋总主编，张传平、张晓东主编：《中国马克思主义哲学史》（下），江苏人民出版社2007年版，第534页。

参考文献

1. ［英］安东尼·吉登斯：《第三条道路及其批评》，中共中央党校出版社 2002 年版。

2. ［英］安东尼·吉登斯：《失控的世界》，江西人民出版社 2001 年版。

3. ［英］安东尼·吉登斯：《社会学方法的新规则》，田佑中、刘江涛译，社会科学文献出版社 2003 年版。

4. 安维复：《社会建构主义的"更多转向"》，中国社会科学出版社 2008 年版。

5. ［英］芭芭拉·亚当、［德］乌尔里希·贝克、［英］约斯特·房龙编著：《风险社会及其超越：社会理论的关键问题》，赵延东、马缨等译，北京出版社 2005 年版。

6. ［美］保罗·斯洛维克：《风险的感知》，赵延东、林垚、冯欣等译，北京出版社 2007 年版。

7. ［德］乌尔里奇·贝克、［英］安东尼·吉登斯、［英］斯科特·拉什，赵文书译：《自反性现代化》，商务印书馆 2001 年版。

8. ［美］本尼迪克特·安德森：《想象的共同体——民族的起源与散布》，吴叡人译，上海人民出版社 2003 年版。

9. ［法］彼埃尔·布尔迪厄：《社会空间与象征权力》，王志弘译，见包亚明主编：《后现代性与地理学的政治》，上海教育出版社 2001 年版。

10. 曾庆香：《新闻叙事学》，中国广播电视出版社 2005 年版。

11. 柴华："中国出口贸易增长分解与机理分析"，《世界经济研究》2009 年第 9 期，第 40—46 页。

12. 车文博：《弗洛伊德主义原理选辑》，辽宁出版社 1988 年版。

13. 陈家刚："风险社会与协商民主"，《马克思主义与现实》2006 年第 3 期，第 95—105 页。

14. 陈留彬：《中国企业社会责任理论与实证研究——以山东省企业为例》，山东大学博士论文，2006 年。

15. 陈淑伟："大众传媒在突发事件应急管理中的角色与功能"，《青年记者》2007 年第 1 期，第 75—76 页。

16. 陈岳芬："风险社会的文化特征与媒体功能之实现"，《太平洋学报》2007 年第 9 期，第 73—80 页。

17. 陈岳芬："风险社会危机传播困境之分析"，《暨南学报》（哲学社会科学版）2008 年第 6 期，第 132—136 页。

18. 成伯清："'风险社会'视角下的社会问题"，《南京大学学报》（哲社版）2007 年第 2 期，第 129—135 页。

19. 崔波："风险社会下传播秩序的重构"，《东南传播》2009 年第 11 期，第 1—4 页。

20. ［美］梅尔文·德弗勒、埃弗雷特·丹尼斯：《大众传播通论》，颜建年等译，华夏出版社 1989 年版。

21. 邓理峰："理解媒介现实的两种范式"，《现代传播》2008 年第 3 期，第 35—40 页。

22. 丁元竹："2010 年：中国的三种可能前景——对 98 名政府和非政府专家的调查与咨询"，《战略与管理》2004 年第 4 期，第 53—67 页。

23. ［美］梵·迪克：《作为话语的新闻》，曾庆香译，华夏出版社 2003 年版。

24. ［英］弗里德利希·冯·哈耶克：《法律、立法与自由第 1 卷》，邓正来等译，中国大百科全书出版社 2000 年版。

25. ［英］格雷姆·伯顿：《媒体与社会：批判的视角》，史安斌译，清华大学出版社 2007 年版。

26. ［美］葛里高利等：《语言和情景》，徐家帧译，语文出版社

1988 年版。

27. 郭庆光：《传播学教程》，中国人民大学出版 1999 年版。

28. 郭小平、秦志希："风险传播的悖论——论'风险社会'视域下的新闻报道"，《江淮论坛》2006 年第 2 期，第 129—133 页。

29. 郭小平："'怒江事件'中的风险传播与决策民主"，《国际新闻界》2007 年第 2 期，第 26—29 页。

30. 郭小平："风险传播的'公共新闻学'取向"，《兰州学刊》2008 年第 6 期，第 178—180 页。

31. 郭小平："风险传播视域的媒介素养教育"，《国际新闻界》2008 年第 8 期，第 50—54 页。

32. 郭小平："论传媒对受众'风险认知'的建构"，《湖南大众传媒职业技术学院学报》，2007 年，第 32—35 页。

33. 郭小平："论食品风险报道的价值悖谬"，第五届亚太地区媒体与科技和社会发展研讨会会议，2006 年。

34. 何英：《冷战后美国媒体对华负面报道的建构主义分析》，复旦大学博士论文，2004 年，第 19 页。

35. 何子英：《杰索普国家理论研究》，浙江大学出版社 2010 年版。

36. 胡百精主编：《中国危机管理报告　2007》，中国人民大学出版社 2008 年版。

37. 胡忠青："传媒风险传播的理论困境分析"，《新闻界》2008 年第 3 期，第 14—16 页。

38. 胡忠青："风险传播与媒介焦虑"，《江汉大学学报》（人文科学版）2007 年第 3 期，第 96—99 页。

39. 黄旦、郭丽华："媒体先锋风险社会视野中的中国食品安全报道——以 2006 年'多宝鱼'事件为例"，《新闻大学》2008 年第 4 期，第 6—12 页。

40. 黄旦：《传者图像：新闻专业主义的建构与消解》，复旦大学出版社 2005 年版。

41. 黄敏："再现的政治：CNN 关于西藏暴力事件报道的话语分析"，《新闻与传播研究》2008 年第 3 期，第 22—23 页。

42. 贾杉、甘子夏："比较优势与中国出口商品结构升级：1992—

2007"，《统计与决策》2009 年第 4 期，第 107—109 页。

43. 贾英健：《全球化与民族国家》，湖南人民出版社 2003 年版。

44. 江宜桦：《自由主义、民族主义与国家认同》，扬智文化事业股份有限公司 1998 年版。

45. 姜红："风险社会的公共安全与媒体责任"，《新闻战线》2007 年第 3 期，第 16—18 页。

46. ［美］杰夫瑞·C. 亚历山大：《世纪末社会理论：相对主义、化约与理性问题》，张旅平等译，上海人民出版社 2003 年版。

47. 金玉萍：《日常生活实践中的电视使用——托台村维吾尔族受众研究》，复旦大学博士论文，2010 年。

48. "决策、传播、中国——访北卡罗来纳大学新闻与传播学院副教授赵心树博士"，《新闻大学》2001 年第 3 期，第 20—25 页。

49. ［德］克劳塞维茨：《战争论》，中国人民解放军军事科学院译，商务印书馆 2005 年版。

50. 李金铨：《超越西方霸权传媒与"文化中国"的现代性》，香港：牛津大学出版社 2004 年版。

51. 李良荣、孟慧丽："论中国传媒业新的传播生态——2008 年重大事件报道的新闻学盘点"，《现代传播》2009 年第 2 期，第 30 页。

52. 李良荣："艰难的转身：从宣传本位到新闻本位——共和国 60 年新闻媒体"，《国际新闻界》2009 年第 9 期，第 6—12 页。

53. ［英］莉莎·泰勒、［英］安德鲁·威利斯著：《大众传播媒体新论》，简妙如等译，台湾韦伯文化事业出版社 1999 年版。

54. 刘国强：《媒介身份重建：全球传播与国家认同建构研究》，四川大学出版社 2009 年版。

55. 刘继南等：《国际传播与国家形象——国际关系的新视角》，北京广播学院出版社 2002 年版。

56. 刘挺："网络社会的风险控制"，《宁夏大学学报》（人文社会科学版）2008 年第 3 期，第 119—122 页。

57. 刘维："公布尔迪厄与生活风险社会学研究：兼论现代社会中的社会学危机"，《社会学理论学报》1999 年第 2 期，第 349—351 页。

58. 刘燕：《媒介认同论 传播科技与社会影响互动研究》，中国传媒大学出版社 2010 年版。

59. 陆晔、藩忠党："成名的想象：社会转型过程中新闻从业者的专业主义话语建构"，中华传媒网 http：//academic. mediachina. net/article. php？ id = 3880。

60. 邰红华主编：《世界著名富豪巨贾演说精粹》，百花洲文艺出版社 1995 年版。

61. 马锋、周东华："现代风险报道中的传播悖论"，《国际新闻界》2007 年第 10 期，第 29—33 页。

62. 马凌：《媒介化社会与风险社会》，中国新闻传播学评论 http：//www. cjr. com. cn。

63. 马凌："新闻传媒在风险社会中的功能地位"，《新闻与传播研究》2007 年第 4 期，第 42—46 页。

64. 梅松：《世界制造业中心转移与中国成为世界工厂问题研究》，华中科技大学博士论文，2004 年。

65. 高全喜：《大国策：全球视野中的中国大战略》，人民日报出版社 2009 年版。

66. 孟华：《符号表达原理》，青岛海洋大学出版社 1999 年版。

67. 孟建："媒介融合：粘聚并造就新型的媒介化社会"，《国际新闻界》2006 年第 7 期，第 24—27 页。

68. 欧阳友权：《网络传播与社会文化》，高等教育出版社 2005 年版。

69. ［英］派特·崔斯德姆："风险社会中的认同和冲突"，丁开杰编译，《马克思主义与现实》2004 年第 4 期，第 78—86 页。

70. 潘忠党："架构分析：一个亟待澄清的领域"，《传播与社会学刊》2006 年第 1 期，第 26 页。

71. ［英］齐格蒙特·鲍曼著：《作为实践的文化》，郑莉译，北京大学出版社 2009 年版。

72. 祈进玉：《群体身份与多元认同——基于三个土族社区的人类学对比研究》，社会科学文献出版社 2008 年版。

73. ［美］乔舒亚·库珀·雷默等：《中国形象：外国学者眼里的中国》，沈晓雷等译，社会科学文献出版社 2006 年版。

74. 秦朔：《中美杂志比较研究》，中华传媒网 http：//www. chuanmei. net/，2001。

75. 丘杉：《中美贸易摩擦的战略考察》，暨南大学博士论文，2007 年。

76. 全国美国经济学会、浦东美国经济研究中心编：《美国经济走势与中美经贸关系》，上海社会科学院出版社 2006 年版。

77. 容志、陈奇星："稳定政治：中国维稳困境的政治学思考"，《政治学研究》2011 年第 5 期，第 87—96 页。

78. ［美］塞缪尔·亨廷顿：《文明的冲突与世界秩序的重建》，新华出版社 2000 年版。

79. 邵培仁："媒介恐慌论与媒介恐怖论的兴起、演变及理性抉择"，《现代传播》2007 年第 4 期，第 27—29 页。

80. ［英］斯科特·拉什："风险社会与风险文化"，王武龙编译，《马克思主义与现实》2002 年第 4 期，第 52—63 页。

81. 宋明哲：《现代风险管理》，中国纺织出版社 2003 年版。

82. 上海市食品药品安全研究中心编、唐民皓主编：《食品药品安全与监管政策研究报告　2009》，社会科学文献出版社 2009 年版。

83. 孙彦殊："论国家利益在国际新闻构架中的重要作用"，《科技风》2009 年第 15 期，第 249—250 页。

84. ［美］盖伊·塔奇曼：《做新闻》，麻争旗、刘笑盈、徐扬译，华夏出版社 2008 年版。

85. 庹继光："风险社会中的传媒监测功能及边界剖析"，《西南民族大学学报》（人文社科版）2008 年第 7 期，第 159—162 页。

86. 庹继光："拟态环境下的'媒介化风险'及其预防"，《新闻知识》2008 年第 2 期，第 38—40 页。

87. 汪晖：《去政治化的政治：短 20 世纪的终结与 90 年代》，生活·读书·新知三联书店 2008 年版。

88. 王巍：《国家风险——开放时代的不测风云》，辽宁人民出版社 1988 年版。

89. 王勇：《中美经贸关系》，中国市场出版社 2007 年版。

90. ［美］沃尔特·李普曼：《公众舆论》，阎克文等译，上海人民出版社 2002 年版。

91. ［美］沃纳·赛佛林、［美］小詹姆斯·坦卡德：《传播理论：起源、方法与应用》，华夏出版社 2000 年版。

92. ［荷］沃特·阿赫特贝格："民主、正义与风险社会：生态民主政治的形态与意义"，周虞超编译，《马克思主义与现实》2003 年第 3 期，第 46—52 页。

93. 薛晓源，周战超主编：《全球化与风险社会》，社会科学文献出版社 2005 年版。

94. ［德］乌尔里希·贝克、［英］安东尼·吉登斯、［英］斯科特·拉什合著：《自反性现代化》，商务印书馆 2001 年版。

95. ［德］乌尔里希·贝克：《风险社会》，何博闻译，译林出版社 2004 年版。

96. ［德］乌尔里希·贝克："风险社会政治学"，刘宁宁、沈天霄编译，《马克思主义与现实》2005 年第 3 期，第 42—46 页。

97. ［德］乌尔里希·贝克："从工业社会到风险社会——关于人类生存、社会结构和生态启蒙等问题的思考"，王武龙编译，《马克思主义与现实》2003 年第 3 期，第 26—45 页；2003 年第 5 期，第 60—72 页。

98. ［德］乌尔里希·贝克："'9·11'事件后的全球风险社会"王武龙译，《马克思主义与现实》2004 年第 2 期，第 70—83 页。

99. ［德］乌尔里希·贝克：《世界风险社会》，吴英姿、孙淑敏译，南京大学出版社 2004 年版。

100. ［德］乌尔里希·贝克："风险社会再思考"，郗卫东编译，《马克思主义与现实》2002 年第 5 期，第 46—51 页。

101. 吴廷俊："对'耳目喉舌'论历史的回顾与反思"，《新闻与传播研究》1989 年第 2 期，第 143—152 页。

102. 夏玉珍、吴娅丹："中国正进入风险社会时代"，《甘肃社会科学》2007 年第 1 期，第 20—24 页。

103. ［英］谢尔顿·克里姆斯基、［英］多米尼克·戈尔丁编著：《风险的社会理论学说》，徐元玲、孟毓焕、徐玲等译，北京出版社 2005 年版。

104. 谢进川："风险社会语境下传媒公共实践的主要议题"，《中国传媒报告》2007 年第 3 期。

105. 谢婧："以风险社会的视角看媒介恐慌的三个层次",《东南传播》2008 年第 4 期, 第 42—44 页。

106. 徐迅:《民族主义》, 社会科学文献出版社 1998 年版。

107. 徐勇："'回归国家'与现代国家的建构",《东南学术》2006 年第 4 期, 第 18—27 页。

108. 徐勇："现代国家建构中的非均衡性和自主性分析",《华中师范大学学报》2003 年第 5 期, 第 97—103 页。

109. 许纪霖："现代中国的民族国家认同",《世界经济与政治论坛》2005 年第 6 期, 第 92—94 页。

110. 薛晓源、刘国良："全球风险世界: 现在与未来——德国著名社会学家、风险社会理论创始人乌尔里希·贝克教授访谈录",《马克思主义与现实》2005 年第 1 期, 第 44—55 页。

111. 薛晓源、周战超主编:《全球化与风险社会》, 社会科学文献出版社 2005 年版。

112. 杨斌、吴朝美、吴世勇："国家利益视角中的国际传播——从《纽约时报》对中国人权问题的报道谈起",《贵州师范大学学报》(社会科学版) 2007 年第 6 期, 第 41—45 页。

113. 杨雪冬："风险社会理论反思: 以中国为参考背景",《绿叶》2009 年第 8 期, 第 96—101 页。

114. 杨宗华:《责任胜于能力》, 石油工业出版社 2009 年版。

115. 郁建兴、肖扬东："全球化与中国的国家建构",《马克思主义与现实》2006 年第 6 期, 第 4—12 页。

116. 郁建兴:《马克思国家理论与现时代》, 东方出版中心 2007 年版。

117. 袁影："论战争隐喻的普遍性及文化渊源",《外语研究》2004 年第 4 期, 第 36—39 页。

118. 臧国仁:《新闻媒体与消息来源——媒介框架与真实建构之论述》, 三民书局 1999 年版。

119. 翟学伟："信任与风险社会——西方理论与中国问题",《社会科学研究》2008 年第 4 期, 第 129—134 页。

120. 张涛甫："作为一种'软'风险的舆论风险"，复旦大学新闻文化网 http：//news. fudan. edu. cn/2009/1009/22444html。

121. 张新华：《信息安全：威胁与战略》，上海人民出版社 2003 年版。

122. 张依依：《公共关系理论的发展与变迁》，安徽人民出版社 2007 年版。

123. 张志安、赖昀、马德永主编：《跨媒体时代：传播变革与社会转型 2006 年中国新闻传播学科研究生学术年会、复旦大学博士生学术论坛之新闻传播学篇暨第六届复旦大学新闻学院研究生学术年会优秀论文集》，贵州教育出版社 2006 年版。

124. 章平："大众传媒上的公共商议——对医疗体制改革路径转型期报道的个案研究"，复旦大学博士论文，2009 年。

125. 赵心树："知理的民主，还是盲情的媒主？"中国新闻传播学评论 http：//www. zjol. com. cn。

126. 中国公共关系协会组编：《中国公共关系二十年理论研究文集》，北京大学出版社 2007 年版。

127. 周晓虹主编：《现代社会心理学名著菁华》，社会科学文献出版社 2007 年版。

128. 朱诗娥、杨汝岱："中国本土企业出口竞争力研究"，《世界经济研究》2009 年第 1 期，第 8—14 页。

129. 庄友刚：《跨越风险社会 风险社会的历史唯物主义研究》，人民出版社 2008 年版。

130. 庄友刚："网络时代与风险社会"，《淮阴师范学院学报》2004 年第 4 期，第 435—440 页。

131. Address of Owen D. young, January, 1929. quoted in E Merick Dodd, Jr. For Who Are Corporate Managers Trustees? [J]. Harvard Law Review, 1932 (7): 1145 – 1163, 128.

132. Adoni, Hanna & Mane, Sherrill. Media and the social construction of reality – Toward an integration of theory and research [J]. Communication Research, 1984 (11): 325 – 326.

133. Bateson, G. A theory of play and fantasy [A]. In *Steps to an*

ecology of mind [M] . New York: Ballantine Books, 1972.

134. Baxter, Leslie A. & Braithwaite, Dawn O. *Engaging Theories in Interpersonal Communication: Multiple Perspectives* [M] . Thousand Oaks, CA: Sage 2007.

135. Beck, U. Risk Society: *Towards a New Modernity* [M] . Trans M. Ritter. London: Sage, 1992.

136. Beck, U. The Reinvention of Politics: Towards a Theory of Reflexive Modernization [A] In U. Beck, A. Giddens and S. Lash, *Reflexive Modernization* [M] . Cambidge: Polity. 1988.

137. Beck, U. Risk society: *Towards a New Modernity* [M] . London: sage Publications, 1992.

138. Breakwell, Glynis. M. & Barnett, Dr Julie. The impact of social amplification of risk on risk communication [R] . Health & safety executive report. 2001.

139. C. Johnson, MITT and the Japanese Miracle: *The Growth of Industrial Policy, 1925 - 1975*, Stanford, CA: Stanford University Press, 1982.

140. Douglas, M. , *Risk and Blame: Essays in Cultural Theory* [M] . London: Routledge, 1992.

141. Entman R. Framing: Toward clarification of a fractured paradigm [J] . Journal of Communication, 1993 (3): 51 - 58.

142. Gammson. W. A. & Modigliani, A. Media discourse and public opinion on nuclear power: A constructionist approach [J] . American Journal of Sociology, 1995 (1): 1 - 37.

143. Gammson. News as Framing [J] . American Behavioral Scientist, 1989 (2): 157.

144. Gammson. W. A et al. Media imagines and the social construction of reality [J] . Annual Review of Sociology 1992 (18): 373 - 393.

145. Giddens, A. *Modernity and Self - Identity*, Cambridge: Polity Press 1991.

146. Giddens, Anthony. Runaway world: *how globalisation is resha-*

ping ourlives〔M〕. London: Profile, 2002.

147. Gitlin, T. The Whole World Is Watching: *Mass Media in the Making and (Un) making of the New Left*〔M〕. Berkeley: University of California Press, 1980.

148. Goffman, *Erving. Frame Analysis*〔M〕. Philadelphia: University of Pennsylvania Press, 1974.

149. Grant, Jr. A. E. (EDS.) Framing Public life: Perspectives on Media and Our Understanding of the Social World〔M〕. Mahah, NJ: Lawrence Erlbanum Associates, 2001.

150. H. W. Lewis 著,杨健、缪建兴译:《技术与风险》,中国对外翻译出版公司 1994 年版。

151. Haraway, D. Situated Knowledges: The Sciences Question in Feminism and the Privilege of Partial Perspective〔J〕. Feminist Studies, 1988 (14): 575 – 599.

152. Hutchinson, John Anthony & D. Smith. *Nationalism*〔M〕. Oxford & New York: Oxford University Press. 1994.

153. Kahneman, D. &. Tversky, A. Choices, values, and frames〔J〕. American Psychologist, 1984 (39): 341 – 350.

154. Lakoff, G. & Johnson. M. Metaphors We Live By〔M〕. Chicago: Chicago University Press, 1980.

155. Lawrence Grossberg, Ellen Wartella, Charles Whitney:《媒体原理与塑造》,杨意菁、陈芸芸译,台湾韦伯文化出版社 2001 年版。

156. Mio, Jeffery S. Metaphor, politics, and persuasion〔C〕. In J. S. Mio and A. N. Katz eds. Metaphor: mplications and applications Mahwah, NJ: Lawrence Erlbaum, 1996.

157. Pound, Roscoe. A Survey of Social Interests〔J〕. Harvard Law Review, 1943, (9).

158. Randall Morley,加拿大进口风险分析政策, http: //www. ccage. com. cn/.

159. Shelton, Oliver. *The Philosophy of Management*〔M〕. 1924.

160. Triandafyllidou, Anna. National Identity and the "other"〔J〕.

Ethnic and Racial Studies, 1998 (7): 599.

161. Waddell, Craig. Saving the Great Lakes: Public Participation in Environmental Policy [A] . *Green Culture: Environmental Rhetoric in Contemporary America* [M] . Ed. Carl Herndl and Stuart Brown Madison: U of Wisconsin P, 1996.

162. Wang Yaozhong, Hou Junjun, Cao Yunhan. Network Effect, Large Country Effect and International Competition of Standards. The 2008 International Conference on business intelligence and financial engineering.